LA CATASTROPHE

DU

B AZAR DE LA CHARITÉ

(4 mai 1897)

HISTORIQUE DU BAZAR DE LA CHARITÉ
LA   CATASTROPHE — LES VICTIMES — LES SAUVETEURS
LES BLESSÉS — LES FUNÉRAILLES
DÉTAILS RÉTROSPECTIFS — LES RESPONSABILITÉS
LISTE OFFICIELLE DES RÉCOMPENSES, ETC.

LI STE COMPLÈTE DES SOUSCRIPTEURS DU "FIGARO"

DOCUMENTS RECUEILLIS ET MIS EN ORDRE

PAR

Jules **HURET**, du "Figaro"

Avec de très nombreuses photographies

PARIS

F. JUVEN, ÉDITEUR

10, RUE SAINT-JOSEPH, 10

EXEMPLAIRE. Nº.

LA CATASTROPHE

DU

BAZAR DE LA CHARITÉ

ASPECT GÉNÉRAL DE L'EMPLACEMENT DU BAZAR APRÈS L'INCENDIE

LA CATASTROPHE

DU

Bazar de la Charité

I.

LE BAZAR DE LA CHARITÉ. — HISTORIQUE. — LES DAMES
PATRONESSES. — LES COMPTOIRS. — LA CATASTROPHE

Paris a été, le 4 mai 1897, le théâtre d'une des plus épouvantables catastrophes qu'on ait vues depuis bien des années.

En moins de dix minutes, le bazar de la Charité a été brûlé entièrement. Le feu a pris à quatre heures de l'après-midi, c'est-à-dire au moment où l'affluence des visiteurs était la plus considérable et la plus brillante.

Le nombre des victimes est considérable : cent vingt-six morts et plus de deux cents blessés.

Le bazar de la Charité fut créé en 1885, par M. Henri Blount, président d'honneur du comité. On y faisait des ventes au profit d'œuvres de bienfaisance. Le président est le baron de Mackau, et les membres sont : MM. le baron Robert Oppenheim, secrétaire ; Amédée Dufaure, trésorier ; Jules Auffray, comte Marcel de Germiny, Léon de Gosselin, Paul Leturc, Léon Marty, comte Georges de Montgermont, comte Albert de Mun, baron Reille, baron Fernand de Schickler.

Le bazar a changé plusieurs fois de local.

En 1885, 1886 et 1887, les ventes eurent lieu à la salle Albert-le-Grand, rue du Faubourg-Saint-Honoré.

En 1888, la princesse Branicka prêta gracieusement son hôtel de la rue de La Boétie.

En 1889, le bazar eut lieu place Vendôme, dans l'hôtel de M. Henri Say ; en 1890, au numéro 107 de la rue de La Boétie.

En 1891, le bazar s'installa en face, au numéro 108 de la rue de La Boétie. Il y est resté six ans, jusqu'en 1896.

De la rue de La Boétie, les organisateurs l'avaient transféré rue Jean-Goujon.

Le bazar avait été construit très rapidement et très sommairement sur un immense terrain vague prêté par M. Heine, et où étaient installées jadis les écuries de MM. Howlett et Honoré. Ce terrain se trouve situé entre les numéros 13 et 19 de la rue Jean-Goujon, en face des écuries de M. Alphonse de Rothschild ; il a environ cent mètres de profondeur sur cinquante de largeur.

C'était une sorte de hangar rectangulaire, en planches et en poutrelles, qui se développait sur la presque totalité de la longueur du terrain et avait exactement vingt mètres de largeur. Derrière se trouvait un vaste espace libre, limité par les hautes murailles des immeubles en façade sur le cours La Reine.

L'édifice construit, restait l'aménagement.

On eut l'idée d'acheter la « rue du Vieux-Paris », qui fut une des principales attractions de l'Exposition du Théâtre et de la Musique au palais de l'Industrie.

Cette décoration, construite comme les décors des théâtres, était due au pinceau de M. Chaperon.

On y voyait des auberges, des échoppes, des petits hôtels, voire même une église, le tout du plus pur moyen âge, avec des balcons ornés de plantes grimpantes ou de fleurs. C'était un bijou d'érudition amusante.

Il y avait en tout vingt-deux boutiques, les numéros pairs à droite, les numéros impairs à gauche. Tout au fond, à gauche, se dressait l'église gothique.

Au faîte des boutiques se balançaient des enseignes joliment peintes et portant :

Au Chat botté, Au Soleil d'or, A la Truie qui file, Au Pélican blanc, Au Grand Cerf, Au Lion d'or, A la Tête noire, A la Belle Ferronnière, Au Cadran bleu, A l'Étoile de mer, A l'Éperon d'or, A la Tour de Nesles, etc., etc.

A gauche, en entrant, se trouvaient l'*Hostellerie des dames,* un

Vue des comptoirs.

salon réservé aux vendeuses, et l'*Hostel des prévôts,* salon du comité.

Sur la rue Jean-Goujon, de chaque côté d'une espèce de façade, se trouvaient deux portes donnant accès dans l'intérieur. C'est par là que les invités pénétraient dans le bazar. Il y avait, en outre, trois ouvertures situées aux extrémités du bâtiment.

On avait eu l'idée — bien malheureuse dans l'espèce — d'installer dans l'intérieur du bazar, au fond et un peu à droite de la travée centrale, un cinématographe.

Le bazar de la Charité se composait, intérieurement, d'une série de comptoirs très coquettement installés, où les dames patronesses vendaient au profit de plusieurs établissements charitables, à leur aristocratique clientèle, des objets d'art, des bibelots, des tableaux, des bijoux, des ouvrages de librairie et une foule de jolies pièces provenant de dons.

Les principales vendeuses étaient :

Duchesse d'Alençon, duchesse d'Uzès, duchesse de La Torre ; princesse Kotchoubey, princesse de Mésagne ; marquises de Laigle, de Lubersac, d'Oilliamson, de Bouthillier, Costa de Beauregard, de Champagne ; comtesses Giquel des Touches, Greffulhe, Foy, d'Haussonville, de Vileru, de Rochefort, d'Armaillé, Molitor, de Murard, de Luppé, Dzyatinska, de Montlaur ; vicomtesses d'Anglemont et de Malézieu ; baronnes de Saint-Didier, de Fonscolombe, de Grancey, de Ladoucette, d'Huart, de Précourt ; générales Février, Le François, Renaud ; Mmes Leprévost, Hoskier, Duruflé, Froment-Meurice, Jules Archdeacon, Jubert, Guillaume Beer, Sohège, Darlu, Jacobs, Gréan, Albert Laniel, Valentin, Le Glay, Édouard André, etc.

Le lundi, jour de l'inauguration, la recette avait dépassé 45,000 francs. Le lendemain, mardi, l'affluence du public élégant était considérable. Le nonce apostolique était venu, vers trois heures et demie, pour donner aux assistants la bénédiction du Pape.

Il était 4 heures 20. Tout à coup, du fond à gauche, à l'endroit où, derrière les boutiques, était installé le cinématographe, des flammes jaillirent ; en moins de trois minutes elles gagnèrent les frises des décors, courant dans les toiles peintes avec la rapidité de la foudre et mettant le feu à la fois à tout le bâtiment.

Ce fut une panique inimaginable.

Le plancher du bazar de la Charité était légèrement exhaussé ; il fallait franchir trois marches pour pénétrer dans le hall par deux petites portes situées aux deux extrémités de la construction. On entrait tout d'abord dans une sorte de salon-vestibule où se tenaient les sœurs quêteuses appartenant à diverses congrégations, puis on gagnait le bazar proprement dit. Au centre du

Photogr. Courret.

M. le baron de Mackau, président du Comité.

spacieux pavillon, on avait bien ménagé une large porte à deux battants qui, hélas, s'ouvraient intérieurement et seulement au moment de la sortie.

Quand la panique s'est déclarée — le fait s'était déjà produit lors de l'incendie de l'Opéra-Comique — il a été impossible aux malheureux bloqués par les flammes d'utiliser ces issues, qui auraient été pour eux le salut immédiat.

En proie à un affolement subit, les douze cents personnes qui se trouvaient à ce moment au bazar de la Charité se ruèrent vers la sortie, se bousculant, s'écrasant, tombant en tas les unes sur les autres, et formant ainsi d'infranchissables barricades de corps humains amoncelés, qui fermaient le chemin du salut aux malheureux restés derrière.

Un grand nombre de personnes, les plus rapprochées des deux portes, avaient pu cependant s'enfuir, les unes indemnes, d'autres avec des brûlures plus ou moins graves.

En face, au numéro 26, est situé un grand établissement de loueur de chevaux et voitures, où se trouve une partie des équipages de M. Alphonse de Rothschild. Des piqueurs se tenaient sur le seuil de la porte, ainsi que le régisseur, M. Gangnard. Mieux que tout autre, celui-ci était placé pour se rendre compte de la catastrophe à son début. Voici le récit qu'il a fait à un rédacteur du journal le Matin.

— Monsieur, a-t-il dit, je n'ai jamais assisté à un plus effrayant spectacle. En moins de cinq minutes, il ne restait plus rien du bazar de la Charité.

Il était environ quatre heures vingt minutes lorsque je vis une dame, qu'on m'a dit être la comtesse de Rochefort, sortir du bazar et courir en criant : « Au feu ! » Je regardai et je ne vis rien qu'un petit filet de fumée, une sorte de vapeur qui s'échappait de la toiture, vers le milieu de la construction. Je ne m'expliquais pas du tout l'affolement de cette personne, quand, tout à coup, j'entendis une sourde clameur, des cris confus, puis, non moins brusquement, je vis la toiture flamber comme un paquet d'allumettes. En même temps, ce fut comme un flot humain qui roula dans la rue. La terreur était peinte sur tous les visages ; des dames avaient les cheveux brûlés ; les vêtements d'autres étaient roussis. De l'intérieur, la poussée était tellement forte que dix dames tombèrent sur le trottoir, et toutes les autres leur passèrent sur le corps, leur écrasant la poitrine ou leur broyant les membres. Et les pauvres femmes criaient !... C'était navrant. Je me précipitai pour en relever quelques-unes; mais je dus fuir moi-même. En effet, au moment où je m'avançais, des femmes complètement environnées de flammes se jetaient dehors en poussant de véritables hurlements et se roulaient sur la chaussée pour éteindre le feu qui les dévorait vivantes.

Une dame, dont je ne connais pas le nom, eut le sublime courage, en s'apercevant que son enfant ne l'avait point suivie dans sa fuite, de remonter le courant humain en mordant et en égratignant pour se frayer un passage, et de rentrer dans la fournaise, d'où elle n'est plus sortie sans doute.

Puis des hommes parurent, les cheveux et la barbe roussis; l'un d'eux, le général Munier, avait ses vêtements qui flambaient sur son corps. Dans son affolement, il entra dans la cour qui précède les écuries de M. le baron et, apercevant une auge de pierre remplie d'eau, il s'y précipita. Une quarantaine de personnes plus ou moins grièvement brûlées ou blessées vinrent se réfugier chez nous. Des dames dont les robes brûlaient poussaient des cris ou se roulaient sur le pavé de la cour. Il vint à l'idée d'un palefrenier de les inonder avec une lance d'arrosage, et c'est à cela que plusieurs victimes durent de ne point être grillées toutes vives.

En présence de cet épouvantable malheur, je me dis que ce qu'il y avait de mieux à faire pour le moment, c'était de donner des soins à toutes ces pauvres femmes — quelques-unes étaient presque nues — qui gémissaient autant pour elles-mêmes que pour les êtres chers restés dans le brasier. Je téléphonai à l'hôpital Beaujon pour demander des secours médicaux; puis je prévins le poste de pompiers le plus proche, et j'avisai enfin de la catastrophe M. Schneider, intendant de M. le baron Alphonse de Rothschild, qui vint peu à près et se dévoua pour soigner les blessés. Tout cela m'avait demandé cinq minutes à peine... Quand je retournai dans la rue, le bazar de la Charité n'existait déjà plus : la toiture venait de s'écrouler, et près de cent cinquante cadavres achevaient de se carboniser dans la fournaise.

Le feu, c'est aujourd'hui un point acquis, a subitement éclaté dans la cabine où se trouvait installé la lanterne du cinématographe.

Un rideau de feu a, en quelques secondes, et dès le début, séparé les deux portes de sortie à l'extrémité du bazar où se trouvait le comptoir des cercles catholiques d'ouvriers, dont toutes les dames vendeuses, à l'exception de Mme de Villeneuve, ont péri dans le désastre. Et si, dans le magasin voisin, on a trouvé, quand eurent été organisés les secours, un amoncellement de cadavres, cela peut et doit s'expliquer par ce fait que les victimes, se voyant bloquées par la ligne de feu barrant le bazar et le scindant en deux parties, ont pénétré littéralement affolées dans le magasin où elles devaient trouver une mort horrible, alors qu'elles espéraient fuir.

Ce sont ces malheureuses femmes qui, de là, allèrent s'engouffrer dans le magasin situé à l'angle supérieur droit du bazar, celui-là même dans lequel on devait découvrir le plus grand nombre de cadavres. Et dire que là encore, avec du sang-froid et de la présence d'esprit, tout espoir de salut n'était pas perdu, puisque deux religieuses, attachées à l'hôpital du Perpétuel-Secours, purent, en grimpant sur des caisses, enjamber la cloison mal jointe dans le haut!

Si la panique a causé la mort d'un grand nombre de personnes, le sang-froid qui n'a pas été suivi de rapidité dans la décision a fait aussi des victimes. C'est ainsi que la baronne de Carayon-La Tour, essayant de calmer l'affolement qui régnait parmi les dames qui l'entouraient dans le voisinage des comptoirs 5 et 7, voulut retenir Mme de Villeneuve, née Piou, en lui disant : « Mais, ma petite, ne vous pressez pas; vous avez le temps! » Mme de Villeneuve n'entendit pas, ne voulut pas entendre. Elle eut raison. Seule de toutes les dames de son comptoir, elle eut la vie sauve!

Trop de personnes ont été, hélas! les victimes de cet horrible sinistre; mais ce qui résulte de nombreux témoignages, c'est que le plus grand nombre d'entre elles, si elles ne s'étaient pas abandonnées à une panique folle, auraient pu éviter la plus terrible des morts, en profitant, avant que l'incendie eût mis devant elles une barrière infranchissable, des issues qui se trouvaient, pour ainsi dire, à proximité de leurs mains.

Voici quelle était, ou plutôt quelle devait être exactement la composition des présidences de chaque comptoir :

A droite de l'entrée A se trouvaient les numéros pairs ; à gauche, les numéros impairs.

A droite, les comptoirs suivants :

Nº 2, Œuvres de la paroisse Saint-Ambroise : marquise de L'Aigle; — Nº 4, Noviciat dominicain : S. A. R. la duchesse d'Alençon; — Nº 6, Œuvre de Sainte-Clotilde : Mme Darlu; — Nº 8, Orphelinat du Raincy : Mme Boisseaux; — Nº 10, Société des ateliers d'aveugles : baron F. de

Schickler ; — Nº 12, Œuvre de Sainte-Rosalie, École Le Rebours : Mme Moreau ; — Nº 14, Office central des institutions charitables et Œuvres du travail : marquise Costa de Beauregard ; — Nº 16, Petits hôpitaux provisoires, petit hôpital Saint-Michel : S. A. R. la duchesse de Vendôme ; — Nº 18, hôpital de Notre-Dame du Perpétuel Secours : marquise Maison ; — Nos 20 et 22 : Société philanthropique : comtesse Greffulhe, née La Rochefoucauld.

A gauche se trouvaient :

Nº 1, Société de secours aux blessés : Mme la générale Février ; — Nº 3, Orphelinat de l'avenue Victor-Hugo : Mme Jacobs ; — Nos 5 et 7, Œuvres de patronage des apprenties et jeunes ouvrières : baronne de Ladoucette ; — Nº 9, Petites-Sœurs de l'Assomption, gardes-malades des pauvres : La Supérieure ; — Nº 11, Cercles catholiques d'ouvriers : marquise de Saint-Chamans ; — Nº 13, Œuvre de Saint-Michel, pour la propagation des bons livres : duchesse d'Uzès, née Mortemart ; — Nº 15, Œuvre des enfants et jeunes filles aveugles de Saint-Paul : Mme Mignotte ; — Nº 17, Orphelinat des Saints-Anges : baronne de Saint-Didier ; — Nº 19, Écoles libres de la paroisse Saint-Louis-en-l'Isle : comtesse Dzyalynska ; — Nº 21, Œuvres de Clichy : marquise Le Gouestier d'Argence de Pitti.

Autour de ces présidentes, rayonnait dans la joie tout un essaim de femmes du monde réunies ce jour-là dans la charité, réunies en trop grand nombre dans la mort, et qui représentaient le tout-Paris de la bienfaisance.

Pour indiquer à quel point la haute société parisienne était groupée dans le bazar, qu'il nous suffise de reconstituer ici la composition d'un seul de ces vingt-deux comptoirs, celui qui semble avoir été le plus préservé dans la catastrophe, et qui était présidé par la marquise Costa de Beauregard pour la vente au profit de l'Office central des œuvres de bienfaisance.

C'est le comptoir nº 14.

Il y avait là :

Mme la marquise Costa de Beauregard, présidente ; Mme la comtesse Frignet, vice-présidente ; Mme la princesse Georges de Broglie-Revel, secrétaire ; Mmes Auburtin, comtesse d'Aulan, vicomtesse d'Avenel, Mmes Aylies, comtesse d'Aymery ; Mmes Barbette, Bastard, comtesse de Beauchamp ; Mmes Bertrand, vicomtesse du Bouchage, comtesse de Bourqueney, vicomtesse de Brossin de Méré ; Mmes Buloz, Eugène Caillot, marquise de Champagne ; Mmes Clément, Cogordan ; Collenne, Davillier, Delaroche-Vernet, comtesse d'Estourmel ; Mmes Fère-Daudet, de Ferry, Festugière, Firino, Fournier-Sarlovèze, baronne Fréteau de Pény ; Mmes François Froment-Meurice, Marc Froment-Meurice,

vicomtesse de Gassart ; Mmes Gimour, comtesse de Grenaud de Saint-Chris-
tophe, marquise de Guilhem de Pothuau, comtesse Louis d'Harcourt, d'Hauss-
sonville ; Mmes Hély d'Oissel, Hervé, marquise d'Imécourt, comtesse d'I-
soard ; Mmes Johnston, vicomtesse-de-Jumilhac, baronne de La Chevrelière ;
Mmes de Lagarenne, Paul de La Grange ; Mlle de La Mairie ; Mme la marquise de
La Tour-du-Pin-Chambly ; Mmes Lefébure-Herzog, comtesse de Lespinasse ;
Mmes Mainguet, de Mercier de Caladon, Merveilleux du Vignaux ; Mlle de
Montalembert ; Mmes de Neufville, marquise de Novallas ; Mmes Périllat, Potin,
baronne de Précourt ; Mmes Raindre, Rivollet, Rolland d'Estape, marquise
de Saint-Chamans, vicomtesse de Savigny de Moncorps, comtesse de Sarcey ;
Mmes Silvers, comtesse de Tocqueville, de Vaux-Saint-Cyr, vicomtesse Hélion
de Villeneuve-Bargemont, baronne de Weede.

Ce comptoir n° 14 comptait donc soixante-dix dames patronesses. Il y avait vingt-deux comptoirs semblables.

La présidente de ce comptoir, la marquise Costa de Beauregard, a failli succomber dans la foule, mais à force de courage
elle a pu en sortir, avec des brûlures qui seront sans gravité.

Le côté droit était le plus encombré, et c'est devant le comptoir
n° 14 que l'on a trouvé le plus grand amoncellement de cadavres.

Ces malheureuses victimes ont dû être suffoquées par les
flammes, en cherchant en vain à se diriger vers les fenêtres.

A dix heures du soir, le théâtre de la catastrophe est à peu près
désert. Cet énorme trou noir, d'où s'échappe une odeur épouvantable, est sinistre. Seules, quelques torches placées çà et là lui-
sent dans la nuit. La rue est complètement barrée et personne
ne peut pénétrer. Des pompiers travaillent encore dans les
décombres, remuent ces cendres avec des pelles, lentement,
doucement... Ce travail va durer toute la nuit ; peut-être va-t-on
retrouver encore quelques corps ; en tout cas, ce travail silencieux est affreux à voir, si léger et si précautionneux !

M. le général Billot, ministre de la Guerre, est venu à onze
heures du soir rue Jean-Goujon. Il était accompagné de M. Lépine. Le ministre s'est arrêté longuement devant les ruines de
ce qui fut le bazar de la Charité. Puis il est remonté en voiture,
et s'est rendu au palais de l'Industrie, où il s'est rencontré avec
le Président de la République, qui venait de visiter les blessés à
l'hôpital Beaujon.

II

LES TÉMOINS

Comment s'était produite cette catastrophe et quels avaient été,
dès les premiers moments, les secours apportés ?

Au lendemain même de la catastrophe, le *Figaro* a envoyé un
de ses rédacteurs recueillir, de la bouche du chef cuisinier Gaumery, le récit dramatique des sauvetages inespérés qui eurent
lieu grâce à l'initiative, au sang-froid et au courage de ce modeste
héros.

Voici en quels termes s'exprime notre confrère :

Jules Gaumery est né à Nemours. Il est âgé de 44 ans et, depuis vingt et
un ans, il est au service de l'hôtel. C'est un homme de taille moyenne, à la
bonne figure, à la physionomie franche et ouverte, qui paraît encore tout
étonné du rôle que les circonstances lui ont fait remplir.

— Je me trouvais, hier après-midi, dans la cuisine, avec Edouard Vaudier,
mon aide, le jeune homme que vous voyez là. Tenez, j'étais en train de
piquer un filet de bœuf. Lorsque les premiers cris ont retenti, nous ne nous
en sommes pas étonnés. Il faut vous dire que, pendant la semaine sainte,
on avait installé un théâtre dans le terrain d'à côté et dans la même construction. A ce théâtre, on représentait une pièce qui s'appelait *le Christ*. Il
y venait beaucoup de pensionnats de jeunes gens. Je n'ai pas réfléchi que la
semaine sainte était loin, que le théâtre dont je parle avait été remplacé
par le bazar de la Charité. Bref, j'ai cru d'abord que les cris étaient poussés
par des collégiens qui s'amusaient dans la rue en sortant du théâtre. Au
bout de quelques secondes, nous avons compris pourtant qu'il se passait
quelque chose d'anormal. Nous sommes allés regarder à la fenêtre de la
pièce voisine, qui sert de boucherie, en grimpant sur la table où l'on découpe
la viande : c'est la fenêtre qui donne sur le terrain vague au bout duquel se
dressait le bazar de la Charité. Ah! monsieur! toute ma vie je me rappel-

L'incendie attaquant la façade : 4 heures 35.

Un instant après : 4 heures 40.

lerai l'horrible spectacle que nous avons eu sous les yeux! Quelles flambées!
Et, là, à quelques mètres de nous, des femmes couraient éperdues, les unes
portant des enfants dans leurs bras, toutes cherchant à se sauver, tandis
que le feu semblait courir après elles! C'était terrible!

L'une d'elles s'était cramponnée aux barreaux de notre grille. En nous
apercevant, elle poussa un véritable hurlement de joie et d'espérance. Il y
eut une poussée dans notre direction. Les mères nous tendirent leurs

A 4 heures 44.

enfants, en nous suppliant de les prendre d'abord. Pendant ce temps, deux
femmes, dont l'une très âgée, s'élançaient, sous nos yeux, hors du brasier,
les vêtements enflammés — de vraies boules de feu — et, après avoir par-
couru quatre ou cinq mètres, s'abattaient lourdement sur l'herbe, en se
tordant de douleur. Les pauvres femmes! Elles ne devaient plus se relever.
L'une d'elles, on l'a appris plus tard, était Mme la baronne de Saint-
Didier. Mon plus grand regret, hélas! est de n'avoir pu voler à leur secours
et les sauver, comme nous avons heureusement sauvé les autres.

Un seul coup d'œil m'avait suffi pour embrasser dans son ensemble cet
affreux spectacle! Aller chercher, dans la cuisine, le marteau dont nous
nous servons d'habitude pour casser le charbon fût l'affaire de quelques
secondes. Il fallait briser la grille d'abord. Nous nous mîmes, chacun à

2

nôtre tour, à taper de toutes nos forces sur les barréaux. La femme y restait obstinément cramponnée, malgré nos supplications.

Les coups qu'elle reçut fatalement sur les doigts ne purent même lui faire lâcher prise. Les gravats qui se détachaient tombaient sur elle ; un moellon, qui pesait bien trois kilos, l'atteignit à la figure ; les barreaux eux-mêmes, lorsqu'ils commencèrent à se desceller, la blessèrent ; elle avait la tête ouverte et paraissait néanmoins insensible à la douleur ! Elle ne cessait de nous répéter ces mots : « Sauvez-moi ! sauvez-moi ! »

Quand, enfin, quatre barreaux eurent cédé et que le trou pratiqué fut assez grand pour qu'une personne pût passer par là, nous attirâmes vers nous la malheureuse ; nous la hissâmes comme nous pûmes et, la première, elle échappa de la sorte au danger qui, à chaque instant, devenait plus grand. La fumée était, en effet, de plus en plus suffocante, et la chaleur plus terrible.

Ma première idée fut de sauter dans le terrain vague, et de passer, les unes après les autres, les victimes à mon aide Vaudier. La fenêtre, en effet, était très élevée ; elles n'y pouvaient atteindre toutes seules. Mais la foule se pressait si compacte contre la muraille, en nous appelant à l'aide, que je dus abandonner mon projet et me borner à passer une chaise au dehors.

La scène que je viens de vous raconter avait à peine duré quelques secondes. Pendant ce temps, les cris déchirants poussés par les victimes avaient été entendus du personnel de l'hôtel. Le maître d'hôtel Charles Wagner, l'officier Ed. Heydt, le garçon de cuisine Pierre Laborie, le sommelier Grundwald, Eugène Cauvet, Jean Manevy, Pothier, d'autres encore accoururent dans la boucherie. Nous relayant les uns et les autres, nous avons, pendant trois bons quarts d'heure, attiré les victimes à nous, *comme nous aurions ramassé des sacs de farine*. Elles étaient successivement transportées dans le salon de l'hôtel ou dans les chambres. MM. les docteurs Helcan et Dejerine leur prodiguaient aussitôt les soins les plus dévoués. Les jeunes femmes étaient en grande majorité.

Presque toutes nous arrivaient évanouies ou hébétées, la bouche ouverte, incapables d'articuler un seul mot. Il y en avait qui se cramponnaient si fort au cou de leur sauveteur qu'on avait toutes les peines du monde à leur faire lâcher prise. Les vêtements de quelques-unes avaient commencé à prendre feu. Vaudier eut sa toque brûlée, en portant dans la cour une pauvre femme dont le corsage flambait, et dont le visage était dans un état lamentable.

Nous retirâmes trois hommes seulement et deux ou trois fillettes, de douze à treize ans. Maintenant, il me serait impossible de préciser exactement le nombre des gens que nous avons eu la chance d'arracher ainsi à la mort. Nous en avons « monté » autant que nous en avons trouvé, tandis qu'à quelques mètres de nous le fléau achevait son œuvre de destruction.

Rapidement les cris avaient cessé par là. Sous l'amas incandescent des décombres, il n'y avait plus que des morts, hélas ! Tous les vivants étaient ici.

Les dernières personnes qui quittèrent le terrain vague furent deux Sœurs de charité qui, d'ailleurs, pendant toute la durée du sauvetage, s'étaient montrées admirables de courage, de calme et d'abnégation, aidant chaque victime à s'élever jusqu'à nous et les encourageant avec de bonnes paroles.

Elles ne consentirent à quitter le lieu du sinistre que lorsqu'il n'y avait plus personne à arracher au fléau, et que leurs vêtements, à elles-mêmes, commençaient à prendre feu.

Tel est le récit que M. Jules Gaumery a fait au représentant du *Figaro*, en présence de ses vaillants camarades, qui assistaient à l'interview et qui ne firent que confirmer cette narration.

Comme le rédacteur du *Figaro* félicitait M. Gaumery de sa belle conduite, ce dernier, en forme de conclusion, dit :

— Oh ! nous n'avons fait que notre devoir. Quiconque en aurait fait autant à notre place. Mais, en voilà assez. Il est temps de retourner aux casseroles. Ce n'est pas tous les jours que la cuisson du dîner se fait toute seule.

Phot. du Soleil du Dimanche.

Mme Roche-Sautier.

Sur ces paroles, touchantes dans leur naïveté, le chef de l'hôtel du Palais, rajustant sa toque blanche, se dirigea vers son fourneau.

On avait affirmé que M. Gaumery avait été brûlé cruellement ; fort heureusement il n'en était rien, le sauveteur s'est simplement contusionné le bras.

Voici maintenant le récit de Mme Roche-Sautier, propriétaire de l'immeuble de l'hôtel du Palais, qui, la première, a eu l'idée d'utiliser la fenêtre par où tant de personnes furent sauvées d'une mort épouvantable et certaine.

— J'étais au premier étage, auprès de ma fille, femme de M. Horteur sous-préfet de Corbeil, lorsqu'on est venu m'annoncer que le feu était au bazar de la Charité. Je me précipite à travers l'escalier et donne des ordres pour enlever les barreaux d'un jour de souffrance qui donnait sur le terrain vague, derrière le bazar.

Cent cinquante personnes échappées de la fournaise se trouvaient déjà sous cette fenêtre, poussant le cri de « Sauvez-nous! » Pendant les quatre minutes que dura le travail nécessaire pour enlever les barreaux, deux dames étaient mortes ; toutes les autres personnes, parmi lesquelles quatre hommes, ont été hissées par deux des employés de l'hôtel à la hauteur de la fenêtre et transportées dans mon salon, où elles ont reçu les soins du docteur J. Dejérine, médecin de la Salpêtrière.

J'ai une table encore remplie de toutes sortes d'effets et d'objets oubliés par les personnes sauvées. La première qui est entrée par la fenêtre était la vicomtesse Alban de Villeneuve-Bargemont, habitant 8, rue de la Baume, dont le mari est venu me remercier ce matin. J'ai également reçu la visite de M. Darlan, ministre de la justice, qui m'a chaudement félicitée des sauvetages dont j'ai eu l'initiative et que j'ai eu le bonheur de voir opérer par le personnel de l'hôtel du Palais.

M. Corbet, marchand de vin, dont la boutique est située juste en face de l'emplacement où se trouvait le bazar de la Charité, a fait à un rédacteur du *Petit Parisien* le saisissant récit qui suit :

— Il était environ quatre heures et demie. Je me trouvais devant mon comptoir, quand j'aperçus tout à coup une immense colonne de flamme et de fumée s'élever du toit du bazar.

En même temps, des cris épouvantables, des hurlements n'ayant rien d'humain se firent entendre et me glacèrent d'effroi.

Je me précipitai dans la rue, mais dans le peu de temps que je mis pour me rendre de mon comptoir à la porte de mon établissement, le bâtiment entier était en feu et brûlait comme une véritable torche.

J'assistai alors au plus épouvantable spectacle que l'on puisse imaginer.

Par l'étroite porte d'entrée, on apercevait des femmes, des enfants, les vêtements en flammes, entassés dans un enchevêtrement inextricable, tous cherchant à sortir à la fois, et cela au milieu de vociférations de bêtes fauves.

Les personnes qui pouvaient s'arracher de cette fournaise couraient affolées dans la rue Jean-Goujon, puis se roulaient dans les ruisseaux pour éteindre leurs vêtements.

Les chapeaux des femmes flambaient sur les têtes de ces malheureuses.

En un clin d'œil, tous les habitants de la rue accouraient avec des haches afin d'enfoncer la façade en planches du bazar et sauver ainsi les pauvres gens. Mais la chaleur avait une telle intensité qu'il fut impossible d'approcher de cette fournaise. Les plus braves durent reculer.

On pensa alors à chercher des seaux et l'on se mit à faire la chaîne afin de lancer de l'eau sur la façade enflammée et pouvoir approcher de ce brasier. Mais on dut encore reculer.

Pour vous donner une idée de l'intensité de la chaleur, sachez que les bannes des boutiques prenaient feu. Les carreaux des maisons 20, 22 et 24 de la rue Jean-Goujon éclataient. D'énormes plâtras de la façade de la maison du numéro 22 se sont détachés et, tombant avec fracas sur la chaussée, ont blessé, par bonheur légèrement, quelques-uns des sauveteurs accourus.

Les cris des personnes enfermées dans le bazar n'ont duré que l'espace de deux à trois minutes, auquel a succédé un silence de mort. On n'entendait plus que le crépitement des poutres et des voliges achevant de se consumer. Puis, tout s'est effondré et, à ce moment, le vaste emplacement où se dressait quelques minutes auparavant le bazar de la Charité ne montrait plus que des amoncellements épars de corps boursouflés, décharnés, repliés sur eux-mêmes et noircis.

On ne peut se faire une idée de tant d'horreurs si on ne les a pas eues sous les yeux. Jamais je n'oublierai cet horrible et terrifiant spectacle.

Voici, d'après un témoin oculaire, la sœur Maria, de la Congrégation de Notre-Dame du Perpétuel Secours, le récit de la catastrophe :

Je me tenais avec une autre sœur auprès d'un comptoir de vente situé à l'extrémité du bazar. Tout à coup, j'entendis crier : « Au feu ! » en même temps qu'un remous se produisait dans la foule. Je cherchai à me rendre compte du danger, mais on ne m'en laissa pas le temps.

C'est à peine si je pus distinguer un léger nuage de fumée au-dessus de ma tête, une sensation de violente chaleur, et entraînée par les premiers fuyards, je pus gagner, non sans peine, la porte située en arrière du hall.

Avec plusieurs autres dames, je pus me dissimuler derrière un tas de planches. Mais nous aurions péri si le chef cuisinier de l'hôtel du Palais, qui a aidé au sauvetage de plus de cent personnes, ne nous avait aperçues.

Comment j'ai pu arriver jusqu'à la fenêtre par laquelle on me hissa ? Je ne sais. Je me rappelle avoir entendu derrière moi les cris des malheureux qui n'ont pu, hélas ! échapper au terrible sinistre, et que nulle puissance humaine ne pouvait sauver. Cette scène épouvantable restera toujours présente à ma mémoire.

Un collaborateur du journal l'Éclair a été visiter le R. P. Bailly, directeur de la Croix, qui, à la première alerte, téléphona à l'état-major des sapeurs-pompiers. Le P. Bailly s'est exprimé en ces termes :

Quelques ouvriers qui travaillaient au deuxième étage de nos ateliers donnèrent la première alerte : la situation était terrible; par deux petites lucarnes qui, à vingt mètres de hauteur, donnent sur le terrain vague, on ne pouvait qu'assister impuissant aux scènes terribles qui se déroulaient autour du brasier.

Seule s'offrait aux malheureux une sorte de brèche entre deux corps de bâtiment, mais encore fallait-il escalader un mur de dix mètres de hauteur. Nous fîmes installer deux échelles, une partait de notre courette et s'appuyait sur le faîte du mur et une seconde qui redescendait dans le terrain vague.

Mais la chaleur, à cet endroit, était tellement épouvantable, qu'elle menaçait de rôtir les échelles et de communiquer le feu aux vêtements des malheureux qui poussaient des cris terribles. Comme nous avions des conduites d'eau et des seaux à portée de la main, nous nous empressâmes d'inonder les bois de l'échelle et les vêtements de ceux qui escaladaient, aidés de nos ouvriers, le mur de séparation.

Le spectacle était horrible ; tous ceux que nous sauvions étaient blessés au visage, aux mains, avaient les vêtements déchirés et ensanglantés : successivement nous fîmes ainsi passer une quinzaine de personnes, toutes plus ou moins grièvement blessées ; nous les faisions conduire immédiatement à quelques pas de chez nous, au 20 de l'avenue du Cours-la-Reine, où les sœurs Oblates, dont quelques-unes travaillent dans nos ateliers, ont un établissement; le docteur Ménard leur donna les premiers soins. Parmi les plus grièvement blessées se trouvaient : Mme Dubreuil, Mme Lefebvre, M. et Mme Maceda, la duchesse de la Torre, le domestique de la comtesse de Beaumont, etc.

Plusieurs de nos ouvriers ont été plus ou moins blessés en collaborant au sauvetage, notamment Beaudouin, brûlé à la face, et Gladre qui a eu la tête fortement contusionnée par un tuyau de pompe.

Mme et Mlle Raffaëlli avaient été signalées parmi les victimes. Elles ont pu échapper à la mort. Il était intéressant de connaître les impressions de ces témoins oculaires.

Voici le récit que M. Raffaëlli, l'artiste peintre bien connu, a fait à un rédacteur de *l'Écho de Paris :*

Ces dames, me dit-il, venaient d'entrer dans le bazar de la Charité ; elles y avaient fait seulement quelques pas, lorsqu'elles entendirent, partant du fond du hall, le cri sinistre : « Au feu! au feu ! » Elles voulurent rebrousser chemin, mais, comme une traînée de poudre, le grand velum suspendu sur leur tête s'enflammait et répandait sur l'assistance une pluie de flammèches. La plupart des dames présentes étaient vêtues de robes aux corsages légers, surchargés de volants de mousseline, ou portaient des collets bouffants de dentelles. Ces menus colifichets s'enflammèrent presque simultanément et c'est une foule hurlante de douleur et hérissée de flammes qui poussa vers la porte, cependant très voisine, Mme et Mlle Raffaëlli. Instinctivement, elles s'étaient prises par la main; la bousculade vers la porte était effroyable; le feu était déjà partout et ronflait sinistrement à grand bruit. La chaleur était intolérable. On se sentait cuire. Ma fille s'aperçut que ses vêtements prenaient feu et eut la nette sensation qu'elle était perdue, qu'elle ne sortirait point de là. Cependant elles arrivaient dans l'encadrement de la porte, écrasées, léchées par les flammes, affolées. A la porte, il y avait trois marches à descendre. Elles causèrent la mort d'un grand nombre de personnes. La poussée était telle que ces gens tombaient là, les uns sur les autres, et formaient sur le trottoir une masse enchevêtrée et grouillante; le grand air activait le feu qui avait pris aux vêtements, de tous ces évadés, point encore sauvés. Comme les autres, Mme Raffaëlli et sa fille tombèrent là et furent en un clin d'œil piétinées, entraînées au fond du tas humain. Elles ne s'étaient point lâché la main. Ma femme se releva assez vite, essaya vainement de dégager sa fille qui lui dit :

— Va-t-en, va-t-en! je vais mourir ici, sauve-toi.

— Je mourrai avec toi, lui dit sa mère.

Au même moment, un homme qui se trouvait au fond de cette masse de vivants et de morts réussit, par une poussée vigoureuse, à en sortir; ma fille s'agrippa des mains au rebord du trottoir et profitant de la poussée donnée par son voisin, se releva et courut avec sa mère dans la maison située en face. Les vêtements de Mme et de Mlle Raffaëlli étaient en lambeaux; elles trouvèrent dans cette cour — celle du loueur de voitures dont il a été parlé — une cinquantaine de personnes autour desquelles le personnel du loueur, des voisines, des femmes du peuple s'empressaient.

— Ma fille se voyant sauvée, continue M. Raffaëlli, retrouva toute son énergie. Elle n'avait plus qu'un jupon en loques et la moitié de son corsage. Elle pansa la figure de sa mère avec de l'huile qu'on lui donna, elle aida ensuite à soigner d'autres personnes. Enfin ces dames montèrent dans un fiacre et rentrèrent ici brisées d'émotion et de douleur. Ma femme a passé une assez mauvaise nuit, sa figure est enflée, elle a toujours devant les yeux le même horrible spectacle, elle a eu des instants de délire. Ma fille n'a que de légères brûlures; l'empreinte d'un talon de bottine est profondément marquée dans sa chair, elle a le corps couvert de contusions, mais elle n'éprouve aucune douleur interne; elle vient de déjeuner de bon appétit.

Un jeune homme qui survient interrompt le récit de M. Raffaëlli. Il est pâle et bouleversé; depuis hier il cherche vainement une parente, Mme Cornet de Villeneuve, et une amie, Mlle Louise Caumeau, disparues et impossibles à retrouver dans l'amas sans nom des corps carbonisés qu'on lui a montrés. Ces dames ont-elles échappé miraculeusement à la catastrophe? Sont-elles parmi les victimes qu'on ne pourra identifier? Horrible incertitude. La douleur du nouveau venu est communicative. M. Raffaëlli ne trouve pas un mot pour le consoler; des sanglots l'étreignent à la gorge. A quoi bon insister et se montrer curieux de détails devant ces drames renouvelés aujourd'hui dans tant de demeures somptueuses, refuges ordinaires du luxe et de ses joies ?...

Les soldats au déblaiement.   Photogr. Benque.

Au nombre des personnes échappées à la catastrophe se trouve une New-Yorkaise, Miss Hogan. Un rédacteur du *New-York Herald* est allé l'interviewer et Miss Hogan lui a raconté son aventure en ces termes :

— Je me suis rendue au basar, mardi, sur la prière de la duchesse
d'Alençon, qui était mon amie intime. J'arrivai au bazar à trois heures et
demie environ. C'était un édifice en bois, dont les parois avaient environ
deux centimètres d'épaisseur. Cette construction datait de l'exposition de
1889. Le bois en était sec comme une allumette. A ma connaissance, il y

Photogr. Pierre Petit.

Le procès-verbal et le déblaiement.

avait une seule entrée donnant accès dans le bazar, celle de la rue Jean-
Goujon.

Pour gagner l'intérieur du bazar, dit encore miss Hogan, il fallait d'abord
gravir un escalier de cinq marches, puis un autre de trois. Le bâtiment lui-
même était long et étroit. Le plafond, pour autant que j'ai vu, était tout en
toile. A mon arrivée, je trouvai la duchesse d'Alençon pleine d'entrain. Elle
me remercia chaleureusement d'être venue. A quatre heures vingt-cinq, je
rencontrai de nouveau la duchesse d'Alençon. Elle me raconta que les affaires
marchaient à souhait et qu'elle avait vendu presque tous les objets de son
comptoir. « Mais, maintenant, déclara-t-elle, je suis exténuée et je vais
m'asseoir un instant. » Comme elle disait ces mots, le cri : « Au feu ! au feu ! »

retentit. Et je vis comme une nappe de feu courir au plafond avec la rapidité d'un éclair.

Je me trouvais en ce moment dans mon comptoir, le comptoir n° 4. Le
feu doit avoir commencé aux comptoirs 11, 13 ou 15. La flamme qui dévorait le plafond semblait provenir d'une immense feuille de papier trempée
dans le pétrole. Ce fut une horrible panique. Le duc d'Alençon s'élança sur
une table et cria : « Ne vous pressez pas. Nous avons le temps de nous
sauver tous. » J'avoue que je ne partageai pas un instant son opinion. Le
feu nous enveloppait de toutes parts à ce moment-là. Des morceaux de
toile enflammée tombaient du plafond sur les chapeaux et les épaules des
femmes : l'incendie se propageait avec une effrayante rapidité. Bientôt les
côtés du bazar se mirent à flamber aussi. Et ce fut, dans l'enceinte, un affolement indescriptible. Les femmes, enveloppées de flammes, couraient dans
la salle avec des cris de bêtes fauves en cage. Instinctivement, chacun
s'élança vers la seule issue connue, celle de la rue Jean-Goujon. Je fis
comme tout le monde. Arrivée à la porte, je me trouvai en face d'un terrible spectacle : des femmes, cherchant à fuir, étaient tombées à terre de tout
leur long et, n'ayant pu se relever à temps, avaient été écrasées par la foule
qui les suivait. Un monceau de cadavres obstruait l'entrée du bazar. Un
valet de pied m'entraîna vivement de côté, et, au moment où j'arrivais en
lieu sûr, le bazar s'écroulait avec un fracas épouvantable. Puis le plancher
qui se trouvait à un mètre environ au-dessus du sol s'écroulait aussi.

L'incendie durait depuis cinq minutes à peine. A qui faire remonter la
responsabilité de cette épouvantable catastrophe ? Je n'en sais rien. Je ne
fais que vous raconter les événements, tels qu'ils se sont passés. Mais il est
certain que, si j'avais hésité un instant à m'enfuir, au moment où le duc
d'Alençon annonça que l'incendie venait d'éclater, j'aurais péri dans les
flammes. Si j'étais restée auprès de la duchesse d'Alençon, je ne serais certainement pas ici à cette heure. Les victimes ont sûrement souffert horriblement avant de mourir ; mais leur agonie n'a pas duré plus de quatre ou cinq
minutes.

Les premières victimes ont été immédiatement transportées
du lieu du sinistre en la cour d'honneur du fastueux hôtel de
Mme Jules Porgès, avenue Montaigne. La maîtresse de maison fit
dresser dans la grande galerie du rez-de-chaussée des lits où
furent déposés les morts et les blessés. Ce ne fut qu'une heure
après qu'on put porter les morts au palais de l'Industrie et les
blessés dans les différents hôpitaux de Paris.

Voici d'autres témoins, Mme et Mlle von den Henvel, qui étaient
dans l'intérieur du bazar lorsque le feu a éclaté, ont échappé à
la mort par miracle. Elles ont gardé du spectacle auquel elles

ont assisté une vision très nette qu'elles expriment en phrases hachées, avec un frémissement de tout leur être et une émotion qu'explique le danger couru et évité.

Elles ont dit à l'*Écho de Paris* :

— Nous étions parmi la foule très compacte qu'avait attirée la venue du nonce du pape et aussi l'apparition comme dames vendeuses de femmes portant les plus-grands noms de l'aristocratie française.

Il était environ quatre heures et nous nous trouvions près de la boutique du *Soleil d'or*.

Soudain nous entendons un cri de « Au feu ! » et nous voyons des gens qui sortent précipitamment du petit local où se trouvait le cinématographe J'ai saisi ma fille par le bras et l'ai entraînée vers la sortie de gauche. J'ai pu ainsi faire une quarantaine de mètres au milieu de femmes et d'hommes qui marchaient vite mais ne couraient pas. Cependant, derrière nous, des cris de femmes se font entendre, d'abord isolés, puis nombreux, aigus, désespérés. Ce sont ces cris qui ont contribué beaucoup à l'affolement. Je ne me suis pas retournée, mais j'entendais parfaitement derrière nous le crépitement des flammes. Il y avait peu de fumée.

Une poussée formidable nous emportait maintenant, mais j'étais hypnotisée par la porte que je voyais à quelques pas de moi.

Cependant je me sentais ballotée, cahotée, incapable de me diriger, et toujours ces cris horribles qui retentissaient derrière.

J'ai vu des hommes qui semblaient pris de folie furieuse et tapaient avec leurs cannes, pour se frayer un passage, des femmes pétrifiées, les yeux hagards, qui restaient immobiles, collées contre les cloisons en planches, d'autres s'accrochaient désespérément à leurs voisines.

J'ai, moi aussi, à ce moment perdu la tête, je ne songeais qu'à ne pas lâcher ma fille. Je voyais la porte à deux mètres à peine, mais il me semblait que je ne l'atteindrais jamais. Une poussée nous souleva de terre et nous jeta littéralement dehors. Nous étions sauvées ! Mais nous nous aperçûmes que nos vêtements étaient en lambeaux, que nous n'avions plus de chapeaux, que nous importait, nous fuyions en courant, terrifiées maintenant par le danger auquel nous venions d'échapper. Nous nous sommes jetées dans une voiture et sommes rentrées chez nous plus mortes que vives. Nous avions des amies qui se trouvaient en même temps que nous dans le bazar, elles viennent de nous faire dire qu'elles aussi sont sauvées.

Autre témoignage :

— C'est effrayant, nous dit M. Ducrabon, ce qui s'est passé dans ce terrain vague. Beaucoup de femmes avaient fui le bazar en feu par les portes qui donnaient sur le terrain vague, ce sont celles-là que nous tentâmes de sauver. Les unes furent au soupirail de l'hôtel, là se trouvaient des sauveteurs, le personnel de l'hôtel. Il nous fallait prendre les pauvres femmes

affolées par la main et les conduire vers les échelles ou la sortie par le
boyau.

Quelques-unes restaient là pétrifiées et l'asphyxie venait ou bien l'incendie. Il est très probable que, par les robes, des femmes se sont communi-
qué le feu l'une à l'autre. Enfin nous avons dû sortir à notre tour. Le cocher
Despréaux est tombé en manœuvrant une échelle, les agents Pauli et
Guérin et un brave ouvrier étaient là avec nous deux.

Voici aussi les explications données à *l'Éclair* par M. Sabatier,
publiciste, qui était auprès du cinématographe quand le feu a
pris :

— L'incendie a dû éclater à quatre heures dix environ. J'étais arrivé, en
effet, au bazar à quatre heures. J'avais eu le temps de le traverser pour me
diriger vers la salle réservée au cinématographe. La séance venait de finir
et le préposé s'apprêtait à annoncer une séance nouvelle à laquelle je voulus
assister.

Je tirai mon porte-monnaie et j'en sortis une pièce de cinquante centimes,
— prix d'entrée. — A ce moment, je m'aperçus que la lampe du cinématographe venait de communiquer le feu à une draperie de serge rouge qui
s'enflammait immédiatement. Je fis part de ce fait à un officier qui se
trouvait à côté de moi avec sa femme et nous invitâmes le public à évacuer
la salle en annonçant, afin d'éviter autant que possible la panique, que
l'on voulait procéder à quelques transformations.

Mais cette précaution ne pouvait avoir un bien grand effet, en raison de
la rapidité effrayante avec laquelle le feu se propageait. En quelques minutes,
tout était en flammes, et ce fut alors un spectacle inouï, effroyable, inoubliable.

Je prévins aussitôt M. de Mackau, qui était dans un cabinet avec plusieurs
des organisateurs du bazar ; je voulus tenter ensuite de ressortir par la
porte où j'étais entré et qui se trouvait en face de moi, mais je fus emporté
malgré moi à l'autre bout des bâtiments.

J'assistai alors, comme en un cauchemar, à des scènes déchirantes. Une
jeune fille me tendait les bras, me suppliant de la sauver. Je vois toujours
son geste, ses yeux, et, malgré mon désir, il me fut impossible de la
secourir, car déjà deux autres femmes s'étaient désespérément accrochées à
moi et l'une d'elles, qui m'avait saisi par le cou, me serrait à m'étrangler.
On entendait de toutes parts des cris, des gémissements, des plaintes lamentables. Je me traînai ainsi péniblement vers l'une des portes de sortie. Les
flammes nous entouraient de tous côtés.

Je parvins enfin près de la porte, mais je tombai et c'est en me traînant
sur les genoux que j'ai pu gagner la rue, emmenant ainsi avec moi les
deux femmes que j'ai pu ainsi sauver. J'en suis quitte, en somme, à assez
bon compte. J'ai seulement les genoux écorchés, des contusions multiples

sur tout le corps, mais rien de grave. Oh! l'épouvantable spectacle! de ma vie je ne l'oublierai.

M. Parisot, marchand de vins, qui a été témoin de l'horrible drame, a eu une conversation avec un collaborateur du *Petit Parisien* :

— On ne peut, dit-il, se faire une idée de la chaleur torride qui se dégageait du Bazar en flammes. Je me suis approché de l'entrée du débit pour fermer la porte, et j'ai dû reculer, le flamboiement du brasier étant intolérable.

Ah! quel effrayant spectacle !... Et combien de personnes, qui devaient se rendre au bazar de la Charité, n'ont été sauvées que grâce à un incident, un hasard heureux qui leur a fait différer leur visite.

Tenez, il y avait chez moi un représentant de commerce, M. Clovis Fournet, à qui une lettre destinée à Mme de Malézieu avait été remise.

M. Fournet allait entrer au Bazar, lorsqu'il se ravisa. C'était le moment où la présence du nonce attirait devant les comptoirs une foule de curieux. Estimant avec raison qu'il aurait peu de chances de rencontrer Mme de Malézieu parmi tant de monde, M. Fournet revint ici.

« — Ma foi ! dit-il, je remettrai cette lettre dans dix minutes. J'ai bien le temps de faire une partie de piquet. »

Quelques minutes après, le feu prenait à la toiture du bazar, qui n'était plus qu'une immense nappe de flammes.

Pendant que M. Parisot nous raconte ainsi ses souvenirs, l'interminable défilé des curieux continue sur le trottoir et sur la partie de la chaussée laissée libre par le service d'ordre.

Mme René Belin, femme du chirurgien, était l'une des vingt-deux vendeuses du comptoir de la duchesse d'Alençon.

Mme Belin est sortie saine et sauve de la fournaise. Elle a raconté ainsi à un rédacteur du *Petit Journal* dans quelles conditions elle a pu échapper à la catastrophe :

— Notre comptoir était situé au coin gauche, en entrant. C'est là qu'on a retrouvé un amas de cadavres, le plus considérable après celui du comptoir n° 14.

Une demi-heure avant le sinistre, comme la duchesse se plaignait de la chaleur, nous étions allées ensemble ouvrir une fenêtre en face de nous, ouvrant sur le terrain vague. C'est à cela que je dus mon salut, car c'est par là que, une demi-heure plus tard, je m'échappai.

Quand le feu éclata, nous étions toutes dans le comptoir, assez enfoncé, et personne de nous ne vit les flammes. Et comme quelqu'un me faisait remarquer un remous de foule, je répondis : « C'est probablement quelque grand personnage qui arrive. » Je sortis et je vis alors les flammes. Et ce 'que j'aurai toujours devant les yeux, c'est le spectacle de tout ce monde, de cette foule se précipitant vers le feu, les mains en avant !... On ne fuyait pas, mais, les mains tendues, on marchait au feu !

Je courus, moi aussi, vers le feu; car j'avais laissé près de la porte la nourrice de ma fille avec mon enfant dans ses bras ! Je fus repoussée, je retrouvai ma mère et l'entraînai vers la fenêtre que je connaissais pour l'avoir ouverte une demi-heure auparavant. Cette fenêtre avait été défoncée, mais sur un côté seulement. Nous y passâmes une à une, non sans être tombées, pourtant, non sans avoir été piétinées. Je me précipitai dehors, précédée de ma mère, me jetai le long du mur, et c'est en tâtonnant le mur, que je suivis tout de son long, que j'arrivai à la rue Jean-Goujon, où je retrouvai la nourrice et mon bébé, sortis les premiers. Je n'avais rien, qu'une contusion au cou !

M. Dieudonné, secrétaire de M. le baron de Mackau, raconte ce qu'il a vu.

— C'est la lampe du cinématographe, nous déclare-t-il, qui a allumé l'incendie. Ce cinématographe n'était pas placé dans le bazar proprement dit. Il fallait sortir dans le jardin pour entrer dans la cabane qui le contenait; mais cette cabane était adossée au bazar. Des andrinoples tendus en cet endroit couvraient la nudité des planches. Des andrinoples, la flamme, en quelques secondes, a gagné le vélum qui servait de toit. Et du vélum, elle est descendue dans le bazar, qu'elle a coupé en deux parties.

La plus petite partie s'est trouvée cernée par la flamme d'un côté, par le mur du fond de l'autre. Les personnes qui s'y trouvaient étaient donc perdues. Et, de fait, toutes ont été brûlées. Il pouvait y avoir là de quarante à cinquante personnes. Cela faisait comme un cul-de-sac. Mais, à part ce cul-de-sac, partout ailleurs il y avait facilité de s'évader, soit dans la rue, par les deux portes, soit dans le terrain vague situé derrière et où l'on accédait par quatre portes, deux fenêtres à la hauteur d'appui. Il est vrai qu'il y avait quatre marches à descendre ou plutôt à sauter, du plancher du bazar au terrain vague. Beaucoup de dames sont tombées en voulant sauter ces quatre marches. D'autres, arrivant derrière elles, ont trébuché sur leurs corps. Des ouvertures se sont trouvées ainsi bouchées par des dames peu ingambes, âgées ou embarrassées par leur toilette. Quant aux deux portes sur la rue, l'évacuation s'est faite par là, sans trop d'encombre. Il est sorti un millier de personnes en cinq minutes. On ne criait pas.

Bref, du côté de la rue, le sang-froid a été assez généralement gardé.

Si la peur de ne pas être en sûreté dans le terrain vague n'avait pas fait perdre la tête aux personnes cherchant à fuir par derrière, tout le monde pouvait se sauver. Mais de ce côté-là, c'était la stupeur, la folie. J'ai vu des dames immobilisées, clouées par terre, ou bien implorant du secours, qu'il leur suffisait de quelques pas pour être hors du bâtiment. Elles étaient comme hypnotisées. Il y en a une qui a planté ses ongles dans mon gilet pour s'y accrocher. Mais mon gilet a cédé et elle est tombée la face contre terre, tandis que moi, déjà léché par les flammes, je m'éloignai jusqu'au mur qui borde le terrain vague.

Là, on cuisait. Mais on n'était pas touché par la flamme. On pouvait même gagner la rue en longeant le mur du bâtiment qui dessine un angle droit avec le mur bornant le terrain vague. Mais la fumée commençait d'aveugler. Et la peur, la peur surtout, paralysait les mouvements.

Je vous donnerai un exemple de la facilité de se sauver. La baronne de Saint-Pierre, qui a été brûlée, a failli en réchapper, car elle est arrivée jusqu'à la porte de sortie. Et cependant elle était à demi impotente. Elle marchait à l'aide de deux béquilles.

Le rédacteur du *Petit Journal* a trouvé M. le baron Reille, député du Tarn, dans son hôtel du boulevard de la Tour-Maubourg ; il a la tête et la main droite enveloppées de ouate.

Ne regardez pas ces chiffons, nous dit-il ; je n'ai rien ou presque rien. La baronne est sortie indemne, grâce à Dieu. Que n'en a-t-il été ainsi de tant d'autres ! C'est vraiment une catastrophe inouïe. Comment pouvait-on prévoir, supposer même un incendie foudroyant qui éclate en plein jour dans une fête où il n'y avait ni gaz, ni lumière. Je m'y perds.

Vous dire comment cet épouvantable désastre est advenu ? comment, en moins d'un quart d'heure, tout était en flammes ? c'est ce que je ne saurais trop faire en ce moment ; tout est encore trouble dans ma tête.

Quelle mort affreuse pour les pauvres victimes ! et combien de familles en deuil ! Enfin, lorsque j'ai vu les flammes sortir du cinématographe, quand j'ai vu tout le monde courir dans tous les sens, cherchant les issues et les obstruant dans un affolement inénarrable, — ça a été l'affaire d'une seconde, — je me suis précipité au secours de ma femme ; M. de Mackau et moi avons pu percer la foule, tout en tâchant de la calmer, et nous avons réussi à ouvrir une grille qui donne sur un terrain vague.

Nous avons fait sortir ainsi plus de cent cinquante personnes, bien certainement, qui n'ont reçu ni une brûlure, ni une écorchure.

Mais les autres ? Pensez que la panique était si grande que dix fenêtres par lesquelles on aurait pu s'échapper sont restées fermées : personne n'avait pensé à les ouvrir.

Je ne pouvais pas être partout à la fois ; mais, une fois la sortie préparée par la grille ouverte, je courus aux fenêtres ; elles étaient en feu et l'on ne pouvait plus passer par là.

Je ne me rappelle plus guère le reste ; sinon que j'entends toujours les cris et les gémissements de ces infortunées victimes, des femmes surtout. Tout cela est épouvantable ; c'est une catastrophe sans nom : je ne trouve pas un mot de plus à dire.

Un publiciste, M. Picot-Guéraud, et le secrétaire de l'officier, de paix du huitième arrondissement, M. Matros, ont tous deux arraché des centaines de victimes à la mort. Ils ont eux-mêmes exposé leur vie héroïquement.

Ils passaient avenue d'Antin, quand ils entendirent des cris de terreur, des clameurs désespérées. Ils coururent, se précipitèrent. Rue Jean-Goujon, près du bazar en feu, ils virent un passage. Ils s'y engagèrent, sans savoir où ils allaient. Le passage aboutissait dans le terrain vague, à un cul-de-sac.

— Derrière nous, dit M. Picot-Guéraud, les flammes nous avaient coupé toute retraite. Nous étions prisonniers. Tout à coup, à la petite fenêtre qui donne jour à la cuisine de l'hôtel du Palais, nous vîmes paraître Goméry, le cuisinier; son aide Vautier, le maître d'hôtel Charles Wagner. Ah ! les braves gens ! L'un tenait un marteau, frappait un des barreaux de fer, essayait de le desceller. Il y parvint au bout d'une minute, — un siècle ! — On respirait une atmosphère de feu. Autour de nous, des femmes tombaient, étaient foulées aux pieds, écrasées. C'était horrible. Le feu derrière nous faisait rage et dévorait sa proie. On entendait des cris affreux, les hurlements des pauvres femmes qui brûlaient.

Sous la petite fenêtre, on se précipitait. Des femmes grimpaient les unes sur les autres, retombaient à terre, étaient piétinées, et nous essayâmes à coups de poing de dégager l'ouverture. Nous n'y pûmes parvenir.

Enfin, le cuisinier et l'aide cuisinier vinrent à notre secours en descendant résolument dans la fosse, et à nous quatre, en nous arc-boutant le pied au mur, nous parvînmes à dégager les abords de la fenêtre. Si nous avions cédé, l'affolement de ces malheureuses était tel que nous y passions tous.

Alors, une à une, les prenant par les pieds, nous les fîmes passer par la fenêtre et les autres domestiques de l'hôtel les recevaient dans leurs bras et les portaient dans les chambres.

La patronne de l'hôtel, Mme Roche-Sautier, se montra admirable de courage et de sang-froid. Comme le feu gagnait, que les derniers sauvés apparaissaient les cheveux grillés, le visage brûlé, les vêtements flambants, Mme Roche-Sautier eut l'idée de faire apporter des seaux et les fit jeter sur nos têtes. Il y eut d'horribles scènes. Nous soulevâmes une jeune fille au crâne chauve, aux mains noires, pour lui faire franchir la lucarne. Quand sa tête fut en l'air, la pauvre enfant fut prise d'un rire convulsif. Oh ! cet éclat de rire qui résonnait en un tel lieu, dans une note plus éclatante que les cris des mourants ! Elle avait une crise de folie. C'était affreux !

Un moment après, — oh ! l'épouvantable chose que nous vîmes ! — par l'issue qui avait livré passage à toutes les femmes que nous venions de sauver, débouchèrent quatre malheureuses, torches vivantes. Elles dressaient leurs bras qui n'étaient plus que des moignons noircis et fumeux. Elles firent quelques pas jusqu'à nous, puis trébuchèrent et s'abattirent mortes sur l'herbe verte.

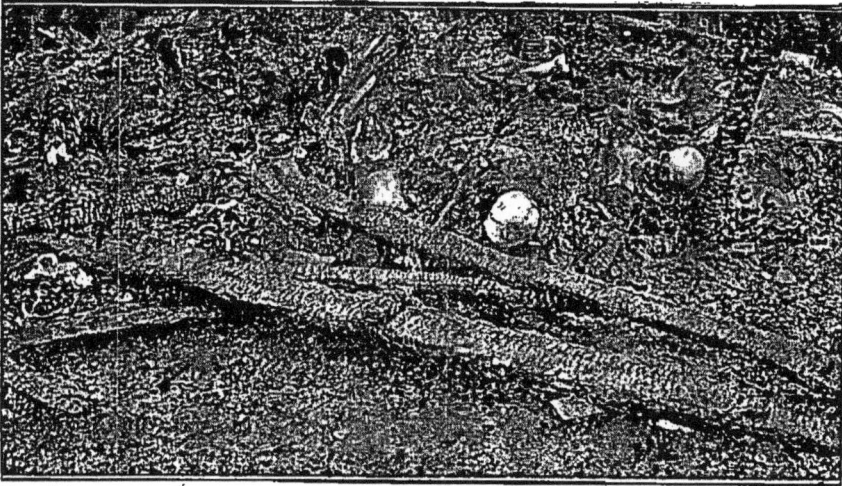

Un coin du sol avant le déblaiement.

Photogr. Benque.

III

AU PALAIS DE L'INDUSTRIE

Toute la nuit on procéda au déblaiement; on transporta tous les cadavres et tous fragments d'objets pouvant servir à reconnaître les victimes au palais de l'Industrie.

Dans l'aile nord-ouest du palais, actuellement en démolition, et séparée des Champs-Elysées par une palissade qui s'étend jusqu'au poste de police du palais, une salle, non entamée encore par la pioche des démolisseurs, a été mise, dès la nouvelle de la catastrophe, à la disposition de la Préfecture de police qui y a fait transférer les corps, à mesure qu'on les retirait des décombres de l'horrible brasier.

Le spectacle est épouvantable et défie toute description.

Les corps, tous horriblement carbonisés, mutilés, informes —

3

quelques-uns entièrement dévêtus — ont été alignés, tout autour de la vaste salle, sur des planches.

C'est là que viennent les reconnaître — ou essayer de les reconnaître ! — des parents, des amis, des prêtres, des serviteurs.

Un grand silence plane sur cette scène de deuil, dont l'horreur s'accroît encore à la tombée de la nuit.

À ce moment, l'espace compris entre la salle mortuaire et les palissades qui la bordent, du côté des Champs-Elysées, est plongé dans une obscurité profonde, où se dressent, seules, deux voitures des Pompes funèbres chargées de cercueils.

À l'intérieur, un brasero gigantesque est allumé, et le long des rangées de cadavres, des gardiens de la paix circulent, portant de longues torches dont la fumée s'accumule en épais nuages au plafond.

C'est un mélange horrible d'odeurs de résine, de phénol, de pétrole et de chair brûlée. Sur les pauvres corps en lambeaux des lueurs passent, éclairant des nudités horribles, des mutilations d'une indescriptible horreur. Sur un corps sont penchées les ailes blanches des coiffes de deux Sœurs de charité. Elles l'ont reconnu... un suaire est jeté sur ces restes ; et les pauvres femmes se retirent en se signant.

A neuf heures, le dernier fourgon amène les derniers corps. A ce moment, la circulation est devenue presque impossible en cet horrible lieu, et l'air y devient irrespirable. Une foule s'écrase parmi les cercueils amoncelés et autour des corps. Et, dans un coin où ont été refoulées pêle-mêle des épaves du Salon de sculpture de l'an dernier un *Rouget de l'Isle chantant « la Marseillaise »*, dresse sa silhouette de triomphe dans la lumière des torches, au-dessus des débris de cent vingt-cinq corps calcinés !

A minuit, il y a encore foule devant le palais de l'Industrie. Des voitures arrivent au galop de toutes les directions. Mais la consigne est formelle, personne ne peut franchir la barrière, gardée par de nombreux gardiens de la paix. Nous pénétrons tout de même, grâce à la complaisance d'un aimable officier de paix, et nous arrivons près de la grande porte de bois derrière laquelle reposent les cadavres... A ce moment, brandissant à la main une enveloppe, u ne pauvre femme arrive en criant :

— Voilà la permission du commissaire de police, hurle-t-elle. Laissez-moi entrer, laissez-moi entrer...

Les agents lui barrent le chemin.

— Demain, à 6 heures, madame, pas avant, c'est l'ordre du procureur de la République.

— Mais puisque je vous dis que c'est ma sœur, et qu'elle est là, qu'elle doit être là, gémit-elle en fondant en larmes... Vraiment, monsieur, vous ne voulez pas ? Vraiment... vraiment !... oh ! pourquoi ?

Et elle s'affaisse en sanglotant.

Mais voici que la porte s'ouvre devant les employés du Laboratoire municipal. Avec eux, soutenu, porté plutôt par eux, un jeune homme à barbe blonde, un binocle sur les yeux, pâle, pâle comme la mort, veut entrer. On l'arrête.

— On ne passe pas, monsieur.

Le jeune homme insiste. Il n'a plus la force de parler ; très doux, la voix éteinte, il essaye de protester : « C'est inique, inique ! » Et il se laisse entraîner par deux de ses amis qui lui disent tendrement :

— Demain, demain à six heures, nous reviendrons. Viens, Julien, viens donc, voyons, sois raisonnable...

Et je le vois s'en aller, défaillant, et je l'entends qui pleure.

J'entre à mon tour.

L'odeur, l'odeur terrible et écœurante de chair brûlée persiste. L'effroyable vision de cauchemar ! Ces genoux aux os rompus, ouverts comme par des coups de serpe, ces bras arrondis autour de la tête dans des postures de désespoir surhumain, ces petits pieds, ces bottines d'enfant, ces souliers dégagés sur ces cambrures délicates, ces torses de nègres ouverts comme après une boucherie d'anthropophages, ces jambes noires, les unes tordues comme des sarments, les autres ayant conservé intacte la rondeur de leur forme ; et ces têtes surtout, ces têtes carbonisées, rétrécies, réduites à rien, où seulement les dents demeurent visibles...

Des employés du Laboratoire, sous la direction de M. Girard, jettent sur les cadavres des baquets d'eau sublimée pour retarder la putréfaction définitive.

M. Girard me dit :

— C'est pis qu'à l'Opéra-Comique... Là-bas, nous avions à peine une vingtaine de corps carbonisés aussi complètement... Ici, voyez-les, tous, tous...

Je vois un papier blanc sur un corps de femme que je reconnais à des jupes que le feu n'a pas entièrement carbonisées. Je m'approche, je regarde. Ce sont deux feuilles de papier à lettre restées blanches et qui portent dans un coin une vignette bleue représentant la Vierge, avec, au-dessous, cette invocation : « Notre-Dame du Bon-Secours, priez pour nous ! »

Je m'attarde, je repasse dix fois devant ces rangées de lamentables restes. Je voudrais m'en aller, et pourtant je reste... Mes yeux se reportent dans le coin où se dresse, toute blanche, sur un socle, la statue de Rouget de l'Isle, la bouche frémissante, l'œil terrible : au milieu de ce spectacle sans nom, cette statue a l'air de symboliser le génie de la terreur...

Je sors enfin, brisé. Dehors, j'entends encore des sanglots devant la porte fermée. Ce sont encore des parents, des amis, qu'on n'a pu décider à s'en aller.

LA SECONDE JOURNÉE

Vous êtes-vous demandé quelles ont été les affres de cette nuit pour les centaines de familles qu'a touchée l'épouvantable catastrophe ? Quelles horribles visions ont dû hanter les heures trop longues qui les séparaient du jour ! Et ceux pour qui la vérité n'était pas définitivement fixée, l'effroyable et affolant chaos de craintes sinistres, soulagées d'ineffables et riants espoirs !

Pour nous, nous avons passé la nuit à attendre l'heure réglementaire fixée par le procureur de la République pour l'admission des intéressés à la visite des cadavres à reconnaître, nous avons plaint davantage les malheureux qui espéraient encore...

Dès cinq heures du matin nous étions devant le palais de l'Industrie. La journée s'annonçait merveilleuse d'ensoleillement et de douceur. Déjà, quelques parents attendaient à la porte. Une centaine de gardiens de la paix faisaient la haie. M. Laurent, secrétaire général de la Préfecture, accompagné de M. Mouquin, commissaire de police, et du substitut du procureur, arrive et organise le service d'ordre. Je regarde les gens qui sont là : quelques-uns, pâles, anéantis, inertes, paraissent attendre patiemment; d'autres, au contraire, convulsés, le sang à la tête, piétinent sur place, vont et viennent jusqu'à la porte que leur barrent inflexiblement les gardiens. Des scènes violentes se produisent.

— Eh bien, enfin, voyons ! crie à un brigadier un monsieur dont les yeux rouges disent trop qu'il a dû pleurer toute la nuit, est-ce qu'on ne va pas nous laisser entrer ?

— A six heures, monsieur, pas avant. C'est la consigne.

— La consigne ! laissez-nous tranquilles avec votre consigne, c'est bon pour vous à qui tout est égal ! Qu'est-ce que ça peut nous faire, votre consigne?... Et le préfet? Qu'est-ce qu'il fait, le préfet?

— Justement, il vient d'entrer.

— Et ces corbillards-là, pourquoi entrent-ils ?

Et il continue à divaguer ainsi, apostrophant les agents, s'en prenant à toute la terre de son désespoir.

Un fiacre arrive. Le comte de Chevilly en descend. Il est accompagné d'une jeune gouvernante, celle de ses filles, sans doute. Il s'approche et demande :

— Est-ce qu'on peut entrer? Je cherche mes filles.

— Non, monsieur, pas encore.

— Mais on avait dit à 6 heures !

— Il n'est que 5 h. 1/4, monsieur.

Un gardien fait cette réflexion :

— Je comprends que ça lui paraisse long, à ce pauvre homme.

Le comte interroge encore :

— Savez-vous s'il reste des corps non reconnus dans les hôpitaux ?

— Je crois que oui, répond évasivement quelqu'un.

— Je vais à Beaujon, dit le comte.

Il remonte en fiacre, et le voilà parti.

Six heures vont sonner. On commence à laisser pénétrer les personnes qui affirment avoir quelqu'un à reconnaître.

D'un pas rapide, un premier groupe s'élance dans la salle Saint-Jean ; la porte est grande ouverte, et l'horreur de la nuit dernière s'éclaire de soleil. Des rayons s'accrochent aux taches rouges ou bleues des jupons relevés sur les jambes noires ; des bijoux scintillent dans les décombres.

Un monsieur d'une cinquantaine d'années, correct, élégant, décoré de la Légion d'honneur, la moustache fine et grisonnante, est penché sur les cadavres ; il appuie son mouchoir sur son nez, car l'odeur qui se dégage, mélange de brûlé et de phénol, monte à la gorge. Il est accompagné d'une femme de chambre. Je les suis d'un corps à l'autre. « Tenez, ici, Marie. » « Non, monsieur le comte, celle-ci a des bagues, et madame avait laissé ses bagues sur la cheminée. » « Tenez, ici, peut-être. ». La femme regarde les bottines du cadavre : « Non, dit-elle, madame avait des empeignés d'un seul morceau. » Mais tout à coup, la femme pousse un cri, et, au milieu de larmes : « Oh ! ici, monsieur le comte, ici, c'est elle !... Oh ! j'en suis sûr, allez. Son pantalon, je le reconnais, voilà les trois plis, et ses jarretières, toutes neuves, tenez, les voilà. Je le sais bien, c'est moi qui les ai faites. »

Et, penchée sur le cadavre, elle soulève les étoffes, les retourne, les laisse, y revient et dix fois recommence, pendant que, penché sur l'horrible chose qui fut sa femme, le comte essaye de retrouver une trace, un signe, une ligne qui la lui rappelle. Mais la figure est réduite en cendres, la mâchoire seule subsiste entourée de débris noirs sans forme. Et l'homme sanglote doucement.

Je me retourne à un autre cri poussé derrière moi. Trois femmes sont penchées sur un corps. L'une d'elles dit, avec une voix d'épouvante :

— C'est cela, c'est elle, c'est son jupon bleu. Oh ! je le reconnais bien, allez...

Et d'un bout de bois pointu, qu'elle a ramassé à terre, elle gratte le cadavre pour en soulever ce qui peut rester d'étoffes ; des morceaux de chair cuite se détachent. Mais elle n'a pas conscience de ses gestes, elle a l'air d'une somnambule. Elle dit encore :

— Elle était partie si joyeuse !

Une autre dame, à côté d'elle, dit, la voix tremblante :

— Il ne faut pas, à tout prix, que la mère la voie... ni ses sœurs... On dira qu'il y a opposition, que la boîte est scellée... Oh! mon Dieu! mon Dieu!

D'autres gens viennent d'entrer : un vieillard avec ses deux fils, sans doute, deux jeunes gens. Les voilà penchés silencieusement, les yeux dilatés, sur les rangées de cadavres. Ils regardent et passent. Avec des mouvement de précaution ils enjambent les corps. Ils vont. Ils font le tour. Ils n'ont rien vu... Qui cherchent-ils ?

— Recommençons.

Ils repartent, plus lentement cette fois, remuant de leurs doigts tremblants et précautionneux les bribes d'étoffes collées sur les chairs brûlées.

— Ici, père ! ici, c'est elle, c'est elle, voilà sa bague, voilà sa montre. Tiens, regarde. Pauvre mère !

Et un immense soupir soulève la poitrine du jeune homme, ses yeux se lèvent au ciel, inondés de larmes, et une cascade de sanglots lamentables s'échappe de sa gorge. Il pleure, il pleure sans fin, se penche sur le corps de sa mère, va pour la toucher, s'arrête avec un geste d'amour et de respect, croise les mains, broie ses doigts et s'écrie toujours :

— Pauvre mère ! pauvre mère !

Le père, lui, un homme à la barbe grisonnante, très pâle, les yeux agrandis démesurément, pleure silencieusement en soupirant, tandis que son plus jeune fils, un garçon imberbe, le soutient tendrement en pleurant avec lui.

Aussitôt qu'une reconnaissance est faite, un greffier s'approche et prie les intéressés de signer une déclaration. Ils vont à une petite table, donnent l'état civil de la personne reconnue et signent. Aussitôt après, on leur délivre un permis d'emporter le corps. Des employés des Pompes funèbres l'enveloppent dans un drap blanc, apportent une bière de sapin, l'y déposent et vissent le couvercle de la boîte. Alors un corbillard s'avance, on y hisse le cercueil provisoire qu'on transporte, suivant le désir de chacun, à leur domicile.

— Va signer, va, père, dit le fils aîné.

Le père se laisse traîner à une table et signe la reconnaissance de sa femme. Puis il revient près de son fils. Tous deux se regardent avec un air de navrement infini, hésitant, comme s'ils se retenaient de dire quelque chose, et, finalement, le fils dit :

— Ce n'est pas tout... Et Madeleine...?

Oh! le geste de lassitude de l'homme à cette parole ! Oh! la tristesse de ses yeux en pleurs.

— Madeleine, oui, où est-elle?

— Allons.

Ils jettent un regard encore au cadavre noirci et tordu, et reprennent leur sinistre promenade.

Je les suis de mon recueillement pitoyable et je distingue leurs larmes qui coulent sur les corps étrangers. Et bientôt, le fils aîné encore reconnaît la pauvre victime. C'est un petit corps dont il ne reste plus rien. Les trois hommes tombent dans les bras l'un de l'autre, leurs têtes abattues s'affaissent sur les épaules les uns des autres, et rien au monde n'est plus triste ni plus beau que ces trois hommes foudroyés par la même douleur. Je les entends dire :

— Pauvre mère! pauvre mère! Et Madeleine! Madeleine! c'est trop, c'est trop!

Il va être sept heures. Le public augmente dans la salle Saint-Jean. Quelques curieux comme moi s'y mêlent. Le milieu de la salle est plein des allées et venues des employés des pompes funèbres transportant les cercueils, des gardiens de la paix qui surveillent les gens s'approchant des corps (car on se méfie — même ici! — des pickpockets...) et des fonctionnaires de la Préfecture donnant des ordres. M. Atthalin se démène d'un air important. M. Lépine donne l'ordre aux gardiens d'empêcher les gens de toucher aux cadavres sans être gantés, comme si ceux qui se penchent là, dans la fièvre et l'angoisse, allaient prendre souci d'ordres de ce genre.

Je cueille des bouts de phrase au passage :

— J'ai reconnu deux amies de ma fille qui étaient avec elle, et je ne peux pas la reconnaître, elle...

Plus loin :

— Avez-vous fait le tour?

— Oui.

— Vous n'avez rien vu ?

— Rien.

Et encore :

— C'est un assassinat...

Ou bien :

— Il n'avait que quinze ans. C'était le groom de Mme la comtesse.

Il est huit heures. Les reconnaissances se multiplient, je ne peux plus les suivre toutes. Deux religieuses ont reconnu aux souliers qu'elle portait l'une des leurs : sœur Electe, soixante-dix ans.

Une petite femme brune, coiffée d'un mouchoir de soie noire, les yeux bouffis de larmes, se lamente tristement près d'un corps.

— Pauvre chère madame! Pauvre! Deux ans qu'elle était mariée. Trente ans!... Pauvre monsieur! Pauvre madame!... Oh! son corset bleu, je le reconnais, et sa robe verte, la voilà, mon Dieu! mon Dieu!

Elle prend des ciseaux, et, religieusement, coupe des morceaux de la robe qu'elle veut sans doute conserver pour elle.

Un valet en livrée, qui cherche sa maîtresse et qui croit l'avoir trouvée, retire à grand'peine d'un doigt tordu un anneau brisé. Il arrache en même temps des lambeaux de peau noire. Il ouvre l'anneau et s'écrie :

— Non, ce n'est pas elle ; il y a écrit : « Moustiers d'Avarennes ».

A côté, un autre domestique met tout à coup dans sa bouche ses doigts crispés, qu'il mord, pendant que ses grands yeux naïfs s'ouvrent éperdument. Et il gémit, avec une voix plaintive d'enfant :

— C'est elle! c'est ma femme ; voilà son jupon, voilà ses bottines. Regardez son alliance, je suis sûr, allez, il y a écrit : 11 juin 1887 !

Et il s'abat sur un corps gonflé, tuméfié, saignant encore par endroits. Le corps est presque décapité, la cervelle rose s'étale parmi des débris.

On vient de découvrir le cadavre de Mme Hoskier. Sa femme de chambre est là.

— Je la reconnais, dit la pauvre femme. Elle était un peu forte, et ce sont ses petits pieds, et ses boucles d'oreilles en perle, et son bracelet... Mon Dieu! mon Dieu! Et Monsieur qui est parti avant-hier pour la Russie... Il n'est même pas arrivé; et il ne sait sans doute rien... Et sa fille, Mme Roland-Gosselin, elle est là aussi, tenez, à côté d'elle...

Il est neuf heures. Voilà quatre heures que je suis là, à supporter le spectacle de ces horreurs. Je me sens brisé, rompu, et je n'ai pourtant pas la force de m'en aller. Ma curiosité a disparu. Il me semble que, si je reste, c'est pour prendre ma part de cette immense douleur qui s'étale autour de moi. On a comme des envies de s'approcher de ces malheureux qui gémissent, qui halètent, qui pleurent, qui maudissent, et d'essayer de les consoler un peu. Mais tout de suite on sent la vanité des consolations, tout le monde la sent. Et des prêtres, des sœurs de charité qui sont là, souffrent pour leur propre compte et ne tentent même pas une parole d'apitoiement aux malheureux abîmés dans leur détresse.

Je vais à la porte pour respirer un peu d'air frais. Et je regarde les gens entrer. Ils entrent avec des mines diverses selon leur nature ou le sentiment qui les amène. Tous, ou presque tous, ont les yeux rougis et les paupières gonflées. Les uns ont la figure terrifiée et n'avancent qu'en hésitant; des femmes se serrent contre l'homme qui les conduit, avec des : « Oh ! » de terreur; d'autres fois, l'homme, au contraire, se laisse mener. Ils n'entendent pas qu'on pleure autour d'eux, ne voient pas les désespoirs voisins. Une fois leur regard tombé sur le premier cadavre, il ne quitte plus la terre; ils vont courbés, le cou tendu, les mains crispées, les doigts détachés, à travers l'hécatombe noire.

Tout à coup ils se penchent plus avant, dans un mouvement rapide : ensuite ils se redressent en secouant la tête, avec un geste qui dit : « Ce n'est pas cela. » Avant de s'être rendu compte, ils montrent un respect religieux pour le corps qu'ils examinent. Quand ils ont décidé que « ce n'est pas cela », ils enjambent sans façon, et leurs mouvements font chavirer sur les planches mal jointes les cadavres légers. Certains, accroupis, remuent et déplacent sans dégoût les restes horribles :

d'autres, tenant d'une main leur mouchoir sur leur nez, se servent d'une canne ou d'un parapluie pour gratter les loques brûlées, qui recèlent le secret terrible.

C'est près de la porte d'entrée que se tiennent les employés. J'entends soudain une voix mouillée dire :

— Je viens de retrouver mes deux sœurs.

C'est un homme jeune, qui n'a pas trente ans. Sa figure rose est encadrée d'une courte barbe blonde. Ses yeux bleus sont noyés de larmes. Il mord ses lèvres frémissantes. Un de ses amis fait pour lui la déclaration, et je le vois repartir parmi les cadavres. Un instant après, il revient. Et je l'entends dire encore :

— Maintenant, j'ai retrouvé ma mère.

Des cercueils arrivent constamment. A présent, ils sont déjà moins soignés : ce sont de simples boîtes de sapin à peine ajustées. Je suis heurté à chaque instant par ces cercueils qu'on a remplis et qu'on sort de la salle. Tout cela se fait avec une si grande rapidité, qu'il a fallu plusieurs fois retirer des corps des boîtes : on s'était trompé. Je me souviens d'un détail : une jeune femme venait d'être reconnue par son frère grâce à une petite bague qui brillait à son doigt ; on avait apporté le cercueil près du corps ; mais ces cercueils manquent de profondeur, et la jeune femme avait conservé dans la mort la position de son agonie : ses deux petits bras relevés sur ses yeux, les coudes en dehors, et ses bras dépassaient le niveau de la boîte funèbre. Il fallait bien les faire rentrer ! Les croque-morts ont appuyé sur les petits bras qui se sont cassés net au poignet, avec un bruit sec. Le frère était là, avait tout vu... Il se détourna avec un cri, en mettant ses mains sur ses yeux, juste dans la position de celle qu'il pleurait.

On cherche partout le corps de la duchesse d'Alençon. Une première fois, le colonel de Parseval est venu seul. Il s'est vite rendu compte qu'il ne saurait la reconnaître, et est allé chercher les gens de la duchesse. Bientôt, en effet, sont arrivés le baron Tristan-Lambert, M. Auffray, le duc de la Trémouille, accompagnés d'un Père Dominicain, de deux femmes de chambre de la duchesse et d'un domestique. J'ai suivi longtemps leurs recherches. Deux heures durant, rien n'avait pu les mettre sur la trace du corps. On savait pourtant qu'il était là : on avait trouvé dans les décombres deux bagues, deux alliances, une d'or et une d'argent, et une montre qui lui appartenaient.

Finalement, d'élimination en élimination, le champ des recherches s'est circonscrit. Les deux femmes penchaient pour un cadavre mince, aux jambes tordues, complètement carbonisé. Pas une fibre d'étoffe ne subsistait sur le corps, pas une bague, pas un bracelet, et les pieds étaient sans bottines. On apercevait seulement les dents du squelette, de jolies dents égales et bien rangées, ce qui répondait bien au signalement de la duchesse. Mais, en se penchant pour mieux voir, l'une des femme s'aperçut qu'une des dents du milieu était en partie brisée, ce qui fit renaître les doutes. Quelqu'un qui était là suggéra alors l'idée de s'adresser au dentiste ordinaire de la duchesse d'Alençon qui restait seul arbitre au monde capable de décider de l'identité de la morte. On verra plus loin que c'est cette idée qui a prévalu, et qu'elle était bonne.

Le temps a passé. Il est onze heures. La salle est à présent toute pleine des malheureux visiteurs. Autour de la salle, ce ne sont que dos courbés, des gens accroupis, tandis qu'au milieu, attendant le départ des corps reconnus, les pères, les fils, les frères, les serviteurs, en larmes, ou bien dans un calme effrayant, le regard fixe et comme indifférent à ce qui se passe. Et la passivité apparente de ceux-ci me fait songer que peut-être d'autres catastrophes privées peuvent suivre ce désastre public....

La foule, à mesure que l'heure s'avance, ne cesse de s'accroître; à partir de dix heures du matin, les abords du funèbre dépôt sont littéralement assiégés par les curieux.

Les trottoirs du carré Marigny et de l'avenue d'Antin sont bordés de plusieurs rangées de spectateurs silencieux que l'émotion semble avoir figés sur place, et dont la curiosité se satisfait à regarder passer, de temps en temps, un fourgon des Pompes funèbres emportant hors du chantier de démolition son lugubre chargement.

Le service d'ordre est, de ce côté, très sévère. L'entrée du chantier est protégée par un détachement de gardes républicains alignés en carré, l'arme au pied, et renforcés d'escouades nombreuses de gardiens de la paix. A l'intérieur de la palissade, on vient d'afficher les listes des morts reconnus.

A midi, le dépôt ne contient plus qu'une vingtaine de corps disséminés, autour desquels les représentants de plusieurs familles continuent leurs affreuses recherches. Mais les cadavres qui sont là présentent de si effroyables mutilations, le feu les a tellement défigurés et « réduits », détruisant jusqu'aux moindres indices susceptibles d'en rendre la reconnaissance possible, — qu'on ne s'attend même plus à ce que l'identité d'aucun d'eux puisse être désormais établie par personne!

Vers deux heures, M. Garnot, officier de paix, voyant la funèbre salle pleine de curieux qui vont jusqu'à gêner les familles, donne l'ordre de n'y laisser entrer que les personnes munies d'un laissez-passer.

On a pourtant du mal à y rester. Une forte odeur de chlore saisit les visiteurs à la gorge et leur donne des crises de toux.

A l'entrée à droite retentissent des cris. Une mère croit qu'elle vient de reconnaître sa fille.

Et les cris redoublent quand la malheureuse constate qu'elle s'est trompée. Sa fille avait des bottines et le corps qu'elle prenait pour le sien a de petits souliers.

— Mais où est-elle? Où est-elle?

Et elle cherche, désespérée.

Juste à côté est une femme qu'un groupe reconnaît de façon précise. C'est la comtesse Sérurier que l'on porte dans une bière provisoire. Oh ! entre ces corps et ces lambeaux de corps, le bruit sinistre des coups de marteau !

TROISIÈME JOURNÉE

Dès six heures du matin, des groupes attristés traversaient la cour précédant la salle Saint-Jean et demandaient à voir les corps.

Il en restait dix-neuf.

A sept heures et demie, M. Couret de Villeneuve reconnaissait celui de sa femme.

Puis des parents, des amis établissaient l'identité des treize autres personnes dont on lira les noms plus haut.

MM. Atthalin et Mouquin, toujours là, manifestaient, dès qu'une famille croyait reconnaître un des siens, les scrupules les plus rigoureux. Ils avaient si peur qu'on ne se trompât ! Ils sollicitaient — ce dont on ne saurait trop les louer — les renseignements les plus circonstanciés.

Dès qu'il y avait à examiner un bijou pouvant servir à établir l'identité, ils demandaient une brosse, de l'eau, du savon, rendaient au bijou son brillant et disaient aux parents, aux amis :

— Reconnaissez-vous, maintenant ?

Parfois ils enlevaient une bottine, regardaient le nom du fabricant et envoyaient demander chez lui si c'était bien à Mᵐᵉ Y... qu'il avait vendu cette chaussure.

Un morceau de soie reste attaché à la ceinture d'une morte, que son mari croit reconnaître. M. Atthalin dit à celui-ci :

— Chez qui votre femme s'habillait-elle ?

— Rue..., numéro..., chez Mᵐᵉ ...

Et aussitôt M. Mouquin d'ordonner à un brigadier :

— Allez à cette adresse et demandez si cette étoffe vient bien de la maison et si on s'en est servi pour faire la robe de Mᵐᵉ X...

Bref, il n'y a absolument que des éloges à adresser à ces messieurs, qui ont eu à la fois, malgré leur fatigue, la plus grande prudence, des attentions inouïes et le tact le plus parfait.

Un coupé attelé de deux magnifiques chevaux s'arrêtait, dans la matinée, vers huit heures, à peu de distance de la haie formée par les curieux toujours très nombreux aux abords de la rue Jean-Goujon. Un valet de pied en livrée de deuil ouvrit la portière. Une dame d'un certain âge, les cheveux grisonnants, vêtue de noir, descendit de la voiture et se dirigea vers le cordon des gardiens de la paix. A la vue de cette dame dont l'attitude trahissait une immense douleur, les agents s'écartèrent spontanément et lui livrèrent passage.

— Monsieur, dit-elle à l'officier de paix de service, M. Maréchal, j'arrive du palais de l'Industrie. Je n'ai pu y retrouver le corps de ma fille. Voulez-vous me permettre d'aller faire une courte prière sur les ruines qui servent de tombe à ma malheureuse enfant ?

— Venez, madame, je vais vous accompagner, répondit M. Maréchal.

Et tous les deux pénétrèrent sur le terrain où s'élevait, il y a quatre jours encore, le bazar de la Charité. L'officier de paix s'arrêta, discrètement, auprès de la petite porte pratiquée dans la palissade en bois qu'on a élevée pendant la nuit qui suivit la catastrophe. La dame poursuivit sa route jusqu'au milieu, secouée par de convulsifs sanglots. Là, elle s'agenouilla et se mit en prière.

A ce moment, arrivaient près d'elle deux sous-brigadiers de gardes municipaux qui, le fusil en bandoulière, revenaient d'un service quelconque. A la vue de cette femme en grand deuil agenouillée et pleurant au milieu de ces ruines lugubres, les deux militaires ne furent pas maîtres de leur émotion. Ils s'arrêtèrent et, ne voulant pas la troubler dans sa douloureuse méditation, ils se mirent respectueusement au port d'armes et attendirent qu'elle eût terminé sa prière.

Cinq minutes plus tard, la pauvre femme se relevait et, après avoir remercié M. Maréchal de lui avoir accordé cette suprême consolation, elle remonta dans son coupé qui prit la direction de l'avenue d'Antin.

Personne n'avait osé s'enquérir de son nom.

Après tous les drames dont le palais de l'Industrie a été le témoin, on croyait impossible qu'il pût y éclater des sentiments plus navrants que ceux qui avaient déjà fait couler tant de larmes. On se trompait.

Depuis deux jours, M. Chabot, professeur de dessin des écoles de Paris, cherchait sa fille qui, mardi, avait conduit une petite élève à ce qu'elle appelait « la fête de la rue Jean-Goujon ».

Une amie l'y attendait.

On a retrouvé le corps de cette amie; on a retrouvé le corps de l'enfant. Et M. Chabot continuait à chercher vainement celui de sa fille.

Enfin, il croit la reconnaître. Il examine attentivement. Le

buste qu'il a sous les yeux est comprimé dans un corset *noir*.
Or, il sait que sa fille avait acheté pour la fête un corset *blanc*.
Ce corps n'est donc pas celui qu'il cherche. Il retourne désespéré
chez lui, 4 *bis*, rue des Vinaigriers, à Vanves.

— J'ai bien cru retrouver l'enfant, dit-il à sa femme. Je me
trompais .. Celle qui lui ressemblait avait un autre corset que
le sien.

— Quel corset ? s'écrie la mère.

— Ah, pas celui qu'elle avait acheté !...

— Elle ne l'a pas mis ! Il n'allait pas. Elle avait son corset
noir.

A ces mots, le père bondit, criant : « C'est elle ! »

Et il repart pour le palais de l'Industrie.

Il se dirige vers l'endroit où était la jeune fille au corset noir.
La place est vide.

Il s'informe. Il apprend que certains corps ont été déplacés
pour les enquêtes. Il cherche ailleurs. Deux autres cadavres ont
également un corset noir, mais il ne les reconnaît pas. Parmi eux
n'est point celui qu'il a vu. Il s'informe encore. Il apprend qu'une
autre victime, ayant aussi un corset noir, a été *reconnue* et em-
portée..

Ah ! il fallait le voir, hier, ce malheureux ! Le matin, il y avait
encore dix-neuf victimes à reconnaître. Il a examiné chacune
d'elles dix fois, vingt fois. Sa fille, après tout, pouvait être parmi
celles dont le corset était brûlé.

Quand il a été bien convaincu qu'elle ne s'y trouvait point, il
n'a plus été pris que par cette idée :

— C'est bien ma fille qu'on a prise pour une autre...

Et le voilà qui veut qu'on lui rende ce corps que d'autres ont
emporté.

Il supplie M. Atthalin. Il invoque M. Mouquin. Il harcèle les
employés.

On lui répond :

— Mais croyez-vous que nous fassions de telles choses à la lé-
gère ? Le corps qu'on a emporté a été indiscutablement reconnu.
Il portait, en effet, un corset noir. Mais on l'a reconnu, lui aussi.
On a reconnu les bijoux. Nous avons là toutes les constatations.

Et le malheureux père exige la lecture du procès-verbal.

Celui-ci ne le convainc pas.

M. Chabot fils a accompagné son père et se montre non moins tenace que lui.

Tous deux veulent au moins revoir ce corps qui, selon eux, est bien celui qu'ils cherchaient.

Et, pendant des heures, ils ont supplié les magistrats, qui croyaient pourtant leur avoir donné les renseignements les plus probants. Ils sont partis, convaincus que c'est une autre famille qui a le corps que Mme Chabot attend si ardemment...

Durant toute la journée est resté au palais de l'Industrie le comte de Luppé, cherchant le corps de sa femme et ne le trouvant pas.

Autour de lui, d'autres, plus heureux, — si on peut se servir de ce mot en de telles circonstances, — reconnaissaient le docteur Rochet, Mlle Élise Blonska, Mlle Dutreilh, et, à chaque reconnaissance, il se reprenait à... espérer! Il cherchait, cherchait.

Vers trois heures, il se demanda s'il ne se trouvait pas en présence de sa femme. Et, se baissant, il regardait...

M. Atthalin fit apporter une table et donna l'ordre d'y déposer le corps présumé reconnu.

M. de Luppé l'examina de plus près. Il croyait, mais vaguement. Oh! la sinistre recherche! On n'ose pas regarder, et pourtant il le faut... On sent des larmes monter aux yeux et on doit vite les essuyer, pour mieux voir...

— Je n'ose pas déclarer que je suis sûr, murmura le comte.

M. Atthalin lui dit :

— Vous pourriez peut-être, en procédant par élimination, recueillir des indices. Mme la comtesse n'a jamais subi d'opération?

— Pardonnez-moi. L'ovariotomie.

Plusieurs docteurs sont là : MM. Vibert, Socquet, etc.

Aussitôt, sur un signe du procureur de la République, l'un d'eux examine le corps et constate qu'il n'y a jamais eu d'opération.

Le comte de Luppé avait donc raison de douter. Le corps qu'il a sous les yeux n'est pas celui de sa femme.

Et il cherche, et il cherche encore sans avoir trouvé.

4

QUATRIÈME JOURNÉE

Le vendredi matin, il restait six corps à la salle Saint-Jean. Ce nombre correspondait exactement à celui des réclamations.

On continuait, en effet, à tâcher de reconnaître les restes des six personnes dont les noms suivent :

La comtesse de Luppé ;

Mme Filon, âgée de vingt ans ;

Mlle Chabot ;

Mme Jauffred, âgée de quarante-neuf ans ;

Mme Bouvier ;

Mlle Meilhac.

Mais les familles hésitaient tellement à les reconnaître qu'aucune n'osait emporter un des corps.

Nous avons entendu cette phrase :

— Je suis sûr que ma femme est parmi ces six corps, mais les indices que j'ai quant à l'un d'eux ne me permettent pas de l'enlever ; je n'ai pas le droit d'emporter un corps qui peut-être appartient à une autre famille.

Nous avons dit que, depuis la veille, les restes des victimes étaient mis en bière. Chaque cercueil porte un numéro qui renvoie à une description minutieuse et détaillée.

Quand une famille croit, d'après une des descriptions, reconnaître le corps qu'elle cherche, on sort celui-ci de la bière, on l'expose au jour, et on le livre aux parents et aux médecins.

C'est ainsi que, vers trois heures, la famille de Mme Jauffred a bien cru la reconnaître. Après un long examen, on a envoyé chercher un dentiste, qui n'a pu se prononcer pour l'affirmative. En revanche, on a reconnu un corps, celui de Mlle Meilhac-Potdevin, âgée de quinze ans, qui a été aussitôt emporté par la famille.

M. L. Barthou, ministre de l'Intérieur, est venu visiter la salle Saint-Jean. Après s'être rendu compte des diverses mesures

prises pour les reconnaissances, la conservation des objets trouvés et la salubrité de la salle, il a remercié et félicité les magistrats présents et les gardiens qui les aidaient.

Dans le cours de la journée, on a apporté au palais de l'Industrie quelques nouveaux objets trouvés dans la poussière du terrain de la rue Jean-Goujon : la partie supérieure d'un râtelier,
des bijoux, des montures de porte-monnaie. Le râtelier seul peut
aider à une reconnaissance. On va examiner s'il ne correspond
point à la bouche d'une des victimes qui restent.

A trois heures et demie, M. et Mme Yver, demeurant 25, rue
Marbeuf, ont envoyé salle Saint-Jean une très belle couronne
métallique avec prière de la déposer sur les corps. Le commissaire de police l'enverra aujourd'hui à Notre-Dame et la fera
porter ensuite à la Morgue.

A sept heures, en effet, cinq fourgons ont transporté à cet
établissement les cinq bières non réclamées.

M. Atthalin, après avoir présidé au scellement des bières et à
leur installation dans les fourgons, a donné l'ordre de faire partir
ceux-ci de trois minutes en trois minutes.

Au dehors, une centaine de personnes attendaient la sortie des
véhicules. Elles ont salué respectueusement chaque convoi.

Immédiatement après le départ des fourgons, M. Mouquin a
fait disparaître les derniers vestiges des sinistres tableaux qui,
pendant plus de trois jours, ont donné à ce coin de Paris un
caractère si navrant.

IV

LES VICTIMES. — LES FAMILLES EN DEUIL

LA DUCHESSE D'ALENÇON

Pendant toute la nuit qui suivit le désastre, on conserva l'espoir que la duchesse d'Alençon avait pu être sauvée. Certains témoins affirmaient même l'avoir vue transporter à l'extérieur, chez des voisins charitables.

Pourtant il fallut bien se rendre à l'évidence : la malheureuse duchesse était morte.

Le corps a été reconnu fort difficilement. On avait retrouvé dans les décombres l'alliance qui porte cette inscription :

« 28 septembre 1868, Ferdinand d'Orléans à Sophie de Bavière. »

Le corps était méconnaissable et, confondu avec les autres cadavres, il eût été impossible de l'identifier en dehors de la circonstance qui précède.

Le duc d'Alençon lui-même, se refusait à l'idée de reconnaître sa douce et tendre compagne en la chose informe et innommable qu'on lui présentait. Les plus vieux serviteurs n'étaient pas davantage affirmatifs.

C'est M. Tristan Lambert qui reconnut parmi les bijoux recueillis auprès des corps calcinés l'alliance de la duchesse d'Alençon, dont nous venons de parler ; mais, quelques recherches que l'on fit, il fut impossible de retrouver le moindre débris de toilette permettant d'identifier le corps de la duchesse.

Plusieurs amis et vieux serviteurs de la famille d'Orléans, le

Photogr. Adèle. (Vienne.

S. A. R. la duchesse d'Alençon.

duc d'Alençon lui-même, la femme de chambre de la princesse,

vinrent plusieurs fois reprendre leurs douloureuses investiga-
tions.

Enfin, à certains indices, à certains détails, on crut pouvoir
s'arrêter à deux corps, également méconnaissables, également
réduits en une masse informe de charbon et on les fit examiner
par la femme de chambre de la duchesse, une femme bava-
roise, que secouaient des sanglots convulsifs. Elle ne put se prononcer.

Cependant, elle crut bien reconnaître un mince fragment
d'étoffe demeuré adhérent au bras de l'un de ces corps, celui
précisément dont les dimensions correspondaient le mieux à la
taille de sa maîtresse.

Quelqu'un eut alors l'idée de faire appeler le dentiste de la
duchesse qui aurait certainement conservé le souvenir des soins
qu'il lui avait donnés. Il vint, muni de notes détaillées ; et, minu-
tieusement, explorant la dentition de cette malheureuse tête qui
n'avait plus rien d'humain, il essaya de retrouver quelques traces
d'aurifications effectuées par lui.

Dès le début, cet examen ne donna aucun résultat appréciable.
M. Atthalin, procureur de la République, M. Bertulus, juge
d'instruction et le Dr Vibert, étaient présents aux tentatives
d'identifications, ainsi que M. Laurent, secrétaire général de la
Préfecture de police.

Sur l'instance de ces magistrats, le dentiste reprit son examen
et, moins troublé, put se convaincre qu'en effet c'était bien là
es dents qu'il avait aurifiées — mais elles s'étaient déplacées et
c'était la cause de son hésitation première.

— Sous la foi du serment, affirmez-vous, lui demanda M. Bertulus, que c'est bien là Mme la duchesse d'Alençon ?

— Je l'affirme, répondit M. Davenport.

Le cadavre fut mesuré du sommet de la tête à la ceinture : la
taille élevée correspondait bien à celle de la duchesse. Grande
et mince, c'était bien elle. On retourna le cadavre, et quelques
cheveux apparurent. C'était la nuance des cheveux de la duchesse.
C'était elle !

Le baron Tristan Lambert tomba à genoux et récita les prières
des morts. Toutes les personnes présentes se découvrirent. Le colo-

nel de Parcéval, qui était en civil, resta immobile et pendant deux heures, garda le cadavre de la duchesse. Le duc d'Alençon arriva en compagnie du duc de Vendôme et dicta l'état civil de la défunte.

Le corps fut retiré de sa bière provisoire en sapin et placé dans une bière en chêne qui avait été apportée le matin.

Le corps de la duchesse d'Alençon a été, par les soins du duc de Vendôme, du baron Tristan Lambert et du comte de Riancey, transporté dans les caveaux de l'église Saint-Philippe-du-Roule.

S. A. R. la duchesse d'Alençon était née le 22 février 1847 et était fille du duc Maximilien et de la princesse Louise de Bavière. Elle appartenait à la branche cadette de la famille royale de Bavière, famille de Wittelsbach et de Birkenfeld.

Cette branche cadette porte le titre de ducs et duchesses en Bavière.

Le duc Maximilien, mort en 1888, a laissé de nombreux enfants : le duc Charles-Théodore, chef de la famille ; le duc Louis, le duc Maximilien-Emmanuel et cinq filles : l'impératrice d'Autriche, la princesse de Tour et Taxis, la reine de Naples, la comtesse de Trani et la duchesse Sophie qui a épousé, en 1868, Ferdinand d'Orléans-Bourbon, duc d'Alençon.

La mort épouvantable qui vient de frapper la maison de France plonge dans le deuil les cours de Bavière, d'Autriche, de Belgique, de Portugal, d'Espagne, d'Angleterre et de Bulgarie.

Il a été procédé, le vendredi 14, à l'église Saint-Philippe-du-Roule, à la mise en bière définitive de la duchesse d'Alençon.

L'accès de l'église avait été interdit. Dans la nef, décorée de longues draperies noires, ont seuls pénétré le duc de Vendôme, fils de la duchesse, le prince Louis-Ferdinand de Bavière, son gendre, le frère de celui-ci, M. Tristan Lambert, le colonel de Parseval, le comte de Riancey, M. Albert Hans, consul de Paraguay, M. Mourgues commissaire de police, le R. P. Boulanger, prieur de l'ordre des Dominicains, et les domestiques de la duchesse.

Le duc de Vendôme et les princes sont descendus dans la crypte où ils ont assisté à la dernière toilette de la défunte.

La duchesse d'Alençon a été revêtue d'une robe de dominicaine. Une ceinture de cuir et divers objets ont été placés sur son corps qui a été lui-même enfermé dans un cercueil de plomb.

Puis, ce cercueil a été déposé dans un second cercueil en chêne, recouvert de velours no r, semé de larmes d'argent.

Le cercueil, apporté dans la nef et fermé en présence de tous les assistants, a été enfin placé dans un catafalque.

Une gerbe de fleurs, don de l' « Œillet blanc » et une couronne de lilas et de roses ont été déposées devant le catafalque.

Une courte cérémonie a eu lieu après laquelle l'absoute a été donnée par l'abbé Chauliac. Après cette cérémonie, le cercueil a été emporté rue du Faubourg-Saint-Honoré, 222, à la maison des Dominicaines. Il a été déposé dans une salle transformée en chapelle ardente.

Le corps de la duchesse d'Alençon a été transporté le 14 mai, à six heures, de l'église Saint-Philippe-du-Roule à la gare Saint-Lazare, et placé dans un wagon transformé en chapelle.

Le train spécial conduisant à Dreux les membres de la famille d'Orléans et deux cent cinquante invités, se composait de dix-sept voitures dont les trois premières étaient réservées aux princes et princesses.

M. le duc d'Alençon était arrivé à sept heures et demie, bientôt suivi du prince de Joinville, de la reine de Naples, de la comtesse de Paris et de la duchesse d'Orléans.

Le train a quitté Paris à sept heures quarante, il est arrivé en gare de Dreux à neuf heures trente.

La salle des bagages avait été transformée en chapelle ardente, une compagnie du 101ᵉ de ligne faisait la haie dans la cour.

Le cercueil a été placé sur un corbillard particulier qui appartient à la famille d'Orléans, et qui était traîné par six chevaux caparaçonnés. Sur un coussin, la couronne d'or de Mᵐᵉ la duchesse d'Alençon.

Aux quatre coins brûlaient quatre grandes torchères.

On arrivait à onze heures à la grille de la chapelle où le corps a été reçu par M. l'abbé Rouyon, chapelain.

C'est M. l'abbé Maugral, premier aumônier, qui a dit la messe.

Une maîtrise venue de Paris a exécuté le *Miserere mei* et le *Pie Jesu*. Après le *Requiem*, l'absoute a été donnée par M. Legué, vicaire général de l'évêché.

Obsèques à la chapelle de Dreux.

Photogr. Pierre Petit

L'office a pris fin à onze heures et demi. Le cercueil, porté par six employés des pompes funèbres, en culottes courtes et chapeaux à claque, précédés du clergé et des religieux, a été descendu dans la crypte, où seuls les princes et les princesses ont été admis.

Le général Munier. — L'armée compte une victime dans le sinistre du 4 mai, et cette victime est un de ses anciens chefs les

plus en vue. Le général de division Munier a succombé, boulé-
vard Malesherbes, aux brûlures qu'il avait reçues en cherchant à
coopérer au sauvetage des visiteurs du bazar de la Charité. L'ancien commandant de la division de Bayonne peut être considéré
comme ayant payé de sa vie un acte d'intrépidité comme il en
avait tant accompli pendant une carrière militaire qui ne com-
prend pas moins de vingt campagnes.

Enfant de Metz où il est né le 2 juin 1828, sorti de Saint-Cyr
en 1848, affecté aux tirailleurs algériens, il se distingua avec ce
corps d'élite en Crimée, en Kabylie et à Magenta, avec un bataillon du 3ᵉ régiment, et fit prisonniers 250 Autrichiens. A
Solférino, comme plus tard à Puébla, il se signala comme un des
officiers les plus vigoureux de notre infanterie. Les fastes de la
légion étrangère et des tirailleurs mentionnent fréquemment
les hauts faits du commandant Munier au Mexique.

A Sedan, le colonel Munier eut deux chevaux tués sous lui.
Il commandait le 89ᵉ, qui eut un millier d'hommes tués ou blessés. A son retour de captivité, général de brigade en 1874, le
brillant soldat de l'armée d'Afrique s'accommoda peu de la vie
de garnison. A Valmy, à Belfort, puis à Bayonne, le général
Munier eut des difficultés avec les autorités civiles qui l'empê-
chèrent d'arriver commandant de corps d'armée. Grand-officier
de la Légion d'honneur en 1888, il fut admis au cadre de réserve en 1893 à la tête de la 36ᵉ division d'infanterie.

Le frère aîné du général était sorti de l'École polytechnique
pour servir dans l'état-major. Il est mort divisionnaire, après
avoir commandé au Tonkin et à Constantine avec distinction.

Mᵐᵉ la générale Munier a reçu un grand nombre de témoignages
de condoléance. Parmi eux figure le télégramme suivant de sir
Edmund Monson, ambassadeur d'Angleterre :

« Madame,

« La reine d'Angleterre a appris avec une grande douleur la
mort de M. le général Munier, pour qui Sa Majesté a toujours eu
des sentiments de vraie estime. Elle n'a jamais oublié les égards
et l'attention que le général lui témoignait pendant son séjour à
Biarritz, quand il commandait à Bayonne. La reine me charge de

vous communiquer l'expression de ses condoléances les plus sincères. »

Les obsèques du général Munier ont été célébrées le 12 mai avec une grande solennité et ont donné lieu à une manifestation des plus imposantes.

Le convoi s'était formé devant le domicile du défunt, 97, boulevard Malesherbes. La foule était si considérable qu'un service d'ordre avait dû être organisé tout le long du boulevard Malesherbes, depuis le boulevard Haussmann jusqu'à la hauteur de la rue de Monceau. Bien que le défunt appartînt aux cadres de l'état-major de réserve, les troupes ont accompagné le corps jusqu'au cimetière ; les régiments de toutes armes du gouvernement militaire de Paris s'étaient fait représenter par une délégation d'officiers. De nombreuses Sociétés de vétérans et de patriotes assistaient aussi à la cérémonie.

Sous la voûte de la porte cochère de la maison mortuaire, une chapelle ardente avait été dressée, qu'ornaient des faisceaux de drapeaux tricolores. Au pied du cercueil, placées sur deux coussins, on remarquait les nombreuses décorations du général.

Le 28ᵉ régiment d'infanterie de ligne, avec son drapeau et sa musique, deux batteries du 12ᵉ régiment d'artillerie et deux escadrons du 1ᵉʳ régiment de cuirassiers, sous les ordres du général Jéannerod, rendaient les honneurs. Ces troupes étaient échelonnées le long du boulevard Malesherbes. Quant au service d'ordre, il était dirigé par M. Mouquin, commissaire de police divisionnaire et exécuté par les agents du huitième arrondissement et de la cinquième brigade de réserve sous les ordres de MM. Murat et Busigny, officiers de paix.

A dix heures précises, le cercueil, sur lequel étaient posés la tunique, les épaulettes, le bicorne et l'épée du défunt, était placé sur le corbillard décoré de faisceaux de drapeaux tricolores. Les troupes portaient les armes, les tambours et les clairons battaient et sonnaient aux champs, tandis que la musique du 28ᵉ régiment d'infanterie jouait la *Marche funèbre* de Chopin. Les généraux Rapp, Noellat, l'intendant général Raison et le général Récamier, désignés par le ministre de la Guerre, tenaient les cordons du poêle. Deux maîtres de cérémonies portaient, sur des coussins, les nombreuses décorations du défunt.

Derrière la famille, représentée par MM. de Bédorède, le baron Ristor, ancien conseiller à la Cour d'appel de Nancy, MM. Charles Munier et Georges Fauconnet, sons-intendant militaire de deuxième classe, marchaient le commandant Humber, représentant le Président de la République ; M. Boucher, ministre du Commerce ; le général Saussier, gouverneur de Paris, et son état-major ; le général Davout, duc d'Auerstaedt, grand-chancelier de la Légion d'honneur ; sir Edmund Monson, ambassadeur d'Angleterre, chargé de représenter la reine Victoria aux obsèques, et les représentants du président du Conseil des ministres, du préfet de la Seine, du ministre de la Guerre.

Derrière eux venaient de nombreux généraux en grand uniforme et une foule d'officiers de tous grades et de toutes armes, puis d'innombrables délégations de Sociétés de bienfaisance et d'anciens militaires dont plusieurs avaient apporté leurs drapeaux. Citons : la Société des sauveteurs, le Souvenir français, l'Association fraternelle des Criméens accompagnée de son président, le comte Kératry ; les anciens Chasseurs à pied de la garde, les combattants de Gravelotte, le Comité français de la Moselle, la Société de secours aux militaires coloniaux, etc.

A l'église Saint-Augustin, pendant la cérémonie, les porte-drapeaux des sociétés représentées se sont rangés autour du catafalque, faisant ainsi au défunt une garde d'honneur. Après la messe, M. l'abbé Brisset, curé de la paroisse, a donné l'absoute. On remarquait dans l'assistance beaucoup de députés et de sénateurs. Parmi les membres du Parlement présents, citons le docteur Grenier qui, durant la messe, s'est encore singularisé en se prosternant sur les marches et en faisant sa prière sous le portail de l'église dans laquelle il n'est pas entré.

Après la cérémonie religieuse, le corps du général Munier a été conduit au son d'une marche funèbre au cimetière de Montparnasse où a eu lieu l'inhumation. Sur la tombe du défunt, le général Lanty a prononcé quelques paroles pleines d'émotion et de patriotisme.

Le docteur Feulard, chef de laboratoire à l'hôpital Saint-

Louis, sa femme, vendeuse à l'un des comptoirs du bazar, et sa petite fille Germaine se trouvaient dans la salle lorsque éclata l'incendie.

Tous trois se précipitèrent vers la porte de la rue Jean-Goujon ; mais, dans la bousculade, l'enfant fut séparée de ses parents ; lorsque M. et Mme Feulard arrivèrent dans la rue, la petite Germaine avait disparu.

Affolé, le père, laissant Mme Feulard sous la protection d'un de ses amis, oubliant tout danger, retourna dans le brasier ; il n'en put revenir. Une heure plus tard, Mme Feulard revenait chez elle, désespérée, à demi-morte.

Récemment, deux de ses enfants étaient emportés par le croup ; elle perd aujourd'hui à la fois son mari et son dernier enfant.

Le docteur Feulard était un homme hautement estimé, un travailleur admirable, un savant consciencieux et distingué — dans deux mois il devait aller en Russie au congrès de dermatologie. C'était aussi un honnête homme toujours prêt à rendre service, charitable, dévoué à toutes les bonnes œuvres. Il s'associait dans sa bienfaisance sa femme et sa fille.

Avec elles deux et la femme de chambre il était allé au bazar de la Charité. Tous quatre s'y trouvaient au moment où le feu éclata. Le docteur Feulard fut d'une intrépidité admirable. Il sauva d'abord sa femme qu'il conduisit dehors, et rentra avec intrépidité dans la fournaise.

Il y cherchait sa fille et, supplié par deux religieuses, il opéra leur sauvetage, mais sa fillette lui échappa. Il revint vers l'être qui lui était si cher, c'était aller à la mort. Il parvint à rejoindre sa fille. Mais c'était au plus fort de la catastrophe, alors que le velum tombait et faisait aux victimes un suaire de flammes. Il périt, et sa fille avec lui.

La fille du docteur Feulard a pu être reconnue à ses bagues. Le docteur Feulard a été reconnu à son trousseau de clefs et la femme de chambre à ses bas.

Mme Feulard est horriblement brûlée au visage et sur différentes parties du corps, notamment aux mains. La blessure la plus douloureuse est dans le dos. Elle a été faite par le goudron enflammé.

Mme Feulard a su de suite toute la vérité. Elle parlait de ceux qu'elle avait perdus avec une parfaite clairvoyance. Les témoignages de sympathie vinrent de toutes parts à cette malheureuse épouse et mère que tant de deuils successifs avaient déjà frappée — elle ne quittait guère le crêpe — et à qui était réservée si injustement la pire des afflictions.

Mlle *Germaine Feulard*, 10 ans, transportée au dépôt mortuaire de la rue de Maistre.

Mlle *Ernestine Moreau*, 36 ans, domestique du docteur Feulard, 20, rue Saint-Georges, transportée au dépôt mortuaire de la rue de Maistre.

Le corps de la *comtesse de Luppé* a été reconnu par suite d'une circonstance extraordinairement tragique. Depuis trois jours, ainsi que nous l'avons dit au chapitre précédent, deux familles différentes croyaient reconnaître dans un même cadavre, une parente disparue : c'étaient la famille de la comtesse de Luppé et la famille de Mme Auguste Bouvier, née Claire-Dalloyau. Les indices sur lesquels elles se fondaient étaient d'ailleurs des plus vagues. Le cadavre qui leur était présenté était sans visage, sans mains et sans aucun vestige de vêtement. C'est simplement d'après la stature, qu'on supposait que la malheureuse femme avait eue, que ces deux familles y voyaient l'une la comtesse de Luppé, l'autre Mme Auguste Bouvier.

Le docteur Socquet eut recours au docteur Berger, qui avait fait autrefois une opération à la comtesse de Luppé. Les deux praticiens examinaient le cadavre affreusement déchiré et dont les entrailles étaient à moitié sorties de l'abdomen. Tout à coup ils aperçurent quelque chose de brillant. C'était l'anneau de mariage de l'infortunée comtesse de Luppé. Son nom était gravé à l'intérieur. Il constituait donc une preuve d'identité indiscutable.

On suppose que, dans le paroxysme de la douleur, la comtesse de Luppé s'est serré le corps avec tant de force que les mains ont pénétré à travers les chairs à moitié calcinées déjà, puis, brûlant elles-mêmes, laissèrent l'alliance dans la plaie vive.

Un procès-verbal a été immédiatement dressé et le corps transporté au domicile de la comtesse, rue de l'Université, 103.

Mlle *Christine-Élise Meilhac*, âgée de quinze ans, demeurant

1, rue de Rivoli, a été reconnue par ses parents le 7 mai, trois jours après l'incendie. Jusque-là toutes les tentatives d'identifications avaient été vaines.

Mlle Meilhac se trouvait au bazar de la Charité en compagnie de M. le docteur Suchet qui, lui aussi, a trouvé la mort dans l'abominable catastrophe.

La baronne Elisabeth Caruel de Saint-Martin, née *Green de Saint-Marsault*, 7, avenue Hoche, a été transportée à son domicile.

La mort de la baronne Caruel de Saint-Martin a provoqué une douloureuse émotion à Versailles.

Mme de Saint-Martin était, en effet, une personnalité versaillaise bien connue. Veuve de M. Caruel de Saint-Martin, ancien député de Seine-et-Oise, elle était fille aînée de M. de Saint-Marceau, qui fut préfet à Versailles de 1852 à 1866.

Sa mère, la comtesse de Saint-Marceau, était morte brûlée vive au cours d'une soirée qu'elle donnait à la préfecture située alors, rue des Réservoirs, à Versailles.

Mme la vicomtesse Marie de Bonneval, née *Solange du Quesne*, 45 ans, 30, rue Las-Cases, était la mère du vicomte Bernard de Bonneval, sa mort a mis en deuil les familles de La Panouse, de Gontaut-Biron, de Clermont-Tonnerre, de Meyronnet, de Nicolay, etc.

Mme Porgès, née *Weisweiller*.

Le soir de la catastrophe, son mari l'avait recherchée en proie à des transes inexprimables, mais il n'avait pu retrouver le corps de Mme Porgès. Il se reprenait à espérer que la malheureuse aurait pu échapper à la mort. La nuit fût terrible. Les cinq enfants de Mme Porgès, dont l'aîné a vingt ans et le dernier douze ans, réclamaient leur mère.

Le lendemain, à sept heures, M. Porgès retournait au Palais de l'Industrie et vainement encore recherchait le corps de sa femme. A huit heures, la femme de chambre allait, elle aussi, chercher le corps de sa maîtresse. Après avoir fait deux fois le tour des cadavres, elle en aperçut un qui attira vivement son attention : la tête était défigurée et écrasée, les bras étaient brûlés ainsi que la jambe droite, du tronc carbonisé jaillissaient des entrailles noircies ; seule, la jambe droite était à peu près intacte ainsi que le bas de bourre de soie qui la recouvrait. En s'approchant, elle reconnut le bouton d'une forme particulière qui retenait les jarretières, elle put aussi lire la marque de la fabrique ; enfin vers le col, en prenant des précautions, elle put reconnaître l'étoffe de la robe que portait sa maîtresse. Le doute n'était plus possible. Elle appela M. Porgès dont la douleur faisait peine à voir.

Le corps, mis en bière, a été transporté, le lendemain, à neuf heures, au domicile de M. Porgès.

Il est impossible de retracer la scène déchirante qui s'ensuivit, lorsque les enfants virent que c'était un cercueil qu'on leur ramenait, au lieu de leur mère. Mme Porgès était âgée de quarante-deux ans.

La baronne de Vatimesnil, née Maison, belle-sœur de la marquise Maison et parente du baron de Mackau. Elle était la mère de M. de Vatimesnil, si répandu dans le grand monde parisien. Elle possédait le magnifique château de Vatimesnil dans l'Eure.

Mlles d'Hinnisdal. Elles étaient les deux filles du comte et de la comtesse Henri d'Hinnisdal, née de Béthune-Sully.

Rien de plus douloureux que la scène qui s'est passée au palais de l'Industrie, quand le comte d'Hinnisdal, dont les deux filles se trouvaient à la vente, et dont il était sans nouvelles, est venu voir si elles n'étaient point parmi les morts.

Il va de rangée en rangée.

Tout à coup, arrivé au milieu de la première rangée de gauche, il pousse un cri horrible.

Pareille douleur ne peut se rendre.

Il hésite encore à croire. Le doute, pourtant lui est interdit. C'est bien l'aînée de ses filles, âgée de vingt-trois ans, qui est là. Il appelle la femme de chambre et le valet de pied qui cherchent de leur côté. Il se procure un drap. Il en recouvre le corps de sa fille adorée, le leur confie et va plus loin, chercher encore. Il a un autre corps à trouver !...

La vicomtesse de Malézieu, née *Le Royer de la Tournerie*, était âgée de vingt-huit ans. Elle était rue Jean-Goujon avec sa belle-

Phot. Bary (Anc^e Maison Benque).

L'enlèvement des cadavres.

5

mère, Mme de Malézieu, et l'aînée de ses quatre enfants, Suzanne, âgée de sept ans.

Mme de Malézieu mère vendait vers la porte d'entrée, avec sa petite-fille Suzanne, qui l'aidait dans la vente et portait une corbeille.

Tout à coup la fillette sentit ses cheveux brûler et se mit à crier. Une dame, restée inconnue, saisit aussitôt l'enfant, l'enveloppa dans sa robe, puis la fit monter dans sa voiture. L'enfant lui donna son adresse et la dame inconnue la ramena à son domicile.

A ce moment M. de Malézieu, qui avait rendez-vous avec sa femme à cinq heures et demie, arriva. Mis au courant de la catastrophe, il courut rue Jean-Goujon.

Il chercha vainement à pénétrer sur le lieu du sinistre. Le cordon d'agents lui barra le chemin. Il alla alors au palais de l'Industrie, mais ses recherches demeurèrent vaines.

A minuit, rue Jean-Goujon, il retrouva les clefs et les bagues de Mme de Malézieu parmi les décombres. Le doute alors n'était plus permis.

Le lendemain, il retourna au palais de l'Industrie, et, à dix heures, il reconnaissait les restes de sa femme par des bas élastiques qu'elle portait. Le corps était absolument méconnaissable. Quant à Mme de Malézieu mère, elle avait pu s'enfuir, non sans avoir été profondément brûlée à la tête et aux bras. M. de Malézieu est resté veuf avec quatre enfants ; l'aînée, Suzanne, qui a échappé au feu, a sept ans ; le dernier a trois mois.

Mlle de *Villenoisy*, qui était âgée de soixante-cinq ans, s'était rendue au bazar de la Charité avec sa nièce. Elle fut prise d'une si vive émotion à la vue des flammes qu'elle s'affaissa, en disant à sa nièce :

— Allez ! sauvez-vous. Je ne peux plus marcher. Je me meurs !

La nièce de Mlle de Villenoisy, que les flammes brûlaient aux mains, s'enfuit affolée et put gagner la rue. Pendant ce temps un sauveteur tirait du brasier Mlle de Villenoisy, mais le corps de la pauvre femme n'était déjà plus qu'une plaie, et elle succombait après quelques heures d'épouvantables souffrances.

Mlles *Yvonne* et *Marie-Louise de Chevilly-Hatte* étaient allées seules au bazar de la Charité, la comtesse de Chevilly ayant une visite à faire à ce moment-là.

A cinq heures, la comtesse rentrant chez elle, 9, rue des Écuries-d'Artois, apprenait que le bazar brûlait. Le comte de Chevilly arrivait au même instant, et tous deux constataient que les jeunes filles n'étaient pas rentrées. M. de Chevilly courut affolé rue Jean-Goujon. Il chercha vainement ses filles; personne ne put lui donner de renseignements.

Le 5 au soir, à sept heures, au palais de l'Industrie, la femme de chambre reconnaissait Mlle Yvonne de Chevilly, grâce à ses bottines et à un bracelet. Le reste du corps était complètement brûlé. En outre, Mlle Yvonne s'était blessée à un doigt de pied et l'avait entouré de coton. Ce coton a été retrouvé.

Le corps de Mlle Marie-Louise de Chevilly n'a pu être reconnu que le lendemain à dix heures. La femme de chambre a trouvé un morceau de corset et a cru pouvoir affirmer que ce corset avait appartenu à sa maîtresse.

Mme de Clermont. — M. Gaston de Clermont, dont la femme a succombé, avait déjà perdu sa mère dans des circonstances aussi dramatiques. Il y a quelques années, Mme de Clermont mère, se préparant à un bal, avait mis le feu à ses vêtements et avait été brûlée vive.

Mme Gaston de Clermont était venue de sa propriété, située près de Gien, pour passer quinze jours chez sa tante, Mme Schlumberger-Hartmann, faubourg Saint-Honoré, 140. Elle était accompagnée de sa nièce, Mlle May Life, et de sa secrétaire, une jeune fille russe, qui a également péri dans l'incendie. Mme Gaston de Clermont était arrivée à Paris justement pour vendre au Bazar.

Elle a été reconnue par son mari à un bracelet qui portait une inscription et à ses bottines.

Mme Bouvier.

Mme Filon, née *Damon.*

Mme Lanier, décédée à son domicile, rue Oudinot.

Mme Rabery, née *Delphieu.*

Mlle de Mandat-Grancey, 19 ans, rue Greuze, était la fille du baron et de la baronne de Mandat-Grancey. Le corps a été reconnu après des recherches assez laborieuses. Il a été apporté au domicile de ses parents le lendemain matin, à la première heure. Sa mère était déjà préparée à cette affreuse nouvelle : elle a fait preuve d'une admirable sérénité dans la douleur. Mme la baronne de Mandat-Grancey n'a presque pas quitté, depuis le matin, le cercueil où gisaient les restes de celle qu'elle avait tant aimée; elle a répondu aux condoléances et aux consolations par des larmes et des prières.

Mlle de Mandat-Grancey vendait avec succès de menus objets au profit des pauvres. Détail navrant, son frère, prévenu presque immédiatement de la disparition de sa sœur qu'il adorait, vint la chercher parmi les victimes exposées au palais de l'Industrie.

Déjà, deux fois il a fait le tour de la lugubre salle, quand, à la lueur d'une torche, il voit briller un bijou, une bague qu'il lui a donnée. Il la regarde, il ne la reconnaît pas. Il doit se tromper. Il y a tant de bagues qui se ressemblent!

Il examine mieux. Il ne peut pas douter. Le corps est sur une planche que son pied fait jouer. Le balancement dégage un des bras de la jeune fille, auquel est enroulé un bijou qu'il reconnaît également...

Le pauvre garçon se lamente; et, navrés de ce spectacle, les visiteurs se retirent en proie à une douleur inexprimable.

Mme *Jacques Haussmann* est la femme de M. Haussmann, trésorier-payeur général de la Haute-Marne, ancien chef de cabinet de M. Félix Faure, alors que ce dernier était sous-secrétaire d'État aux colonies.

Mme Jacques Haussmann, fille de M. de Poggenpohl, ancien ministre de Russie à Bruxelles, et fondateur du journal *le Nord*, s'intéressait à de très nombreuses œuvres de bienfaisance. Chaque année, depuis la nomination de son mari à la trésorerie générale de Chaumont, elle venait passer deux mois à Paris, dans l'appartement qu'ils avaient conservé, 53, rue de Prony. Mme Haussmann était arrivée depuis quelque temps déjà, avec son petit garçon, âgé de huit ans, et, le dimanche précédent, son mari l'avait rejointe. Il devait demeurer quelques jours auprès d'elle.

Dans l'après-midi du sinistre, un de leurs parents, M. Meissonier, accompagné de sa fille, les amena tous visiter, aux Champs-Élysées, l'exposition des aquarellistes. Ils sortirent du salon un peu avant quatre heures. M. Haussmann se disposait à regagner la rue de Prony, quand sa femme lui demanda de l'accompagner au bazar de la Charité, où elle avait promis d'aller faire quelques emplettes. M. Haussmann accepta tout d'abord, puis se ravisa.

— Eh bien, dit Mme Haussmann en se tournant vers M. Meissonier et sa fille, vous, au moins, accompagnez-moi !

Mais, prétextant de sa fatigue et de celle de sa fille, M. Meissonier refusa.

— J'irai donc seule, répliqua en souriant la jeune femme.

Et se tournant vers son mari :

— Attends-moi donc ici quelques instants, ajouta-t-elle, le temps d'aller et de venir !

Elle partit, et, en compagnie de M. Meissonier, de sa fille et de quelques autres parents ou amis, qui le quittèrent au bout d'un assez long moment d'attente commune, M. Haussmann fit les cent pas devant le Salon des aquarellistes. Fatigué d'attendre et supposant que sa femme avait dû reconduire une amie ou bien rentrer directement chez elle, M. Haussmann reprit le chemin de la rue de Prony.

En route, il apprit qu'un incendie avait éclaté au bazar de la Charité, faisant de nombreuses victimes. Il accéléra le pas, monta chez lui, très inquiet, demanda si sa femme était rentrée. Sur la réponse négative qui lui était faite, il redescendit en proie aux plus douloureux pressentiments. Il ne sut trop que faire, de quel côté se diriger. Il attendit un moment devant sa porte, espérant à chaque instant apercevoir sa femme. Les minutes lui paraissaient des siècles. A bout de patience, il se décida à descendre vers les Champs-Élysées.

Les parents avaient également appris la catastrophe. On s'était mis à sa recherche. Il rencontra M. Meissonier qui lui dit :

— Soyez sans inquiétude, l'ami Pajol, que je viens de rencontrer, m'a dit qu'on avait vu sortir Hélène avec Mme Borel.

Mme Borel est, paraît-il, la femme ou la belle-sœur du sous-chef de cabinet de M. Hanotaux. M. Haussmann courut chez Mme Borel qui, légèrement blessée, était en proie à la plus vive émotion.

— Oui, oui, dit-elle en cherchant à fixer ses souvenirs, oui, oui, Mme Haussmann a pu s'échapper avec moi et Mme Trousseau !

Le narrateur de ce récit continue de la sorte :

« En toute hâte, mon malheureux ami revint chez lui. Sa femme n'était toujours pas de retour. Nous essayâmes de le calmer, lui disant que, si sa femme a pu fuir comme on le lui a affirmé, le pis qui lui fût arrivé, c'était une blessure légère, quelques contusions peut-être qui auraient nécessité des soins dans une maison voisine du théâtre de la catastrophe. Mais il ne voulait rien entendre, et le voilà de nouveau dans la rue, allant et venant devant la porte.

« Le temps avait marché. Vers huit heures, un monsieur arriva, un journaliste, je crois, qui s'adressa à lui et lui remit deux cartes trouvées sur une femme carbonisée. Cette fois, l'horrible doute n'était plus possible : Mme Haussmann, cette femme exquise, la joie de ce ménage si uni, si heureux, la mère de ce délicieux gamin de huit ans qu'elle entourait de tant de soins dévoués et d'affection, Mme Haussmann était au nombre des victimes de cet épouvantable drame.

« — Ma femme ! s'écria le malheureux, fou de douleur ! ma femme ! Je veux la voir. Qu'on me conduise immédiatement près d'elle ! »

Ce qui s'est passé de plus singulier, c'est la reconnaissance erronée de Mme Haussmann. Un portefeuille trouvé sur un cadavre, et contenant des lettres au nom de Mme Haussmann, fit penser que ces cartes identifiaient la morte. Le mari, affolé, éperdu, crut bien, en effet, la reconnaître. Le magistrat lui demanda de ne se prononcer qu'avec la conviction la plus absolue. M. Haussmann crut pouvoir le faire. Le corps fut mis en bière.

Plus tard, la véritable Mme Haussmann était reconnue, et cette fois sans erreur possible. On rapporta la bière de la première morte à nouveau sans nom.

...C'était une jeune personne, dont la figure était complètement brûlée, le crâne ouvert, la cervelle sanguinolente. Le corps, plus épargné que la plupart de ceux qui étaient là, les bras repliés mais non consumés, était vêtu d'une robe violette. On remarquait que ses bas étaient marqués d'un H.

Vers deux heures, une domestique étrangère, accompagnée de deux messieurs, entra dans la salle. Elle se disposait à visiter, pour la quatrième fois, les cadavres non reconnus. Elle cherchait du linge marqué H. « Avec une robe violette ? — Une robe violette, bien, monsieur !... »

Elle ne fut pas plutôt devant le cadavre qui avait été reconnu par erreur, qu'elle s'écria : « Oh ! ma chère maîtresse !... C'est elle... c'est sa robe... son jupon... un jupon dentelé, pareil au mien... Tenez. » Et elle montrait son jupon, qui est dentelé, et en effet identique. « Comment suis-je venue sans l'avoir vue ?... Je l'aurais reconnue tout de suite : elle n'était donc pas là ? »

Elle donna les noms : Mlle *Dutreil*, dix-huit ans, fille de M. Dutreil, ancien sénateur de la Mayenne. Elle était venue au bazar de la Charité avec sa gouvernante anglaise... et n'en était pas ressortie. M. Maurice Dutreil, frère de la défunte, et ses deux cousins reconnurent le corps, qui fut mis en bière.

Peu de temps après arriva le père, dont la douleur se contenait. Il demanda de procéder à un examen minutieux, et au fait, à l'écart, il fut procédé à l'ensevelissement. On apporta des draps, une bière de chêne et de plomb. Et devant des hommes silencieux et découverts, la triste cérémonie s'accomplissait dans ce hangar empli des allées et venues des magistrats, des agents et de ceux qui passaient la lente et lugubre revue des bières ouvertes.

Sœur Ginoux de Fermont. — Une religieuse est morte à genoux ; sa cornette n'était pas entièrement brûlée ; les mains, qui semblaient jointes, sont carbonisées, un chapelet a été trouvé à son bras. Deux religieuses sont venues la reconnaître : c'était la Sœur Ginoux, supérieure des religieuses de Saint-Vincent-de-Paul.

On a aussitôt fait demander un fourgon à l'Administration des

La fenêtre de l'hôtel du Palais, par laquelle cent cinquante personnes ont pu s'échapper.

Phot. Barry (Ance Maison Bengue).

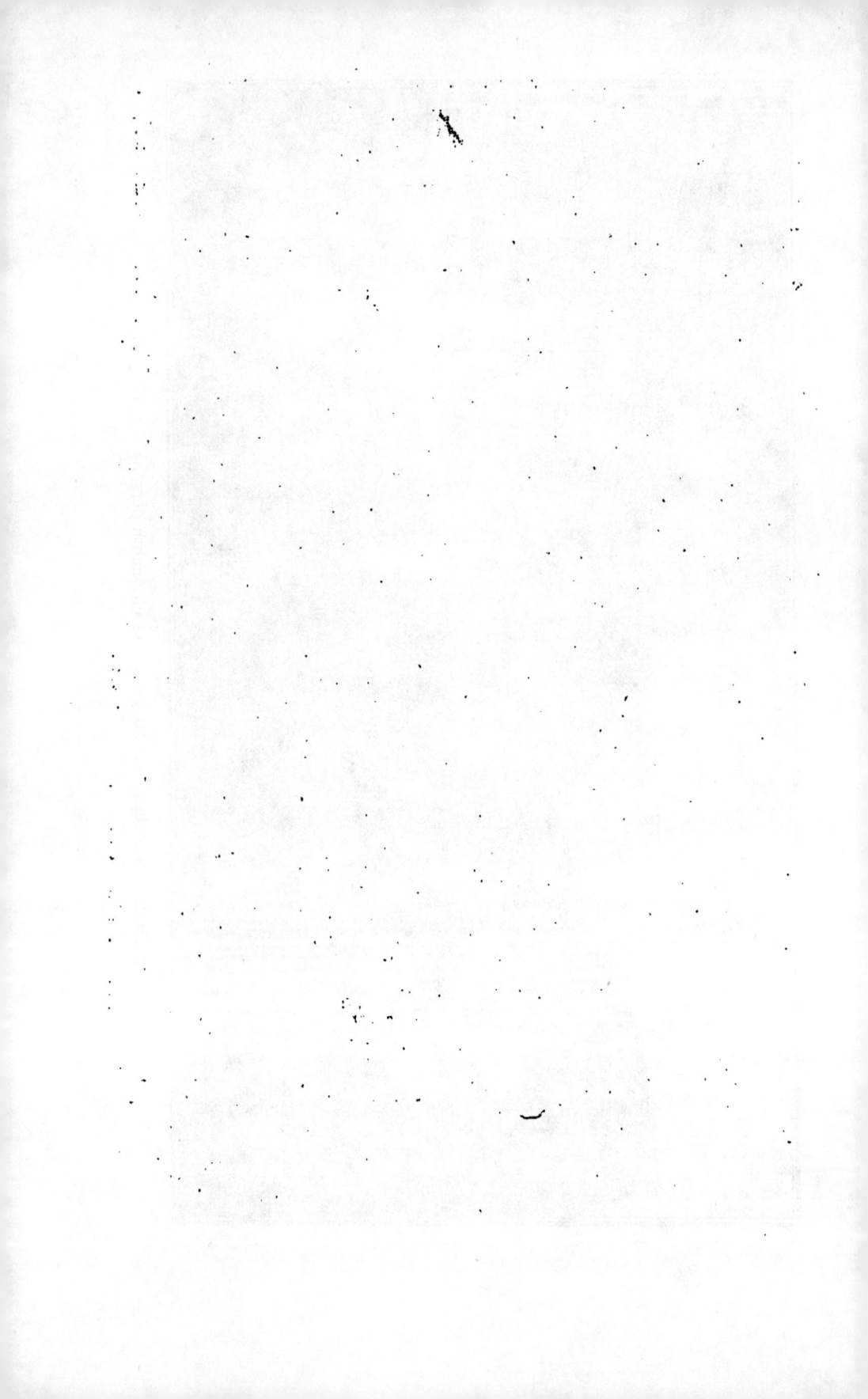

Pompes funèbres. La voiture est arrivée à dix heures. Le cadavre a été mis dans une bière et le fourgon a emporté au pas de ses chevaux les restes de la victime à la Crêche Sainte-Madeleine, école libre dirigée, 14, rue de la Ville-L'Évêque, par les Sœurs de l'ordre de Saint-Vincent-de-Paul.

Derrière le fourgon marchaient deux Sœurs tout en larmes ; sur tout le parcours, des passants se découvraient respectueusement, et, place de la Concorde, un véritable cortège, ému et recueilli, s'était formé. Quand on était arrivé à destination, c'est en présence de plus de cinq cents personnes que la bière a été descendue de la funèbre voiture.

Mme Auguste de Suze, née *Antoinette-Louise Senez*, demeurant 4, rue de la Bienfaisance, avait été transportée chez elle dans le plus triste état ; elle a succombé le lendemain soir aux suites de ses nombreuses brûlures.

Mme de Valence, née *de la Ménardière*, 40 ans, 13, rue Duphot, était la petite-fille du général baron de Marbot, auteur des célèbres Mémoires. Elle était également la nièce du maréchal Vaillant, ancien ministre de la maison de l'empereur, par sa mère, née Jard-Panvillier, et veuve de M. Alfred de Marbot, maître des requêtes au Conseil d'État sous Louis-Philippe.

Mlle Marguerite de Valence, fille de *Mme de Valence*, qui a trouvé la mort dans l'incendie, avait été blessée, mais, pourtant, avait réussi à se sauver par l'hôtel du Palais. Affreusement brûlée aux yeux et à la tête, elle est morte le lendemain soir dans d'épouvantables souffrances. La pauvre enfant était âgée de seize ans.

Le corps de la *vicomtesse de Beauchamp*, née *Turquet de la Boisserie*, reconnu au palais de l'Industrie parmi les victimes de la catastrophe, a été, avec celui de la duchesse d'Alençon, l'un des plus abîmés par les flammes. Il a fallu le concours de son dentiste et de son médecin pour en établir l'identité. La vicomtesse devait, dans les premiers jours, retourner avec ses trois enfants à Noyon où son mari est capitaine au 9e cuirassiers.

La belle-sœur de la défunte, la comtesse de Beauchamp, née Vitali, qui se trouvait au bazar de la Charité, était près de la porte quand le feu a éclaté, attendant sa mère. C'est grâce à cette circonstance qu'elle a pu s'échapper.

Mlle Blonska.

MM. Claretie et Clémenceau avaient procédé la veille, au palais de l'Industrie, à la reconnaissance du corps de *Mlle Blonska.* M. Claretie employait Mlle Blonska — une vieille demoiselle russe âgée de soixante-deux ans — au classement de ses livres et de ses papiers. C'est grâce à un détail donné à M. Clémenceau par sa sœur qu'on a pu reconnaître le corps ; Mlle Blonska avait la coutume de se mettre de la ouate dans le dos.

M. Jules Claretie racontait aux personnes qui assistaient à la reconnaissance que Mlle Blonska était une créature extraordinairement charitable, qui ne travaillait que pour donner son argent aux pauvres. Elle déjeunait d'une brioche, d'un morceau de sucre et d'un verre de bière. Elle avait une tendresse particulière pour les aveugles. Ses yeux n'étant pas très bons elle craignait de devenir aveugle, elle aussi. On lui avait donné, au bazar de la Charité, un comptoir où elle vendait de la brosserie, fabriquée par les aveugles.

M. Albert Masure.

M. Perrigot, gendre de M. *Albert Masure*, et le docteur Millon, médecin de la famille, avaient en vain cherché à reconnaître, le jour de l'incendie, le corps du malheureux disparu.

Revenus le lendemain, ils ont pu établir avec certitude l'identité, en comparant une paire de chaussettes de coton ayant appartenu au défunt avec les fragments de celle trouvée sur le cadavre. C'était la même pointure et, fait remarquable, des reprises identiques existaient aux mêmes endroits sur les chaussettes apportées par M. Perrigot et sur les chaussettes à demi consumées.

Un examen de la mâchoire a achevé de lever les doutes.

Mme Chouipe, née *Blanche Grossier,* 19, rue Cordelières, transportée à domicile.

Mme la comtesse de Moustier, née *de Bésiade d'Avaray,* 85, rue de Grenelle, transportée à domicile.

Mme la vicomtesse G. d'Avenel, qui avait été ramenée à son domicile, 23, rue Galilée, est morte après une nuit d'épouvantables souffrances.

Les nombreux amis du vicomte d'Avenel avaient espéré tout d'abord qu'il ne s'agissait que de contusions sans gravité ; malheureusement la pauvre jeune femme avait été atteinte de profondes blessures aux yeux et de lésions à la tête, et les médecins appelés auprès de la vicomtese d'Avenel durent vite constater que leurs efforts seraient impuissants à la sauver.

Cette mort a été un grand deuil de plus pour la haute société parisienne, où la vicomtesse Georges d'Avenel occupait une place brillante et enviée.

Son salon était un des rendez-vous préférés de l'élite des arts, de la diplomatie et des lettres ; elle en faisait les honneurs avec une bonne grâce, une aisance et un esprit dont le souvenir demeurera ineffaçable au cœur de tous ses amis.

La malheureuse victime était la femme du vicomte d'Avenel, notre distingué confrère de la *Revue des Deux-Mondes*.

Mme *la baronne de Horn*, née *Habert*, 59 ans, morte à l'hôpital Beaujon.

Mlle *Hélène Barassé*, 23 ans, 12, rue Joubert.

Mme *Cuvillier*, née *Carrière*, 14, rue Jules-César, transportée domicile.

Mlle *Esther Cuvilier*, 4 ans, 14, rue Jules-César, transportée à domicile.

Mme *Le Normand*, née *Jeanne Frémyn*, 155, rue de la Pompe, transportée à domicile.

Mme *la comtesse d'Isoard-Vauvenargues*, née *d'Yrrène de Lalanne*, 13, avenue de Ségur, transportée à domicile.

Mme *Virginie Monti*, née *Saintain*, 52, avenue de la République, transportée à domicile.

Mlle *Thomazeau*, supérieure de la communauté des Sœurs de Saint-André, âgée de 70 ans, 82, rue de l'Abbé-Groult, transportée à domicile.

Mlle *Madeleine Hauducœur*, 27 ans, 55, rue des Archives, transportée à domicile.

Mme *Hauducœur*, née *Flora Fortin*, 50 ans, 55, rue des Archives, transportée à domicile.

Mme *Borne*, née *Gillet*, 64, rue Condorcet, transportée à domicile.

Mme *Pierre, Mathilde*, née *Michel*, sa femme de chambre, même adresse.

Mme *veuve Rivière*, née *Labaresse*, 48 ans, 29, rue de la Ferronnerie, transportée à domicile.

Mme *de Sessevalle*, 159, boulevard Haussmann, a succombé, à son domicile, aux brûlures qu'elle avait reçues dans l'incendie. Elle s'est éteinte sans souffrance, car elle avait perdu connaissance depuis la veille au matin.

Mme de Sesseval se trouvait avec ses deux filles au fond du bazar, quand le feu éclata. Une poussée de la foule lui fit franchir une lucarne et la projeta dans le terrain où elle se blessa dans sa chute. Les jeunes filles, qui avaient pu la rejoindre, impuissantes à soulever leur mère, allèrent supplier deux braves sauveteurs qui travaillaient auprès du soupirail de l'hôtel du Palais, de secourir Mme de Sesseval. Il s'était écoulé quelques minutes pendant lesquelles le feu, redoublant de violence, brûla par rayonnement le dos et les jambes de la blessée.

Les sauveteurs portèrent Mme de Sesseval au soupirail et la firent passer par là dans l'hôtel du Palais. Ses deux enfants se sauvèrent par le même chemin; la plus jeune n'avait rien; l'aînée, qui a quinze ans, ne reçut qu'une brûlure légère à la nuque.

Le rayonnement de l'incendie était tel, pendant les minutes que la pauvre dame est restée gisante à quelques pas du foyer, que les brûlures étaient extrêmement profondes. Malgré tous les soins dont on l'entoura, Mme de Sesseval a succombé.

Mlle *Louise Lourmand*, 28 ans, 21, boulevard de Latour-Maubourg, transportée à domicile.

Mme *la marquise Bouthillier de Chavigny*, née *Julia de Villiers de La Noüe*, 50 ans, 37, avenue d'Antin, transportée à domicile.

Après toutes les recherches infructueuses et désespérées de la famille, la femme de chambre a reconnu Mme de Bouthillier le lendemain de la catastrophe au palais de l'Industrie, au bas et à la jarretelle qu'elle portait à la jambe droite. La figure et le corps tout entier étaient méconnaissables.

La marquise de Bouthillier s'était rendue au bazar de la Charité sur les instances de ses deux charmantes nièces, Mlles de Chevilly, mortes elles aussi, et qui étaient venues la prier de les accompagner.

En ne la voyant pas rentrer, son mari, dans un état de désespoir indescriptible, s'était rendu au palais de l'Industrie, mais, n'ayant pas reconnu sa femme parmi les cadavres, il avait toute la nuit conservé une lueur d'espoir. Ce n'est qu'en voyant accourir la femme de chambre de la marquise tout en larmes qu'il a deviné la triste réalité.

Le corps de la victime a été ramené, à trois heures de l'après-midi, à son domicile, 37, avenue d'Antin, où se trouvaient son frère, le vicomte de La Noüe, et sa sœur, Mme Fromesson. Une foule compacte et recueillie suivait le lugubre cortège.

Cette mort a produit une douloureuse impression au Jockey-Club, dont le marquis de Bouthillier est un des membres les plus sympathiques.

Mme de Florez, née Corradi y Anduaga, femme du consul d'Espagne, 10, rue de l'Alma, décédée à l'hôpital Beaujon.

Mme Chapuis, née Marlé, 4, avenue de l'Opéra, transportée à domicile.

Mme veuve Germain née Desmazières, 20, boulevard Montmartre, transportée à domicile, s'occupait, avec une extrême activité, d'un grand nombre d'œuvres de charité. Elle s'était chargée récemment du placement des billets d'une loterie organisée par la Sœur de Charité qui dirige l'orphelinat de Clichy ; elle se rendit donc au grand bazar de la Charité afin d'occuper un comptoir pour cette œuvre. Mais, comme plusieurs de ses amies devaient aussi vendre les jours suivants pour d'autres institutions de bienfaisance, elle eut la discrétion de ne pas leur annoncer qu'elle se rendait ce jour-là rue Jean-Goujon, ne voulant pas diminuer d'un sou leurs ressources. Elle était partie en hâte vers deux heures et jamais elle n'avait témoigné tant d'empressement.

Elle se plaça non loin de la porte d'entrée du bazar, dans une boutique qui faisait face à celle qu'occupait Mme Carmier, dont nous parlerons plus loin. Lorsque la catastrophe se produisit, Mᵐᵉ Robert, née de France, qui s'est sauvée à force d'énergie, se trouvait devant elle dans la cohue qui cherchait à gagner la porte. Mᵐᵉ Germain tomba. On suppose qu'elle a dû être atteinte d'une congestion, car on l'a retrouvée le corps presque intact avec des brûlures affectant seulement les membres inférieurs et avec quelques traces de feu au visage.

On suppose aussi que l'une des poutres qui soutenaient la toiture a dû s'abattre sur elle, car elle avait une horrible blessure transversale au milieu du corps.

Elle a été une des premières victimes reconnues, grâce à une enveloppe de lettre qu'elle avait dans sa poche.

Cependant son corps ne fût pas réclamé de suite, au milieu de l'affollement indescriptible des premières heures.

C'est seulement le lendemain que l'un de ses fils, qui cependant avait cherché jusqu'à minuit son cadavre au palais de l'Industrie, a reconnu son corps, qui a été transporté à son domicile à six heures du matin dans une bière en bois blanc.

Mᵐᵉ *Carteron* née *Guyard-Delalain*, 67 ans, qui fut reconnue de suite et transportée à son domicile, 180, rue de Rivoli.

Mˡˡᵉ *Jeanne Carteron*, 33 ans, 180, rue de Rivoli, transportée à domicile.

Mˡˡᵉ *Madeleine de Clercq*, 9 ans.

Mᵐᵉ *Mathilde Couret de Villeneuve*, née *Waller*, 19, rue Weber.

M. de Villeneuve, l'architecte bien connu, était à Grenoble, où il accomplissait une période de treize jours comme lieutenant d'artillerie territoriale.

Mᵐᵉ de Villeneuve — qui a six enfants — s'était rendue mardi avec ses deux filles aînées au bazar de la Charité. Lorsque éclata l'incendie, les deux jeunes filles furent sauvées par la fenêtre de l'hôtel du Palais. La mère allait les suivre, mais elle fut tout à coup violemment rejetée en arrière.

Les jeunes filles la cherchèrent vainement pendant plusieurs heures. Folles de douleur, elles rentrèrent à la maison, espérant l'y trouver. Elles ne rencontrèrent que leur frère, âgé de douze ans, élève de l'école Saint-Ignace, rue de Madrid, et qui, à la

Les décombres. (Au milieu, le tourniquet du cinématographe.)

6

sortie de la pension, était accouru demander des nouvelles de sa mère et de ses sœurs.

On a immédiatement télégraphié à Grenoble. M. de Villeneuve s'est rendu au palais de l'Industrie où, après de nombreuses recherches, il a pu découvrir le corps de sa femme complètement carbonisé. Il a été aidé par M. Brault, dentiste, qui avait récemment fait l'aurification d'une dent à Mᵐᵉ de Villeneuve.

M. le docteur Rochet, âgé de 68 ans, médecin homéopathe, 88, boulevard Beaumarchais.

M. le docteur Rochet s'était rendu au bazar de la Charité avec Mᵐᵉ Rochet sa femme, M. Victor Podvin et la petite-fille de ce dernier, Mˡˡᵉ Christiane Meilhac.

Mᵐᵉ Rochet seule est revenue à son domicile.

Mᵐᵉ Vimont, née *Alphonsine Fortin*, 67 ans, 47, boulevard Saint-Germain, transportée à domicile.

Mˡˡᵉ Valérie Ver Hasselt, 20 ans, 4, rue du Havre, transportée à domicile.

Mᵐᵉ Gohin, née *Berthe Deschamps*, 34 ans, 4, rue du Havre, transportée à domicile.

Mᵐᵉ veuve Legrand, née *Edmée Hubert*, 63 ans, 70, rue de Ponthieu, transportée à domicile.

Comtesse d'Hunolstein, née *Laure d'Uzès*, 59 ans, 1, rue Saint-Dominique, transportée à domicile.

La comtesse d'Hunolstein était la belle-sœur de la duchesse douairière d'Uzès; elle était alliée aux plus grandes familles de France. Son corps a été reconnu au Palais de l'Industrie et transporté dans un fourgon à l'hôtel d'Hunolstein, situé rue Saint-Dominique, à l'angle du boulevard Saint-Germain.

Mˡˡᵉ Louise Gérondeau, 25 ans, 129, rue de l'Université, transportée à domicile.

Mˡˡᵉ Elodie Vanberlich, 20 ans, femme de chambre de la baronne de Saint-Didier, 19, rue de la Ville-l'Évêque, transportée à domicile.

Mᵐᵉ Marguerite de Cossart d'Espié, 51 ans, 10, rue de Lisbonne, transportée à domicile.

Mlle *Marie-Thérèse Simon*, 22 ans, 24, place Vendôme, transportée à domicile.

Mme *Huzar*, née *de la Briffe*, 112, boulevard de Courcelles.

Mme *Kann*, née *Stiebel*, 19, rue Bassano.

Mlle *Lina Lefèvre Finncale*, 7, rue Berthier.

Mlle *Élisabeth de Guillebon*, 23 ans, à Orléans.

Mme *veuve Schlumberger-Hartmann*, demeurant 140, Faubourg-Saint-Honoré, accompagnait au bazar de la Charité, sa nièce, Mme Gaston de Clermont. Le corps de Mme Schlumberger était presque entièrement calciné. Elle n'a pu être reconnue que par sa femme de chambre, à un détail de toilette.

Mme *la comtesse de Mimerel*, née *de Gosselin*, 5 *bis*, rue de Berri, âgée de 23 ans, était vendeuse au bazar de la Charité. Elle a été complètement carbonisée; le corps était méconnaissable. Elle a été reconnue à ses bijoux par le comte de Richemont.

Mme *de Gosselin*, 120, rue du Faubourg-Saint-Honoré, mère de Mme la comtesse de Mimerel, a été retrouvée enlacée au corps de sa fille.

Mme *Hoskier*, femme du banquier bien connu, et sa fille, Mme *Roland-Gosselin*.

La charité et la compassion de Mme Hoskier et de sa fille pour les misérables étaient inépuisables. Chacune d'elles entretenait quinze ménages pauvres, dont elles payaient les loyers et faisaient élever les enfants. Elles avaient également à leur charge un certain nombre d'enfants orphelins, qui par leurs soins étaient placés dans des institutions dont elles payaient la pension.

Tous les pauvres gens qui se présentent, en recevant confirmation de la terrible nouvelle, éclatent en sanglots et partent en murmurant : « Quel malheur ! Nous sommes perdus ! »

L'un des domestiques de Mme Hoskier nous a dit en sanglotant :

— Jamais ma maîtresse et sa fille n'avaient été aussi gaies que ce mardi-là. Leur joie venait de ce qu'elles devaient aller dans la journée à cette fête de charité.

— Je veux être belle, très belle, me disait la fille de madame, parce que j'ai fait un tas de petits ouvrages que je vais vendre, et, pour bien vendre, il faut être séduisante, sinon les malheureux y perdraient. » Et la malheureuse jeune femme riait du plaisir d'aller tirer profit, au bénéfice des pauvres, de ses petits travaux d'aiguilles.

Suivant la volonté exprimée dans son testament par Mme Hoskier, aucune fleur ni aucune couronne ne seront placées sur son cercueil.

Mme Hoskier était la belle-mère de notre excellent confrère M. Camille Bellaigue.

Mme la générale Chevals, née *Claire de Saint-Ange*, 53, avenue Montaigne.

Mme la comtesse de Saint-Périer, née de *Kergolay*.

Mlle Laure Boucher de Saint-Ange, 53, avenue Montaigne.

Mlle de Comeau, 18, rue Spontini.

Vicomtesse de Damas, née de *Juigné*, 173, rue de l'Université.

Mlle Alice Jacqmin, âgée de 17 ans, fille de M. Jacqmin, inspecteur général des Chemins de fer de l'Est, demeurant 1, rue Nouvelle, avait été conduite au bazar de la Charité par sa grand'mère, Mme Caillaud. Vers six heures, on a ramené Mme Caillaud avec de graves brûlures au visage. Elle raconta qu'elle avait été portée par la foule et littéralement jetée au dehors. Elle n'avait plus que sa robe; ses jupons avaient été arrachés dans le trajet.

Quant à Mlle Jacqmin, dont elle s'était trouvée séparée, elle n'en avait aucune nouvelle.

On se rendit immédiatement au palais de l'Industrie. Mais on ne put retrouver le corps de la jeune fille. C'est seulement le lendemain matin, à dix heures, qu'il a été reconnu et ramené à la maison paternelle.

Mme de Varanval, née *Hélène Guérard*, 25 ans, 21, rue Marignan, transportée à domicile.

Le cadavre de Mme de Varanval, mère de trois enfants, a été presque complètement carbonisé. On n'a pu la reconnaître que par les bagues qu'elle portait à la main.

Mme la générale Warnet, 65 ans, 40, rue Boissy-d'Anglas.

Mme Laneyrie, née *Glandaz*, femme du vice-président du Tribunal de la Seine, 20, boulevard Saint-Michel.

Comtesse Serurier, née *Pellerin de Lastrelle*, 168, Faubourg-
Saint-Honoré. La comtesse Serurier était la veuve du comte
Serurier, qui était le fils du maréchal. Elle était âgée d'environ
45 ans. Elle avait écrit plusieurs romans, dont un avait paru dans
le Correspondant.

Mlle. Marie Moisson, 33 ans, 91, rue des Martyrs.

Mme Jeanne-Lucie Nitot, née *Touttain*, femme du docteur Nitot,
34 ans, 24, rue Lafayette.

Mme Nitot était allée avec sa fille, Mme et Mlle Barassé, au bazar
de la Charité. Elle était vendeuse ce jour-là. Lorsque le feu éclata,
Mme Nitot et Mme Barassé, qui se trouvaient près de la porte,
purent se sauver. Mais, arrivée dans la rue, Mme Nitot ne voyant
pas sa fille et Mlle Barassé se jeta dans les flammes pour les retrouver.

Victime de son dévouement, Mme Nitot n'a plus reparu. Elle a
péri avec les deux jeunes filles.

Mlle *Suzanne Nitot*, 9 ans, fille du docteur Nitot.

La baronne Maurice de Saint-Didier, née *Donon*, 19, rue de la
Ville-l'Évêque, décédée dans la même catastrophe que sa tante,
la baronne douairière de Saint-Didier, âgée de 80 ans. Elle a été
reconnue, fort tard dans la soirée, par son mari, le baron Aimé
de Saint-Didier, qui l'avait cherchée en vain toute la journée au
palais de l'Industrie.

Mme veuve de Carbonnel. — Les fils de Mme de Carbonnel de
Montgival ont passé toute la nuit au palais de l'Industrie, à
chercher le corps de leur mère. Ils ne l'ont retrouvée que le lendemain matin, en reconnaissant une bague qui se trouvait à une
main détachée d'un cadavre presque entièrement carbonisé.

Mme Dillaye, née *Carrière*.

Mme Gosse, née *Dagneau*, à Bourg-la-Reine.

Mlle Angèle Gosse, 20 ans.

Mlle Zoé Gosse, 18 ans.

Mme Jauffred. — Le corps de Mme Jauffred, pour lequel un
doute avait existé, a été reconnu naguère à la Morgue.

Le dentiste, qui à la première inspection n'avait pu se prononcer, a consulté ses livres et a relevé des aurifications qu'il avait
été appelé à faire. Muni de ces renseignements précis, il a exa-

miné la dentition du cadavre. Il y a retrouvé exactement la trace des soins donnés par lui. La certitude était donc absolue.

Mme Jauffred était une des femmes les plus charitables de Paris. Elle passait son existence à faire le bien avec une excessive modestie. Dame patronnesse depuis vingt ans de l'œuvre des dominicains, elle était le bras droit de la duchesse d'Alençon. En dehors de cette œuvre, à laquelle elle s'intéressait spécialement, Mme Jauffred portait des secours aux malheureuses familles ouvrières et avait, en quelque sorte, adopté trois orphelins. Tout dernièrement encore, elle recommandait à son mari, au cas où elle partirait la première, de ne pas oublier ses pauvres.

Mme *Berthe Genty*, née *Rabery*, âgée de 23 ans, femme d'un négociant, 63, rue des Archives. Reconnue par son mari.

Mme *la marquise d'Isle*, âgée de 46 ans, 26, rue Notre-Dame-des-Victoires. Reconnue par son fils, à une ceinture.

Mlle *Marie d'Isle*, même adresse.

Mme *veuve Goupil*, née *Anne Gabiot*, cuisinière chez M. le comte de Gosselin, 31, passage Bosquet.

Mme *Suzanne Cordoën*, née *Le Sourd*, âgée de 27 ans, 252, boulevard Saint-Germain. Son mari l'a reconnue à une bague très spéciale de forme. La tête avait absolument disparu.

Sœur Sainte-Claire, née *Marguerite Rémond*, des Sœurs de Saint-Vincent-de-Paul, rue Denfert-Rochereau. Elle a été reconnue par l'aumônier de la communauté, M. l'abbé Stiltz, au linge marqué S + P.

Mlle *Sabine de Vallin*, 13, rue Gœthe.

M. *Victor Poidevin*, 19, rue de Sévigné, 60 ans.

Mme *veuve Vlasto*.

Mlle *Louise Terre*, demoiselle de compagnie de Mme Archdeacon.

Mlle *Marie-Louise Picqué*, 34 ans, 8, rue de l'Isly, transportée à domicile.

Mme *veuve Léon Valentin*, née *Marguerite Peretti*, 40 ans, 80, rue de Varenne, transportée à domicile.

Sœur de Hondt, 25 ans, 13, rue de la Ville-l'Evêque, transportée à domicile.

Mme *de Carayon-Latour*, née *Isabelle de Lassus*, 60 ans, 11, rue Royale, transportée à domicile.

Joseph Doron, 14 ans, groom de Mme de Carayon-Latour, 11, rue Royale, transporté à domicile.

Mme de la Blotterie, 53, rue Boissière, transportée à domicile.

Mme Moreau, Nélaton, née Braün.

Mme veuve Moreau, née Nélaton.

Le docteur Nélaton est venu au palais de l'Industrie pour reconnaître lui-même les restes de sa sœur, *Mme veuve Moreau*, disparue depuis la terrible catastrophe.

Après avoir examiné longuement les restes informes disposés dans des cercueils ouverts, M. Nélaton a pu retrouver sur l'un des cadavres certaines particularités de conformation des os qui ont dissipé ses premiers doutes.

Des initiales M. N. (Moreau-Nélaton) et des bas à varices d'une construction spéciale dont des fragments adhéraient encore aux jambes de la morte ont achevé de faire reconnaître son identité.

Mme veuve Brasier de Thuy, née *Catherine Lejeune*, 68 ans, 161, Faubourg-Saint-Honoré, transportée à domicile.

Sœur Catherine-Marie-Madeleine, née *Julie Garivet*, 44 ans, 88, rue Denfert-Rochereau, transportée à domicile.

Sœur Marie-Adèle Sabatier, 57 ans, rue Poultier, transportée à domicile.

Sœur Léonie Guillemain, 26 ans, 7, rue Poultier, transportée à domicile.

Mme Lafitte de Canson. — La reconnaissance de Mme Lafitte de Canson a été faite par le R. P. Adam, dominicain, ami de la famille.

Les jambes de la malheureuse victime n'étaient qu'en partie brûlées, mais là tête dénudée et comme rongée avait la grosseur du poing ; le cadavre était donc méconnaissable.

On trouva dans un fragment de jupe un paquet de lettres à son nom et un chapelet. Un bracelet d'or s'était incrusté dans la chair du bras carbonisé.

Mlle Chabot, la fille du peintre bien connu, était âgée de quatorze ans, elle demeurait chez son père, à Vanves, 4, rue des Vinaigriers. La reconnaissance du corps a été des plus difficiles. Pendant trois jours le malheureux père, fou de douleur, revint au palais de l'Industrie sans pouvoir se convaincre que son enfant était parmi les morts.

Certains détails de toilette l'obligèrent pourtant à se rendre à l'évidence. La pauvre enfant était morte.

Le petit Alfred-David Achery, 5 ans. — Celui-là était un petit pauvre !

Mlle Chabot l'avait emmené avec elle pour le présenter à la directrice d'un orphelinat où il devait entrer. C'est par suite de cette circonstance que le petit déshérité a péri parmi les riches, de la mort horrible des élégantes victimes de l'effroyable catastrophe.

Le lendemain de l'incendie l'abbé Mariès, premier aumônier de Saint-Nicolas, reconnut au palais de l'Industrie, grâce aux gros souliers ferrés que portait l'enfant, son cadavre carbonisé.

Devant cet amas de chair noircie, la mère — une pauvre femme de ménage qui a perdu son mari il y a huit mois, et un autre enfant huit jours avant l'incendie — fut prise d'un accès de démence ; on dut la reconduire à son domicile, 30, rue Julie, à Montrouge. Comme elle n'a qu'une chambre où vit avec elle sa dernière fillette gravement malade, la bière contenant les restes du malheureux enfant fut déposée chez la concierge de l'immeuble.

Elle est bien navrante la situation de Mme David. Il semble que la fatalité tienne à s'acharner sur cette famille. Voici quelle a été son existence :

Il y a un an à peine, elle jouissait d'une certaine aisance. Le mari, peintre en bâtiment, ouvrier probe et laborieux, gagnait bien sa vie. Il adorait sa femme et ses trois enfants : Alfred, Simone et Adolphe. Le ménage vivait tranquille et heureux, lorsque l'homme tomba malade. Atteint de méningite tuberculeuse, il dut être transporté à l'hôpital Broussais et mourut quelques jours après.

Mme David ne voulut pas habiter plus longtemps un logement qui lui rappelait tant de douloureux souvenirs. Elle quitta la commune de Vanves, où elle avait demeuré jusqu'alors, et vint louer, pour le prix de 140 francs par an, une chambre au numéro 30 de la rue Julie, près de l'église de Montrouge.

Seule, avec trois enfants sur les bras, dont un de onze mois qu'elle nourrissait, elle se mit courageusement à la besogne. Mais les ménages qu'elle put se procurer furent peu nombreux. Quelquefois elle arrivait bien à gagner vingt sous en une journée de dur labeur ; mais souvent elle restait toute une longue semaine sans rien faire. Elle ne demandait qu'une chose : du pain pour ses enfants.

Trois mois après la mort de son mari, elle perdit sa mère. Le 26 avril dernier, enfin, son plus jeune enfant, Adolphe, mourut à son tour, et ce fut pour elle un coup terrible.

Jusque-là, Mme David avait reçu de l'Assistance publique un secours mensuel. Ce secours fut d'abord très minime ; mais, sur de vives instances, l'inspecteur du bureau de bienfaisance avait consenti à l'élever à la somme de trente-cinq francs.

Lorsque à la fin du mois d'avril Mme David se présenta, comme d'habitude, au bureau de bienfaisance pour toucher ses trente-cinq francs, on lui répondit que, ses charges étant considérablement réduites par la mort de l'enfant qu'elle allaitait, le secours mensuel se trouvait par cela même supprimé.

Elle partit le cœur brisé. Entrant chez la concierge, elle lui apprit qu'il n'y avait plus chez elle un morceau de pain... et plus un sou pour en acheter !

La concierge de la maison lui rémit alors deux francs avec lesquels elle vécut jusqu'au lundi suivant, la veille de l'incendie du bazar de la Charité.

Et le mardi, le petit Alfred, que Mlle Chabot avait accompagné rue Jean-Goujon, dans le but d'intéresser à son sort des personnes charitables, trouvait la mort au milieu des flammes.

Tous les voisins de la pauvre mère ont tenu à assister aux obsèques du petit martyr. Huit jeunes garçons tenaient les cordons du poêle. Le Conseil municipal avait envoyé une superbe couronne. Au cimetière, des discours ont été prononcés par le docteur Dubois, président du Conseil général, par M. Girou, conseiller municipal et par M. Panelier, adjoint au maire du 14e arrondissement. Au domicile mortuaire, rue Julie, 30, une pancarte avait été fixée avec cette naïve et émouvante inscription : « Pour la mère au petit Alfred ».

Mme *Julian*. — Mme Julian, professeur de piano très répandue dans le monde, avait eu une existence assez mouvementée.

Fille de M. Julian, de Toulouse, riche négociant, elle avait eu, elle, troisième de huit enfants, cinq cent mille francs de dot. Son mari spécula pour augmenter cette fortune, mais il ne réussit qu'à la perdre complètement. Un beau jour, se sentant ruiné, il s'en alla, abandonnant sa femme et sa famille.

La jeune femme restait sans fortune avec quatre enfants. Elle vendit tout ce qui était superflu, ne conservant que le strict nécessaire. Puis utilisant le réel talent qu'elle avait acquis sur le piano, elle se mit professeur...

Elle avait repris son nom de demoiselle et c'est pourquoi c'est sous le nom de Mme Julian qu'elle est connue, c'est sous le nom de Mme Julian qu'elle est morte.

Grâce aux relations qui lui étaient restées, elle avait, dans le grand monde, facile accès et ses leçons étaient bien payées. Elle put donc élever très bien ses quatre enfants, Pierre, Jeanne, Lucy et Paul.

Au moment de la catastrophe, Mme Julian demeurait 5, avenue Mac-Mahon, au troisième étage sur la cour. Jeanne, l'aînée des enfants, âgée aujourd'hui de vingt-deux ans, aidait sa mère ou plutôt s'occupait des soins du ménage, pendant que Mme Julian était à ses leçons. Lucy et Paul sont en pension. Pierre, l'aîné des fils, employé de commerce, est marié, et gagne juste de quoi suffire à son ménage.

Telle était la situation de cette famille lorsque, le jour du sinistre, une des élèves de Mme Julian la pria de vouloir bien venir avec elle au bazar de la Charité. Cette dame désirait être présentée à Mme de Florès, la femme du consul d'Espagne, que Mme Julian connaissait beaucoup.

La pauvre maîtresse de piano devait payer de la vie cet acte de complaisance.

Le soir du sinistre, Mlle Jeanne, ne voyant pas rentrer sa mère, fut prise d'une sinistre appréhension. Elle courut rue Jean-Goujon. Après avoir interrogé diverses personnes, elle apprit qu'une dame qu'on disait être professeur avait été portée à l'hôpital Beaujon.

Elle s'y rendit. Elle trouva, en effet, sa mère tout enveloppée de ouate. On ne lui voyait plus que les yeux et la bouche, en apercevant sa fille, l'instinct de la maternité l'emporta sur la souffrance et elle s'écria:

— Ne t'effraie pas, chérie !... J'ai du courage et je guérirai. Je serai défigurée, voilà tout !... Mais j'aurai quand même l'énergie nécessaire pour gagner notre vie... Et puis, on ne nous abandonnera pas !...

Et elle engagea sa fille à prévenir toutes ses élèves, afin qu'aussitôt sa guérison elle pût reprendre ses leçons...

Vingt-quatre heures après, Mme Julian rendait le dernier soupir. En mourant, elle pensait encore à ses enfants :

— Oh! mon Dieu! s'écria-t-elle, mes pauvres enfants, mes pauvre petits, qui en prendra soin ?

Ceux-ci, en effet, n'ont même pas eu l'argent nécessaire pour payer les frais d'un enterrement. Ils ont fait transporter à Notre-Dame le corps de leur mère. Le cercueil allait être ensuite conduit à la fosse commune du cimetière de Saint-Ouen, lorsque le directeur de l'hôpital Beaujon et M. Beurdeley intervinrent.

Le Conseil municipal sera appelé à lui accorder une concession au Père-Lachaise.

La situation des enfants de Mme Julian est terrible, la pension des deux cadets n'étant plus payée et l'aînée, Melle Jeanne Julian, étant sans ressources. Pour comble de malheur, la tante de la jeune fille, accourue à la nouvelle de la catastrophe, est tombée malade dans le petit appartement de l'avenue Mac-Mahon.

Fort heureusement, la charité publique s'est émue; des sommes importantes ont été réalisées qui seront mises à la disposition de la famille Julian et de la mère du pauvre petit David.

LES FAMILLES EN DEUIL

Nous avons fait une enquête pour énumérer les familles que mettent en deuil les 117 victimes du bazar de la Charité.

La liste en est considérable.

La mort de la marquise de Bouthillier-Chavigny, née de Villiers de La Noüe, met en deuil : Les familles de Bouthillier-Chavigny, de Villiers de La Noüe, de La Rochelambert-Monfort, de Mac-Mahon, de Sars-le-Comte.

La mort de Mlles d'Hinnisdal met en deuil : Les familles de Lévis, d'Avaray, de Béthune-Sully, de Goulaine.

La mort de la vicomtesse de Saint-Périer, met en deuil : Les familles de Saint-Périer, de Kergorlay, de Rancougne, de Pontevès, de Saint-Léon, de Lucinge-Faucigny, de Vibraye, de Chevigné, de la Bassetière, de Montesquieu, de Sarret, de Sarcus, de Solages.

La mort de la vicomtesse de Malézieu met en deuil : Les familles de la Tournerie, de Saintignon, de Ségur, d'Aguesseau.

La mort de Mme de Carbonnel de Montgival met en deuil : Les familles Daireaux, de La Bonninière de Beaumont, Le Corroller de La Vieuxville.

La mort de Mlle de Mandat-Grancey met en deuil : Les familles de Boigne, de Florans, de Laubespin, de Bouillé, de Grancey, de Brissac.

La mort de Mlle de Comeau met en deuil : Les familles de Le Cesne, de Torcy, Abord, de Frémont, Le Couteulx, de Jubainville, de Pinterville de Cernon.

La mort de Mme Lenormand met en deuil : Les familles Frémyn, Dumesnil, Dupont, Chatelin, Pinochet, du Pontavice de Heussey, Chevallier.

La mort de la vicomtesse Fernand de Bonneval met en deuil : Les familles de Bonneval, de Nicolay, de Clermont-Tonnerre, du Quesne, de Meyronnet, de La Panouse, de Gontaud-Biron.

La mort de Mme la générale de Chevals, née Beucher de Saint-Ange, et de la comtesse Beucher de Saint-Ange, met en deuil : Les familles Ackermann, Luys, Lantanié.

La mort de Mlles Marie-Louise et Yvonne de Chevilly met en deuil : Les familles de Waru, des Réaulx, de Felcourt, de Beauvoir, de Bouthillier-Chavigny, Nivière.

La mort de Mme Vimont, née Fortin, met en deuil : Les familles Vimont, Bernonville.

La mort de Mme Alfred Gohin, née Deschamps, met en deuil : Les familles Gohin, Deschamps, Collin, Delacour.

La mort de Mme Lourmand met en deuil : Les familles J.-M. de Heredia, Mirieu de Lobarre, Vercken, Despaigne, de Régnier.

La mort de la comtesse d'Isoard-Vauvenargues met en deuil

Les familles d'Yrenne de Lananne, d'Isoard-Vauvenargues, de Chabot, de Cardaillac, de Saint-Paul, de Rougé, Costa de Beauregard.

La mort de Mlle Cosseron de Villenoisy met en deuil : Les familles du général Cosseron de Villenoisy, François, Ebles et Charles Cosseron de Villenoisy.

La mort de Mme Etienne Moreau-Nélaton, née Braun, met en deuil : Les familles Moreau-Nélaton, Braun et Varin.

La mort de Mme de La Briffe, née Huzar, met en deuil : Les familles de La Briffe, Hnzar, Perquer, Ancel, Mazurier, Grenier-Dalbine, de Lestanville, de Saint-Senoch, Desgenetais, Goupy.

La mort de la vicomtesse de Beauchamp, née Turquet de La Boisserie, met en deuil : Les familles de Beauchamp, Turquet de La Boisserie, de Lanet.

La mort de Mme Laneyrie, née Glandaz, met en deuil : Les familles Laneyrie, Glandaz, Tugot, Laneyrie-Desvignes.

La mort de Mme Joseph de Carayon-Latour, née de Lassus, met en deuil : Les familles de Lassus, de Charencey, de Bony, de Carayon-Latour de Barbot.

La mort de Mme Abel Brasier de Thuy, née Lejeune, met en deuil : Les familles Brasier de Thuy, de Bure, de Juigné, Becquerel, de Cornulier-Lucinière, Mabit.

La mort de Mme Albert Vatimesnil, née Maison, met en deuil : Les familles de Mackau, de Quinsonas, de Vatimesnil, de Lestrade, d'Astorg, du Quesne.

La mort de la comtesse d'Hunolstein, née de Crussol d'Uzès, met en deuil : Les familles de Mortemart, d'Hunolstein, de Beauffort, de Bouillé, de Marcieu, d'Uzès, de Luynes, de Brissac, de Galard.

La mort de la comtesse de La Blotterie, née de Rilly, met en deuil : Les familles de Rasilly, de Rilly-d'Oysonville, de Rilly.

La mort de la baronne douairière Amé de Saint-Didier met en deuil : Les familles de Luynes, des Hières, de Beaurain, de Saint-Didier, Le Glay.

La mort de la baronne Amé de Saint-Didier, née Donon, met en deuil : Les familles Donon, de Kergorlay, Staub, de Bonnemains, Duval de Fraville.

La mort de Mme Alfred Carteron, née Guyard-Delalain, et de Mlle Jeanne, sa fille, met en deuil : Les familles Carteron d'Aërzen, Guyard-Delalain.

La mort de Mme Louis Borne, née Gillet, met en deuil : Les familles Borne, Gillet, Foy, Corte, Pinta, Chaise, Leclerc, Fraumont, Leloir, Popelin, Roux, Martin et Chagot.

La mort de Mme Louise Kann, née Stiebel, met en deuil : Les familles Kann, Stiebel, Sichel, Berend. Elle était la cousine du lord-maire de Londres.

La mort de Mme Léopold Germain, née Desmazières, met en deuil : Les familles Germain, Millois-Desmazières, Plisson, Rouget, Millois, Davrillé des Essards, Lavigne, Grenier, Berteaux, Neumann, Aubry, Bucquet, Galpin.

La mort de Mlle Elodie van Bierveliet, met en deuil : Les familles van Bierveliet, Vandamme, Vanpctechem, Raynal, Conréyeur.

La mort de Mme Charles Monti, née Saintin, met en deuil : Les familles Monti, Saintin, Goumel, Guyot, Riquet.

La mort de Mme Achille Chouipe, née Grossier, met en deuil : Les familles Chouipe, Goumas, Nansot, Rémy, Jeannot, Picard.

La mort de Mlle Marie-Thérèse Simon, met en deuil : Les familles Léon Simon, Valdès y Martinez, de Boisseuil-Baron, Boyer.

La mort de Mme de Florès, née Corradi y Anduaga, met en deuil : Les familles de Florès, Corradi de Joute, de Avizcun, Segovia.

La mort de Mme Auguste de Suze, née Senez, met en deuil : Les familles de Suze, de Butel, de Falvelly.

La mort de Mme de Gaston de Clermont, née Gros, met en deuil : Les familles de Clermont, Gros-Hartmann, Gros, Peltzer de Clermont.

La mort de Mme Nicolas Schlumberger, née Hartmann, met en deuil : Les familles Schlumberger, Hartmann, Marcuard, de Maupeou, Gaston de Clermont.

La mort de Mme de Gossellin, née Panon-Desbassyns de Richemont, et de la comtesse de Mimerel, sa fille, met en deuil : Les amilles de Gossellin, Mimerel, de Richemont, Delemer.

La mort de Mme Pierre, née Michel, met en deuil : Les familles Pierre, Michel, Riotte, Bouilly, Thomassin, Félix.

La mort de la comtesse de Horn, née de Habert, met en deuil : Les familles de Horn, de Linsingen, de Salignac-Fénelon.

La mort de Mme Roland-Gosselin, née Hoskier, met en deuil : Les familles Roland-Gosselin, Hoskier, Dutez-Harispe, Rochereau, Vatin, Rodriguez-Henriquez.

La mort de Mme Hoskier, met en deuil : Les familles Hoskier, Roland-Gosselin, Appert.

La mort de sœur Marie Ginoux de Fermon, de la congrégation de Saint-Vincent de Paul, met en deuil : Les familles Ginoux de Fermon, Maunoury de Croisilles, Lehon, Guérard.

La mort de Mme Th. Porgès, née de Weissweiller, met en deuil : Les familles Porgès, Weissweiller, Schnapper, Henri de Rothschild, Sulzbach.

La mort de la baronne Caruel de Saint-Martin, met en deuil : Les familles de Saint-Marsault, de Partz.

La mort de la comtesse A. de Moustier, née d'Avaray, met en deuil : Les familles de Moustier, d'Avaray, de La Mothe-Houdancourt, Legrand, de Curel, de La Rochethulon, de Cossé-Brissac.

La mort de la comtesse Sabine de Vallin, née de Virieu, met en deuil : Les familles de Vallin, de Virieu, de Lastic, de Quinsonas, de Durfort.

La mort de M. Potdvin et de Mlle Christiane-Elise Meilhac, met en deuil : Les familles Potdvin, Meilhac, Bezier, Christian...

La mort de Mme Hauducœur, née Fortin, et de Mlle Madeleine, sa fille, met en deuil : Les familles Hauducœur, Fortin, du Pinet-du Bouchet, Donon, Lenoir, Garnier, Damiens-Fortin, Paris, Leroux, Ducruix, Girard, Hamel, Bonnaire.

La mort de Mme veuve Lanier, née Madelain, met en deuil : Les familles Lanier, Plançon, Lainé, Manivet, Alix, Lavigne, Brare, Tinel, Robert, Flicoteaux, Burdin.

La mort de Mme Frédéric Dillaye, née Carrière, met en deuil : Les familles Dillaye, Carrière, Percheron, Cuvillier, Thirion, Dubeau, Rimailho, Graillot, Ruelle, Denis du Désert, etc.

La mort de Mme Alphonse Gosse et de Mlles Gosse, ses filles,

met en deuil : Les familles Gosses, Malgrange, Galtier, Dagneau, de Torsay, Sortais, Simonet de Maisonneuve, Morot,
Ducoing, Minoret, Gosselin, Dewailly, Levainville et Rambaud.

La mort de Mme veuve Valentin, née Perretti, met en deuil :
Les familles Perretti, Valentin, Bertran, Torri, Bozzi, Desprès,
Germon, Fabre Adorna, Lebon, Thouzé, Chandelier, Bellanger,
Boudes.

La mort de Mme veuve Eugène Legrand, née Hubert, met en
deuil : Les familles Legrand, Dormeuil, Besnard, Legrand,
Vialay, Fournier, Pigeon, Maglin.

La mort de Mme Adolphe Moreau, née Nélaton, met en deuil :
Les familles Moreau-Nélaton, Revenaz, Vergé, Héluis.

V

LES SAUVETEURS

Nous avons dit combien de dévouements se sont produits dans cette terrible catastrophe.

Voici la liste complète des récompenses décernées à ces courageux citoyens :

CROIX DE CHEVALIER DE LA LÉGION D'HONNEUR

M. George (Jean-Baptiste-Eugène), 37 ans, cocher.

MÉDAILLES D'OR DE 1re CLASSE

MM. Piquet (Ange-Marie), ouvrier plombier (graves brûlures).
Gommery (Jules), 44 ans, chef de cuisine.
Vauthier (Edouard), 19 ans, aide cuisinier.
Mme Roche-Sautier.
MM. Deligeart, valet de pied.
Berteaux (Léon), directeur de l'imprimerie de la *Croix*.
Glad (Charles), ouvrier imprimeur (blessé).
Bauduin (Alfred), ouvrier imprimeur (blessé).
Dhuys (Gustave), vidangeur.
George (Jean-Baptiste-Eugène), 37 ans, cocher de remise (blessé).
Édouard Trosh, palefrenier.
Pierre Weber, professeur de gymnastique.

MÉDAILLES D'OR DE 2e CLASSE

Mme Jules Porgès.
MM. Fernand Michaux.
Mme Mattern, née Marie-Marguerite Antoine, lingère.
Mme Surreault, née Victorine-Adrienne Damoy, propriétaire.
Mlle Jeunehomme.

Jean-Jacques Serres, ouvrier doreur.
Georges Pilaclet, ouvrier doreur.
Léon Togni, peintre en bâtiments.

MÉDAILLES D'ARGENT DE 1re CLASSE

MM. Desjardins (Léon-Henri), garçon couvreur.
Wagner (Charles), maître d'hôtel (blessé).
Neidt (Edouard), 42 ans, plongeur.
Laborie (Pierre), 49 ans, plongeur.
Mme Bouton (a coupé des cheveux enflammés avec des ciseaux).
MM. Melles (Joseph), fumiste.
Rogis (Lambert), chauffeur.
Pelissier, concierge.
Chevallier, employé aux écuries Rothschild.
Despréaux de Saint-Sauveur, cocher de la voiture 9309.
Dayot (Armand), homme de lettres, inspecteur des Beaux-Arts.
Picot-Guéraud, représentant de commerce (Asnières).
Mme Anne Genest, en religion sœur Saint-Joseph-Marie.
MM. Louis-Ernest Humblot, valet de chambre.
Maurice-Eugène Troillet, cocher, demeurant à Neuilly-sur-Seine.
Alcide Riboulleau, garçon de bureau à la présidence de la Chambre.
Émile-Eugène Ponsard.
Louis Pierron, employé.
Daniel-Edouard Currit, domestique.
Paul-Louis Gastinne, armurier.
François-Jacques Jezequal, gardien de square.
Mme veuve Anaïs Dheurs, née Charal.
Mme Payen, née Alice-Marguerite Boucher-Cadart.
MM. Farjas de Lamothe, interne des Ambulances urbaines.
Legras, chef de station aux Ambulances urbaines.
Jean-Claude Vouillon, domestique.
Eugène-Louis Blandin, domestique.

MÉDAILLES D'ARGENT DE 2e CLASSE

MM. Dereins (Adrien), imprimeur.
Sturdois (Ernest).
Grunwald (Henri), sommelier.
Gaugnard, directeur des écuries Rothschild.
Perier (Louis), piqueur de la maison Filon.
Mme Maria Thurin, de la Congrégation du Perpétuel-Secours.
Eugène Thoury sellier.
Pierre Dautier, concierge.
Edmond-Edouard Cauzard, valet de pied.
Charles Ducrabon, ouvrier ébéniste.
Léopold-Arsène Warnaud.

Hippolyte Garnier, concierge.
Jules Roussel, secrétaire au musée du Trocadéro.
Jean Martin.
Paul-Victor Verge, cocher.
Léon-Jean André, valet de pied.
Sabatier, publiciste.
Frédéric-Pierre Mézière.
Pierre-François Huet, cocher, demeurant à Vitry-sur-Seine.
Philippe Sanson, ouvrier menuisier.
Jean-Pierre Rossen, cantonnier de la ville de Paris.
Théophile Wessier, tapissier.
Kuhn, employé de commerce.
Jules-Marie Cucille, cocher.
Jules Leyzieu, marchand boucher.
Jean Orset, garçon fruitier.
Charles Berguer, valet de pied.
Laurent Boulle cantonnier de la Ville de Paris.
Marie-Eugène Jeannot, maître d'hôtel.
Jean-Justin Cluny, ouvrier maréchal-ferrand.
Paul-Ulysse Marais, domestique.
Edouard-Alexandre Verrier, garçon de laboratoire.
Pierre Serre, porteur aux Halles.
Marie-Léon Comte, directeur d'école communale.
Fernand-Charles de Mély, propriétaire.
Henri Tollin-Rivarol, rentier.
Fortuné Vast, cocher.
Georges Monéger, journalier.
Gaston-Léon Saintier, valet de chambre.
Jacques-Xavier Priscal, gardien de square.
Georges-Vincent Wendeling.
Pouzalque, désinfecteur aux Ambulances urbaines.
Royer, cocher aux Ambulances municipales.
Roussel, interne au service médical de l'Exposition.
Selle, Socquet, Vibert, docteurs-médecins.
Desjardins, Rondeau, Mortagne, Véron, internes à l'hôpital Beaujon.

MENTIONS HONORABLES

MM. Blot.
Choquier (Auguste), ouvrier imprimeur.
Aerts (Albert), ouvrier imprimeur.
Weidert (Pierre), ouvrier imprimeur, à Puteaux.
Boulangé (Emile), ouvrier imprimeur.
Cauvet (Eugène), valet de chambre.
Manery (Jean), valet de chambre.
Pothier-Joigny, 19 ans, garçon de salle.

Cayla (Auguste), cantonnier.
Rateau (Henry), cuisinier.
Clément (François).
Juraime, directeur de l'hôpital Beaujon.
Irénée Goudel, pharmacien.
Emmanuel Bloch, cocher.
Louis Bastien, concierge.
Georges-Edouard Morel, architecte.
François-Félix Sautoire, ouvrier gazier.
Léon-Auguste Jardin, concierge au palais de l'Industrie...
Léon Bonnie, sommelier.
Gédéon-Elie Briatte, maître d'hôtel.
Gustave Betin, cocher de remise.
Charles Defontaine, valet de chambre.
Hubert Fourez, gardien surveillant du bazar de la Charité.
Alexis Lagrée, valet de chambre.
Firmin Giacometti, garçon de magasin.
Marie Bricourt, maître d'hôtel.
Louis Guyard, cuisinier.
P. R. Emile-Joseph Jacquot, des P. Augustins de l'Assomption.
Elie François, maître d'hôtel.
Louis Regnier, marchand de programmes.
Charles-Emile Garnier, secrétaire du bazar de la Charité.
Michel Thiry, palefrenier.
Jules Lecomte, Léon-Jules Tillien, Germain-Joseph Bastien, palefreniers.
Albert-Emile Jolly, confiseur.
Achille-Charles Collet, valet de chambre.
Etienne Lefèvre, valet de chambre.
Nicolas Gauthier, ouvrier plombier.
Alexandre Guillard, garçon de magasin.
Charles Frotier, menuisier.
Paul Raymond, cocher.
Henri Colas et Paul Muret, palefreniers.
Jean Lascarel, facteur des postes.
Emile-Félix Boulé et Albert-Victor Benoist, ouvriers plombiers.
Mme Cougnard, née Emilie-Marie Walter.
M. Léon-Pierre Brichet, marin chauffeur-mécanicien.
Mlle Louise Wion, modiste.
Claude Balleriand, concierge.
Marie-Michel Mayer, masseur.
Victor-Claude Jublier, cantonnier de la ville.
Jules-Victor Vandenkoornhuyse.
Louis-Henri Vincent, journalier.
Louis-Cyprien Courdourie, représentant de commerce.
Gustave Lingot, ouvrier maréchal-ferrant.

François-Joseph Lager, ouvrier maréchal-ferrant.
Louis Champarnaud, facteur des postes.
Marie-Auguste Varoqui, cocher.
François-Albert Corbet, marchand de vins.
Georges Legeron, palefrenier.
Louis Drussant.
Antoine Guilloteau, valet de chambre.
R. P. Bailly de Saincy, supérieur des P. Augustins de l'Assomption.
Jean-Marie Cochet, cocher.
Pierre Poclaert, palefrenier.
Amédée Jozroland, valet de chambre
Antoine Champagnac, porteur aux Halles
Léon Goujon.
Broca, pharmacien.
Le Brun, interne des Ambulances urbaines.
Barel, secouriste.
Moinet, étudiant.
Mme Debbès, née Laure Duriel.
Mme Clarisse Alibert.
MM. Gasselin, Declaux, Terniet, Turner, Bise, externes à l'hôpital Beaujon.
Lepagny, infirmier à l'hôpital Beaujon.
Mallet, commis-rédacteur à l'hôpital Beaujon.
Édouard Plé, cocher.
Le docteur Ménard, médecin.
Bouzanguer, externe des hôpitaux.
Prosper Lallement.

Les récompenses suivantes ont été accordées aux fonctionnaires et agents de la Préfecture de police :

MÉDAILLE D'OR DE 1re CLASSE

MM. Michaut (Hippolyte-Paul), gardien de la paix du 8e arrondissement (blessé).
Aubry (Louis), gardien de la paix du 8e arrondissement (blessé).
Henno (Auguste), sous-brigadier des gardiens de la paix du 16e arrondissement (blessé).
Guérin (Ferdinand), gardien de la paix du 8e arrondissement (blessé).

MÉDAILLES D'OR DE 2e CLASSE

MM. Prélat, commissaire de police du quartier des Champs-Élysées.
Noriot, commissaire divisionnaire.
Natras (Paul-Auguste), gardien de la paix du 8e arrondissement.

MÉDAILLES D'ARGENT DE 1re CLASSE

MM. Murat, officier de paix du 8e arrondissement.
Descaves, officier de paix du 10e arrondissement.

Olive (Charles), gardien de la paix du 8ᵉ arrondissement.
Jean-(Hippolyte), gardien de la paix du 8ᵉ arrondissement.
Thirion, Paris, Bayle, Poirat, gardiens de la paix.

MÉDAILLES D'ARGENT DE 2ᵉ CLASSE

MM. Le Montagner, sous-brigadier au 8ᵉ arrondissement.
Martin (Eugène), sous-brigadier au 8ᵉ arrondissement.
Biard, gardien de la paix au 8ᵉ arrondissement.
Viel, gardien de la paix au 8ᵉ arrondissement.
Huet, secrétaire du commissariat de police du quartier des Champs-Élysées.
Filipini, inspecteur attaché au commissariat des Champs-Élysées.
Bastien, inspecteur attaché au commissariat des Champs-Élysées.
Bellot, inspecteur principal des gardiens de la paix du 16ᵉ arrondissement.
Durand, brigadier de gardiens de la paix du 16ᵉ arrondissement.

MENTIONS HONORABLES

MM. Lapoire, Loirzon, Pauly, Grandmattet, Servant, Hue, gardiens de la paix du 8ᵉ arrondissement.
Couvet, sous-brigadier des gardiens de la paix au 16ᵉ arrondissement; Martin, gardien de la paix au 7ᵉ arrondissement.
Bock-Loulaygue, sous-brigadier au 7ᵉ arrondissement.

Enfin, des récompenses sont décernées aux officiers de pompiers et aux sapeurs-pompiers dont les noms suivent :

MÉDAILLES EN ARGENT DE 1ʳᵉ CLASSE

MM. Mathis (Guillaume), capitaine au régiment des sapeurs-pompiers.
Cordier (Charles-Léon), capitaine des sapeurs-pompiers.
Serand (Joseph-Narcisse), capitaine des sapeurs-pompiers.
Mandereau (Alexandre), adjudant des sapeurs-pompiers.
Bouvet (Louis), sergent des sapeurs-pompiers.

MÉDAILLES EN ARGENT DE 2ᵉ CLASSE

MM. Macquet (Charles), caporal.
Lemaire (Arthur), sergent.
Désiré (Onésiphore), caporal.

MENTIONS HONORABLES

MM. Macq (Joseph), sapeur de 1ʳᵉ classe,
Gaillot (Claude), sapeur de 2ᵉ classe.
Caute (Jean), sapeur de 2ᵉ classe.
Foucher (Jules), sapeur de 2ᵉ classe.

LES SAUVETEURS AU « FIGARO »

M. Pilachot.

Polissier.

M. Corbet.

Le cocher George.

M. Inspiraux de Saint-Sauveur.

M. Joseph Mell.

M. Serre.

M. Monégur.

Photograph. A. Gallust. HORAL...

Des récompenses ont été accordées aux militaires dont les noms suivent :

MÉDAILLE D'OR DE 1ʳᵉ CLASSE

M. Jacquin, lieutenant au 102ᵉ d'infanterie.

MÉDAILLE D'ARGENT DE 1ʳᵉ CLASSE

M. Thierry, adjudant au 28ᵉ d'infanterie.

MÉDAILLES D'ARGENT DE 2ᵉ CLASSE

MM. Jourdain, sergent au 28ᵉ d'infanterie.
Pottevin, caporal au 28ᵉ d'infanterie.
Massé, caporal au 28ᵉ d'infanterie.
Marette, caporal au 28ᵉ d'infanterie.
Marionnel, soldat au 28ᵉ d'infanterie.
Goupil, soldat au 28ᵉ d'infanterie.

MENTIONS HONORABLES

MM. Giordain, sergent au 28ᵉ d'infanterie.
Bouchasson, sergent au 28ᵉ d'infanterie.
Pauchet, soldat au 28ᵉ d'infanterie.
Bosset, soldat au 28ᵉ d'infanterie.
Helaine, soldat au 28ᵉ d'infanterie.
Lorant, soldat au 28ᵉ d'infanterie.
Doisy, soldat au 28ᵉ d'infanterie.
Niero, soldat au 28ᵉ d'infanterie.
Lachner, soldat au 28ᵉ d'infanterie.

UN BRAVE

Un ouvrier, Jean-Baptiste-Eugène George, cocher de la maison Subiger, demeurant 12, rue Bayard, a sauvé, à lui seul, cinq personnes.

Accouru sur les lieux, dès le début de l'incendie, il s'élance dans le brasier par une brèche et retire successivement cinq personnes grièvement blessées, mais vivantes. Le malheureux, victime de son dévouement, doit à son tour se faire panser, car il a les deux poignets fortement tuméfiés.

En sortant du foyer de l'incendie, Eugène George déposait les blessés au 26 de la rue Jean-Goujon, où se trouvent les écuries du baron de Rothschild, et là, M. Thoury, cocher attaché à la maison, arrosait les victimes à l'aide d'une lance à eau.

M. PIQUET

Ainsi qu'on a pu le voir plus haut, l'une des premières médailles d'or a été accordée à M. Piquet, plombier.

Piquet est un enfant de Paris, né en 1864, dans le quartier de Plaisance où il habite encore. Il travaille depuis un an chez M. Mesureur, rue Bayen.

C'est-là qu'un des rédacteurs du *Petit Parisien* a été interviewer le courageux ouvrier. Comme tous les héros, il est modeste. Et c'est fort simplement qu'il narre ses actes d'héroïsme.

— Ce que j'ai fait est tout simple. Je travaillais, à deux pas de là, à rechercher une fuite dans une conduite de gaz.

Il y avait du monde en péril de mort, je leur ai porté secours ; j'aurais voulu en sauver davantage, mais je me suis trouvé aveuglé à un moment donné. Mes yeux avaient gonflé et c'est à peine si je pouvais les ouvrir.

En somme je ne risquais pas grand'chose, je ne suis pas marié, mais fiancé seulement. Ma mort n'aurait causé de tort matériel à personne, je ne devais pas hésiter à l'affronter.

Photog. Pierre Petit.

Piquet.

Et nous lui demandons :

— Savez-vous quelles sont les personnes que vous avez sauvées ?

— Ma foi ! je serais fort en peine de les reconnaître. Vous comprenez que je ne me suis pas arrêté à les dévisager. J'entrais, j'empoignais quelqu'un que je transportais dans la rue, puis je recommençais. J'ai continué ainsi jusqu'au moment où je me

suis senti à bout de forces. Cependant, je crois pouvoir affirmer que les victimes que j'ai arrachées à l'incendie sont toutes des femmes âgées.

Il en est une que j'ai remarquée plus que les autres. En voulant étouffer les flammes qui dévoraient sa chevelure, celle-ci, qui était fausse, m'est restée dans la main. Cette dame avait en outre une blessure au sommet du front à gauche, du sang s'échappait en abondance ; ma main droite en était pleine.

Il est probable qu'aucune de ces dames ne me reconnaîtrait pas davantage. Toutes étaient affolées ou évanouies.

Et, ajoute le sauveteur, en regardant le ruban tricolore qui orne sa boutonnière, j'avoue que je suis heureux d'avoir ça. Une médaille d'or fait toujours plaisir, surtout lorsqu'on l'a gagnée, car je crois l'avoir gagnée. J'en suis surtout heureux pour mes parents à qui je vais envoyer ma photographie. Ils seront fiers de voir que je suis décoré.

— N'avez-vous pas été blessé ? lui demandons-nous encore.

— Bast ! pas grand'chose ! La chaleur, ça me connaît ; j'ai servi dans la flotte comme ouvrier mécanicien et j'ai l'habitude de m'approcher du feu.

Tout ce que je désire maintenant, ajoute-t-il au moment où nous prenons congé de lui, c'est de continuer à travailler tranquillement et qu'on ne s'occupe pas trop de moi.

M. LÉON DESJARDINS.

Immédiatement à côté du cuisinier Gaumery, il convient de citer la conduite héroïque du garçon couvreur Desjardins. Ce brave homme a sauvé du feu un nombre considérable de femmes et d'enfants, et cela au risque de sa vie. Plus de dix fois il s'est jeté dans la fournaise qui décidément ne voulait pas de lui. La mort a de ces coquetteries

Il ne s'arrêta, désespéré, que lorsque tout fut effondré ; il avait sauvé, au dire des assistants, plus de quarante personnes ; et cela à lui seul.

Ce héros obscur et modeste qui était parti sans dire son nom, et dont on avait seulement le signalement, sa cotte bleue dénonçant sa profession, se nommait Léon Desjardins.

Il a fallu une circonstance toute fortuite pour que le nom de ce brave puisse être connu.

Au lendemain de la catastrophe, surexcité au delà de toute expression, par les scènes épouvantables auquel il avait assisté, il fut pris en pleine rue d'un accès de fièvre cérébrale.

Il parcourait l'avenue de la Tour-Maubourg, ameutant les passants, criant au feu, pleurant, les bras tendus, et faisant le geste de sauver encore des victimes, de lutter contre la foule et le feu. Il voyait des victimes brûler, il les entendait crier, il fallait courir ! Deux agents le prirent doucement par le bras et le conduisirent au poste où on parvint à le calmer.

C'est le docteur Livet, qui avait soigné les victimes que ce brave garçon sortait de la fournaise qui aida à établir son identité et le recommanda à la reconnaissance publique.

On l'interrogea et on apprit son nom.

Léon Desjardins a trente-et-un ans, il habitait en garni, 37, rue Croix-Nivert, il était sans travail au moment de l'incendie. Il passait rue Jean-Goujon, allant désespéré

Photo. Pierre Petit
Desjardins.

vers un chantier où on lui avait dit que peut-être il pourrait être embauché. Il n'avait plus de confiance, las de traîner sa misère.

L'incendie éclata : il avait entendu des cris de femmes et d'enfants et sa rancœur disparaissait ; il s'était jeté au feu pour les sauver et il s'étonnait maintenant qu'on l'arrêtât pour cela, qu'on l'empêchât d'aller en sauver d'autres.

Au reste, voici la déclaration que le docteur Livet a fait à un rédacteur du *Petit Parisien* qui était venu l'interviewer à propos des actes de courage de Desjardins.

« J'ai rarement vu, dit-il, un courage semblable. Cet homme a été véritablement héroïque. A différentes reprises, il est rentré sous le hangar en flammes. Au fur et à mesure il ramenait des blessés, mais lui-même combattait le fléau et procédait à des sauvetages héroïques. Lui aussi avait reçu des blessures sérieuses ; il venait se faire panser, puis revenait dans la fournaise pour arracher à la mort d'autres personnes.

L'INTERNE ROUSSEL

M. Roussel, externe des hôpitaux et interne au poste médical de l'Exposition, non seulement sauva de nombreuses personnes, mais encore se dévoua sans repos, pendant trente-six heures, pour soigner les blessés.

Dès le début de l'incendie, M. Roussel était accouru, avait pénétré dans la fournaise et sauvé une vingtaine de dames ; puis, le bazar effondré, il était revenu prendre sa place au poste médical de l'Exposition, au palais de l'Industrie, pour soigner les blessés.

LE LIEUTENANT JACQUIN

Il importe de citer M. le lieutenant Jacquin, du 102e régiment de ligne, en garnison à Paris, qui s'est empressé, dès qu'il a cru que sa présence sur le lieu du sinistre ne pouvait plus être utile, de rentrer modestement chez lui sans se faire connaître.

Le lieutenant Jacquin s'était rendu, vers quatre heures, rue Jean-Goujon, où ses deux nièces, Mlles Louise Jacquin et Marthe Jacquin, et une amie de sa famille, Mlle Marguerite Jeunhomme, étaient vendeuses au comptoir de Mme de Luppé.

Au moment de la panique, le lieutenant entraîna ses nièces vers la porte et réussit, après de grands efforts, à les faire sortir ; il revint alors dans la salle et arracha à la mort Mlle Jeunhomme et deux dames, qu'il conduisit jusqu'à la fenêtre de l'hôtel du Palais.

Rentrant une troisième fois dans la fournaise, il en retira encore une dame qui, malheureusement, tomba morte près de la porte; puis il se dirigea vers une partie du bazar où il apercevait une quinzaine de personnes qui s'entassaient affolées dans un coin, mais, aveuglé par la fumée, il dut se retirer brûlé à la tête et aux jambes, laissant au milieu du feu, son képi, son sabre, sa pelisse et son porte-monnaie contenant 80 francs.

Voyant dans le terrain vague situé derrière le bazar, une quarantaine de dames, qui cherchaient une issue, il les guida vers la rue Jean-Goujon et les mit à l'abri du danger. Considérant alors sa tâche comme terminée, il rentra chez lui, rue de Bourgogne.

Le lieutenant Jacquin, qui est âgé de trente-deux ans, est engagé volontaire : entré au service le 15 novembre 1882, il est devenu sous-lieutenant le 12 mars 1888 et a été promu lieutenant le 15 avril 1891. Un rapport sur sa belle et héroïque conduite a été demandé par le général Saussier au colonel du 102e.

Que d'actes de dévouement, que d'actes héroïques, que de braves citoyens, sauveteurs improvisés, ont tenté d'arracher des victimes à la mort :

« Mme Bouton, domiciliée 22, rue Jean-Goujon, réussit à s'approcher de la porte de sortie et porter secours à une femme dont les cheveux et les vêtements étaient en flammes.

« Elle coupa les cheveux à l'aide de ciseaux qu'elle avait sur elle et arracha la partie des vêtements que le feu consumait. La victime, grièvement brûlée, a pu regagner en voiture son domicile. »

Il faudrait des centaines et des centaines de pages pour n'oublier personne, pour rendre le juste tribut de louanges qui appartient à chacun des modestes héros qui sacrifièrent leur vie pour sauver leurs semblables.

Hélas ! la place nous est mesurée ! Et nous sommes, bien à regrets, contraints d'omettre bien des noms, bien des actes héroïques. Nous adressons un salut attendri et respectueux à tous ces braves. L'humanité a encore de vaillants serviteurs à son service.

LE BANQUET

Les sauveteurs du bazar de la Charité ont eu jeudi soir 20 mai
les honneurs d'une apothéose. Le banquet, organisé par notre
confrère M. André Vervoort, directeur du *Jour*, a été, en effet,
une émouvante manifestation.

Six cents convives environ se trouvaient réunis dans la salle
du gymnase de la rue Huygens.

Les braves gens qui firent si vaillamment leur devoir, le 4 mai
dernier, étaient à peu près tous là, timides, un peu gauches,
assis à la table d'honneur, parmi des tas de députés, de sénateurs, de conseillers municipaux. Il y avait là Piquet, Gaston
Dhuys, Gomery, George, tout le personnel de l'hôtel du Palais.
Les uns portaient à la boutonnière le ruban tricolore; les autres
n'avaient pas osé l'arborer, se réservant de le faire après la visite
d'aujourd'hui à M. le ministre de l'Intérieur.

Beaucoup de femmes — quelques-unes très jolies — avaient
pris place aux tables du banquet; aux deux extrémités de la
salle, des musiques militaires, tour à tour, jouent, à pleins
cuivres, des airs patriotiques et entraînants.

Au dessert les discours ont commencé : à minuit ils duraient
encore. Après avoir donné lecture de nombreuses lettres d'ex-
cuses, M. André Vervoort a salué en quelques mots, très heureux, les héros de la sinistre journée. Puis M. Ranson, représentant du quartier; M. Puech, au nom du Conseil municipal;
M. Dubois, président du Conseil général; MM. Baduel, Desmons,
sénateur; Julien Dumas, député; M. Auffray, au nom du bazar
de la Charité; MM. Jacques et Breuillé, ont porté des toasts très
éloquents. Le chansonnier-député, M. Maurice Boukay, a tonné
un sonnet. Et d'autres ont suivi, qui tous ont dit des choses très
justes.

AU MINISTÈRE DE L'INTÉRIEUR

Après le banquet libre, les sauveteurs ont eu leur journée officielle. Une réception solennelle leur avait été préparée dans les
salons de la place Beauvau par M. Barthou, ministre de l'Intérieur, qui avait tenu à remettre lui-même, à ces braves gens, les
récompenses qu'ils ont si vaillamment méritées.

Photogr. A. Brichaut

CADRE DE LA FENÊTRE DE L'HÔTEL DU PALAIS PAR LAQUELLE
A ÉTÉ OPÉRÉ LE SAUVETAGE.

8

La réception était fixée pour deux heures : mais, dès une heure et demie, la cour de la place Beauvau s'animait, et les sauveteurs, hommes et femmes, arrivaient par groupes, escortés par leurs parents, par leurs amis, qui tenaient à être témoins de leur triomphe. Tout ce monde endimanché, tous ces visages réjouis, un peu émotionnés, donnaient assez l'impression d'une distribution de prix. Le palmarès y était, avec tous les noms des lauréats ; les discours, les accolades n'ont pas manqué. Seule, la musique faisait défaut, et encore c'est par suite d'un malentendu, car on comptait sur une fanfare qui a dû, probablement, s'égarer en route.

A deux heures, le grand salon du rez-de-chaussée était bondé, et il présentait le plus curieux aspect, dans la confusion tout à fait pittoresque des toilettes de femme, des bourgerons d'ouvrier, des uniformes de sergent de ville, des cornettes de religieuse. Car il y a eu de tout parmi les sauveteurs, comme, hélas ! aussi parmi les victimes.

Dans le salon adjacent, qui est, s'il vous plaît, le salon réservé aux réunions du Conseil des ministres, on avait rangé en bon ordre deux au trois cents petits tubes en maroquin noir, pareils à des étuis à musique, et qui contenaient, pour chaque sauveteur, une médaille et un diplôme. La médaille est la médaille ordinaire de sauvetage, en or ou en argent, avec le ruban tricolore ; le diplôme est ainsi libellé :

RÉPUBLIQUE FRANÇAISE

RÉCOMPENSE POUR BELLE ACTION
MÉDAILLE D'HONNEUR

Au nom du Président de la République,
Le ministre secrétaire d'Etat au département de l'Intérieur a décerné une médaille d'honneur en   de   classe au nommé
qui a fait preuve du plus grand courage et d'un dévouement exceptionnel lors de la catastrophe de la rue Jean-Goujon, le 4 mai 1897.
Le nommé   est autorisé à porter cette médaille suspendue à la boutonnière par un ruban tricolore également divisé. Ce diplôme lui a été délivré afin de perpétuer dans sa famille et au milieu de ses concitoyens le souvenir de son honorable et courageuse conduite.
Le Ministre de l'Intérieur, Louis BARTHOU.

Au coup de deux heures, avec une ponctualité exemplaire, M. Barthou fait son entrée, entouré de tout le haut état-major administratif que le ministre a expressément convoqué pour donner plus d'écla à la cérémonie.

Dans la salle attenante, un grand nombre de députés et de journalistes avaient pris place, s'encadrant aux fenêtres, et formant un très pittoresque tableau qui pourrait bien figurer à quelque prochain Salon, car assistait également à cette séance le peintre Dabadie qui semblait tenté par ce spectacle tout à fait digne de son talent si original et si vivant.

Le ministre s'avance de quelques pas, tous les sauveteurs se lèvent, un grand silence se fait, et, d'une voix bien timbrée, avec une pointe d'émotion communicative, M. Barthou prononce l'allocution suivante :

Mesdames, Messieurs,

J'ai revendiqué auprès de M. le préfet de police l'honneur de me substituer à lui, aujourd'hui, pour vous recevoir et vous décerner les diverses distinctions dont votre belle conduite vous a rendus dignes.

Ces récompenses ne peuvent rien ajouter à la satisfaction que vous portez en vous-mêmes du devoir accompli. Mais elles en perpétueront pour vous et pour les vôtres l'inoubliable souvenir.

Elles attesteront aussi que le gouvernement de la République, interprète fidèle des sentiments de la population de Paris et de la France entière, a voulu reconnaître les actes de courage, de dévouement et de sang-froid qui marqueront une date mémorable dans l'histoire de notre pays.

J'ai déjà dit qu'ils étaient apparus comme une première consolation dès le premier jour de la catastrophe, et comme la plus éclatante manifestation de cette solidarité sociale dont les progrès mesurent les progrès mêmes de la civilisation dans le monde.

A ce titre vous avez tous, sans distinction de situation, hommes et femmes, riches et pauvres, accompli le même devoir, et vous avez droit à la même reconnaissance. Aucune réunion ne peut mieux que celle-ci démontrer, à travers les divisions des partis, l'unité morale de la nation française, son ardeur au bien, son désintéressement et sa grandeur.

Ce sera pour moi un durable honneur d'avoir pu vous remercier et vous féliciter en son nom.

Une salve d'applaudissements des plus bruyantes accueille ces éloquentes paroles ; les braves sauveteurs ont de rudes battoirs, et une fois encore ils ont prouvé qu'ils savaient se servir de leurs mains.

Mais la salle s'échauffe de plus en plus, et l'enthousiasme redouble lorsque, après une pause de quelques secondes, M. Barthou prononce cet autre speech :

Avant de remettre les médailles que le gouvernement de la République a décernées à ceux qui se sont signalés par des actes de dévouement les plus remarquables, j'ai la satisfaction de pouvoir dire que le gouvernement de la République, parmi ces actes de dévouement, s'est fait honneur de reconnaître des actes plus particulièrement héroïques, en la personne de l'un de ceux qui les ont accomplis.

Je suis personnellement heureux de pouvoir attacher la croix des braves sur la poitrine d'un enfant du peuple. Je prie le cocher Georges de vouloir bien s'avancer.

« Au nom du Président de la République, j'ai l'honneur de vous faire chevalier de la Légion d'honneur. »

Photogr. Benque.

Le cocher Georges.

Des applaudissements frénétiques éclatent de toutes parts ; les cris de : « Vive Georges ! Vive le ministre ! Vive Barthou ! » poussés par des voix de stentor, emplissent la salle, et l'on voit s'avancer, porté en quelque sorte par ses camarades, un brave garçon à la physionomie éveillée, émue et ahurie à la fois, à qui le ministre accroche la belle croix d'honneur toute neuve dont le ruban rouge tranche magnifiquement sur le complet couleur chamois que le bon cocher a arboré pour la circonstance.

De nouveau retentissent les cris de : « Vive Georges ! » et l'enthousiasme devient du délire, lorsque M. Barthou embrasse sur les deux joues l'excellent homme, qui tombe ensuite dans les bras de M. Sainsère, puis de M. Léon Barthou, embrassant tous les gens qu'il rencontre sur son passage. La cérémonie était finie depuis longtemps que, dans la rue, le brave cocher embrassait encore du monde !

Un des autres clous de la petite fête a été l'allocution du ministre à Mᵐᵉ Roche-Sautier, la patronne de l'hôtel du Palais, en qui M. Barthou a salué toutes les femmes de France, dont cette épouvantable catastrophe a une fois de plus fait ressortir les admirables qualités de cœur, de courage et de dévouement.

Il y avait, d'ailleurs, de fort jolies femmes parmi ces médaillées, mais le ministre ne leur ayant pas donné l'accolade, personne,

Photogr. Bénque.

Dhuy.

naturellement, n'a osé commencer, et il a fallu se remettre à embrasser le cocher qui s'y prêtait avec une bonne grâce inépuisable. C'était plaisir, vraiment, de voir un homme aussi content !

Le défilé continue ensuite au milieu d'une agitation des plus amusantes, chaque nom étant salué des mêmes applaudissements, et tous les lauréats se congratulant entre eux, se montrant leurs diplômes, leurs médailles.

Un petit incident, très gentil, marque l'arrivée d'un des sauveteurs, le palefrenier Trosch :

— Je suis heureux de vous annoncer, lui dit M. Barthou en lui serrant la main, que le ministre des finances vous a réservé une recette buraliste qui vous permettra de vivre aussi honorablement, mais plus à l'aise que par le passé.

On fait observer tout bas à M. Barthou qu'il y a maldonne et que la recette buraliste est pour le cocher Georges.

— Eh bien, fait le ministre avec bonne humeur, je ne m'en dédis pas : Trosch et Georges auront tous les deux leur recette buraliste.

Et les bravos éclatent de toutes parts, tandis que le bon Trosch, un peu interloqué et très entouré, s'informe ingénument, auprès d'un des attachés, de ce qu'est au juste une recette buraliste.

L'appel se poursuit toujours avec le même entrain : on fait un succès aux sauveteurs les plus connus : un ban au personnel de l'hôtel du Palais, un ban à Piquet, un ban à Dhuys, un ban aux sergents de ville, et des salves d'applaudissements chaque fois qu'une femme est appelée.

A mesure qu'ils ont défilé, les sauveteurs se répandent dans la cour où les parents et les amis les félicitent : devant la grille, une foule considérable est massée, attendant la sortie de ces braves gens. Quand le cocher Georges apparaît, escorté des autres sauveteurs, dont aucun ne paraît le jalouser, le factionnaire de la grille lui porte les armes, au milieu de l'émotion générale, et c'est alors, sur la place Beauvau, une véritable ovation.

Le Gouvernement n'a pas voulu chicaner sur les récompenses : il s'est montré très large et a accordé sans compter toutes celles qui lui ont été demandées par la Préfecture. Chez quelques-uns de ces bons sauveteurs, on a probablement récompensé l'intention plutôt que le fait. Il n'importe : si tous n'ont pas été sauveteurs, tous étaient dignes de l'être. J'en causais précisément avec M. Mouquin, l'excellent commissaire divisionnaire, à qui le ministre a rendu un hommage si mérité, et je lui disais :

— Trois cents sauveteurs, c'est peut-être beaucoup, tout de même ?

Et M. Mouquin de me répondre, avec une philosophie pleine d'indulgence et de bonhomie :

— Oui, mais il y avait une telle poussée d'opinion !...

En sortant du ministère de l'Intérieur, le cocher Georges et un certain nombre des sauveteurs les plus marquants sont venus, dans une délicate pensée de gratitude à laquelle nous avons été très sensibles, nous rendre visite au *Figaro*, et nous charger d'être leur interprète auprès des dames qui composent le Comité de patronage de notre magnifique souscription.

Ces braves gens, il n'est pas besoin de le dire, ont reçu chez nous l'accueil le plus empressé, et c'est de très grand cœur que nous avons bu avec eux un verre de champagne. M. Camus, l'excellent photographe du *Figaro*, mandé par un coup de téléphone, est arrivé juste à point pour qu'on puisse conserver un souvenir de cette cordiale visite, et il a fait, avec sa perfection habituelle, un instantané, des plus réussis, de ce groupe que l'on peut appeler sans crainte un groupe sympathique, on le trouvera ci-contre.

VI

LES SAUVÉS

Parmi les personnes qui ont échappé miraculeusement à la terrible catastrophe, citons Mme Jacobs, Mlle de l'Aigle, repartie dans la soirée pour Condé ; la comtesse Greffulhé, née de La Rochefoucauld, qui a eu les cheveux brûlés, Mme Parent, Mme Laniel, celle-ci avec des brûlures nombreuses, Mme Feulard, le baron de Mackau, chez lequel une ambulance a été organisée et qui a à pleurer deux morts dans sa famille.

Photogr. Pierre Petit.
Mme la duchesse d'Uzès, douairière.

Le baron de Mackau, que nous avons vu sur le lieu de la catastrophe, était comme fou. Tête nue, il ne savait quoi répondre à la foule qui l'entourait demandant des nouvelles de l'accident. Se trouvaient autour de lui le marquis de Ganay, le marquis Costa de Beauregard, le duc d'Audiffret-Pasquier, avec son fils, le marquis d'Audiffret-Pasquier, le duc de Luynes, le marquis de Virieu, etc.

LE PERSONNEL DE L'HÔTEL DU PALAIS

Photogr. Brichaut.

Hydt.   Cauvet.   Wagner.   Grunwald.
Ed Vauthier.   Gaumery.   P. Laborie.

Le duc de Luynes, auquel nous demandions des nouvelles de sa belle-mère, la duchesse d'Uzès, nous a dit : « Elle a pu se sauver, mais elle a une joue brûlée. »

Mme Jules Porgès et sa fille, Mme de Sesseval, parmi les acheteuses, ont été fortement contusionnées ; ses deux petites-filles, Mlle de Froissard et Mlle du Parc, ont de nombreuses brûlures que l'on espère peu graves.

Mme Le Glay avec de légères contusions, Mme Billotte et Mme de Baillehache qui vendaient au comptoir de la baronne de Saint-Didier.

M. Henry Blount, atteint par les flammes, a eu les cheveux et le cuir du crâne brûlés. Il est rentré chez ses parents, sir Edward et lady Blount, dans leur hôtel, 59, rue de Courcelles. On se souvient que le fils de M. Henry Blount a épousé dernièrement une fille du marquis et de la marquise de Bassano. M. Blount, rentré chez lui, n'a reçu personne.

La comtesse et Mlle de Riancey, qui vendaient avec Mme la duchesse d'Alençon, ont pu être sauvées. Foulée aux pieds, les vêtements lacérés, la comtesse de Riancey a pu rentrer chez elle avec sa fille, souffrant de contusions sans gravité.

Le duc d'Alençon a été légèrement blessé à la tête ; il a la barbe brûlée.

Il était éloigné de la princesse sa femme au moment où a pris le feu. Toute la soirée, il errait comme un fou, ne sachant où aller pour trouver sa femme qui avait disparu sous les décombres.

Mme Charles Robert, née de France, qui était à un des comptoirs proches de la porte, est tombée quatre fois en se précipitant vers la sortie : elle a été foulée aux pieds par la foule qui se sauvait, mais elle a eu la force de se relever et a pu rentrer indemne chez elle.

La duchesse de La Torre, qu'on disait morte, a eu le bonheur de pouvoir sortir à temps. Elle n'a que quelques brûlures à la figure et aux bras.

Le comptoir de Mlle Péan, auprès de laquelle était sa mère, se trouvait auprès de la porte, ce qui lui a permis de se sauver. Le général Février était à ce comptoir ; au moment où le feu a pris. Et c'est Mlle Péan qui, s'apercevant des flammes qui s'élevaient, entraîna sa mère et le général, lequel a eu cependant quelques brûlures, mais insignifiantes.

Des dames brésiliennes qui se trouvaient au comptoir n° 3, tenu par Mlles C. et H. Hermanos Ramos, sont saines et sauves. Parmi elles : Mmes de Lima, Pereira, da Silva, Jordao, Mlle G. da Cunha ; Mme la comtesse de Carepabus a été légèrement blessée, ainsi que Mlle Carmen Macedo.

La marquise de Saint-Chamans ; Mlle Zurlo, sœur de Mlle de Salverte, qui a eu les cheveux brûlés ; la marquise de Lubersac, la comtesse de Rochefort et sa fille, qui ont failli rester dans les décombres, tant les cadavres s'amoncelaient devant elles ; Mme Georges de Montgermont n'a rien eu : son mari a été légèrement brûlé ; le comte d'Argenson, Mlles de Heredia, Mme Trousseau, l'abbé Marbeau et l'abbé Guyon, de l'église Saint-Honoré d'Eylau.

Le baron de Schickler s'était rendu à la vente, mais il en était sorti dix minutes avant l'incendie.

Les journaux ont annoncé par erreur la mort de Mme la baronne Reille, femme du député du Tarn. Son mari a été blessé à la main et au front, en protégeant la retraite, mais légèrement.

Mlle Reichenberg allait entrer au bazar au moment où les premiers cris : « Au feu ! » se faisaient entendre. Elle a aidé à secourir les personnes qui sortaient de l'édifice.

A quatre heures moins le quart, Mme de Bréqueville-Cellière descendait de son appartement rue de la Chaussée-d'Antin, pour mener à la vente sa petite-fille, Mlle de Beaulieu, et les deux cousins de celle-ci, un petit garçon et une petite fille.

Elle monta dans sa voiture qui, en quelques minutes, la mena rue Jean-Goujon.

— Si j'avais seulement été retardé par le moindre embarras de fiacres, dit le cocher, ma pauvre maîtresse n'aurait rien !...

Elle entre, elle fait quelques pas dans le Bazar de la Charité. Elle est renversée par des gens qui se sauvent. Une toiture enflammée tombe sur elle.

Comment s'est-elle trouvée dégagée? Elle n'en sait rien.

Elle est sortie, tout en feu, criant : « Les enfants ! Les enfants ! »

De l'eau heureusement se trouvait là. On l'en arrose. Ses vêtements sont brûlés. Son corset seul a résisté à l'incendie. Elle crie
toujours : « Les enfants ! Les enfants ! » On la met, toute mouillée, non dans sa voiture, mais dans le premier fiacre venu. Bien
que déjà folle, elle peut donner son adresse.

Elle arrive chez elle, criant toujours :

— Les enfants ! Les enfants !

— Ils sont sauvés ! lui dit-on.

On la porte dans sa chambre où le délire la prend. Elle dit :

— Du feu, du feu partout... Trois cents personnes en flammes
marchent sur les petits. Elles marchent, elles les piétinent, elles
les écrasent. Mes enfants ! Mes enfants ! Où sont-ils ?

— Mais ils sont sauvés ! lui dit-on.

Elle ne veut pas le croire. On court chez les médecins. On n'en
trouve qu'un, le docteur Piogey, de la rue de Châteaudun.

Lui-même était fort inquiet. Sa femme, Mᵐᵉ Émile Piogey,
était également à la vente, mais elle vient de revenir, à peine
contusionnée.

Il est sans inquiétude et peut venir essayer de sauver une des
victimes.

Mᵐᵉ de Bréqueville a les pieds brûlés et tout le bas du corps
marqué de cloques. Il y en a même sous le corset. Ses blessures,
pourtant, ne mettraient pas sa vie en danger si le moral n'était
si atteint.

Elle délire sans cesse, appelant toujours ses enfants.

Ont été sauvés aussi :

Mᵐᵉ J. Récamier, le général de Biré, marquise de Galliffet,
Mᵐᵉ de Nicolay, le baron Oppenheim et sa famille.

Le général Saussier, gouverneur militaire de Paris, qui avait
tenu à porter lui-même son obole à l'œuvre des Dominicains, a
bien failli payer cher sa générosité.

Il se retirait, à cause de la chaleur de la salle, quand l'incendie a éclaté et il n'a eu que le temps de gagner la sortie.

Le feu lui a fait néanmoins quelques brûlures aux pieds et au
bas des jambes. Il fallait, en effet, pour sortir, franchir les débris enflammés de la toiture, tout de suite tombée.

Mme Greffulhe mère a été sauvée par son domestique, qui a eu le courage de l'emporter dans ses bras.

La marquise de l'Aigle, sœur du marquis de Ganay, se trouvait au milieu des cadavres à demi calcinés déjà, attendant la mort et priant pour les siens, quand les pompiers ont réussi à faire une brèche par laquelle Mme de l'Aigle a pu se sauver.

En sa qualité de présidente de l'orphelinat Saint-François-Xavier, Mme Darlu tenait un des comptoirs au fond du bazar, et beaucoup de personnes ont cru qu'elle était morte.

Mme Darlu ne saurait dire exactement comment elle a pu échapper au sinistre. Tout ce qu'elle pourrait dire, c'est qu'elle a mis instinctivement le pied sur une chaise placée au-dessous de cette ouverture. Alors, elle s'est sentie soulevée, puis tirée, et si vigoureusement qu'elle a un bras tout contusionné.

M. François de la Haye, 30, rue de Lubeck, blessures assez graves au cou et à la tempe.

Mme François de La Haye, 30, rue de Lubeck, blessures au bras et à l'épaule.

Mme Laniel, la jeune femme que l'on a rapportée chez elle presque mourante, a eu la région dorsale, une partie des épaules, la chevelure et le cuir chevelu terriblement brûlés. Le visage a été préservé d'une façon presque miraculeuse. Malgré la gravité de ses blessures et l'atrocité de ses tourments, on espère la sauver. Aux dernières nouvelles, son état était considéré comme satisfaisant.

Mme Carmier, qui s'occupe beaucoup d'œuvres charitables, ayant réuni dans un but de bienfaisance un chœur de jeunes femmes et de jeunes filles du monde que dirigeait M. Ciampi, vendait à un comptoir situé près de la porte d'accès. Au moment où la catastrophe se produisit, elle se précipita instinctivement vers la porte comme ses voisines ; mais ayant vu cette porte barrée et se trouvant derrière Mme Robert, née de France, et Mme Germain, elle comprit qu'il était impossible de passer et tourna instinctivement la tête. A ce moment, une personne lui indiqua une issue au fond ; elle l'y suivit et se trouva bientôt derrière le mur qui clôture l'hôtel du Palais, sur lequel s'ouvre le soupirail grillé par lequel ont été sauvées une certaine quan-

tité de personnes. Elle attendit, dans une température de fournaise, que les grilles du soupirail eussent été brisées et, au moment où, saisie par les mains, elle allait passer, elle quatrième,
par ce soupirail, une autre femme, plus vigoureuse qu'elle, la
frappa violemment et la força de lâcher prise en disant : « Chacun pour soi! »

Heureusement, elle put se relever et fut introduite à son tour
dans le sous-sol de l'hôtel du Palais d'où elle gagna la rue. On
s'aperçut alors que ses vêtements brûlaient : on les lui arracha et
elle fut conduite chez le docteur Labadie-Lagrave, son médecin,
qui habite le voisinage. En lui enlevant ses vêtements la
peau tuméfiée y adhérait. Après un pansement, on la transporta
à son domicile. Elle a des brûlures graves dans la région dorsale
et au bras, mais qui ne mettent pas, dit-on, sa vie en danger.

La marquise Maison, la baronne de Laumont et Mme de Grand-
maison, que l'on avait crues mortes, sont sauvées.

Mme la marquise de Maison doit au dévouement de deux religieuses de n'avoir pas été victime des flammes.

La marquise, qui est présidente de l'Œuvre de l'hôpital du
Perpétuel-Secours, quittait, pour la première fois, son appartement du boulevard Haussmann où, depuis six mois, la retenait une assez grave maladie. Bien que très souffrante encore,
elle avait tenu à venir coopérer à l'œuvre de charité. Accompagnée de sa fidèle femme de chambre, Mme Goudeloup, à son
service depuis vingt-cinq ans, elle s'était rendue, dans l'après-
midi, rue Jean-Goujon, où elle avait pris sa place derrière le
comptoir n° 18.

Mme Goudeloup venait de reconduire jusqu'à l'une des portes
de sortie, des amis de la marquise, lorsqu'elle entendit ce cri
sinistre « Le feu! le feu! » Son premier mouvement fut de
rentrer dans le bâtiment déjà embrasé pour aider sa maîtresse à
se sauver, mais la foule qui se précipitait affolée vers les issues
l'en empêcha et elle fut portée dehors, malgré elle.

Fort heureusement pour la marquise, deux Sœurs appartenant
à l'Œuvre de l'hôpital du Perpétuel-Secours avaient vu le danger
que courait leur présidente et, sans s'occuper du péril qui les
menaçait elles-mêmes, elles ne s'occupèrent que du salut de la

marquise. Elles parvinrent après des efforts inouïs, à la conduire jusqu'à une fenêtre par laquelle toutes les trois purent sortir du bâtiment devenu déjà, presque en entier, la proie des flammes.

Pendant que s'accomplissait ce courageux sauvetage, la femme de chambre courait affolée, de tous côtés, en quête de sa maîtresse. Elle finit par la retrouver, rue François Ier, dans une voiture de place où des agents l'avaient transportée.

La marquise était sous le coup d'une violente émotion, mais, par bonheur, elle n'avait que de légères brûlures à la main gauche et au visage.

Ramenée chez elle, Mme Maison a dû s'aliter de nouveau; mais le docteur Gouel, qui lui donne ses soins, estime que les nombreux amis de la marquise n'ont pas lieu de s'inquiéter. Elle est déjà hors de tout danger.

Après le déjeuner, Mme la marquise de Sassenay, accompagnée de sa petite-fille, Mlle de Laumont, s'était fait conduire au Bazar de la Charité où, toutes les deux, prirent possession du buffet. C'était à elles qu'était échu le soin de vendre, au prix le plus élevé possible, les nombreuses consommations de choix étalées sur le comptoir.

Attirés par la bonne grâce de Mme de Sassenay et par le charme juvénile de sa petite-fille, les « clients » affluaient et l'or et les billets de banque s'entassaient dans le tiroir-caisse. Mais voilà que, tout à coup, partent du fond de la vaste salle des appels désespérés. Le feu vient de se déclarer et il a déjà fait des victimes avant qu'on ait même pu se rendre compte de son degré d'intensité.

A la vue du danger qui les menace, la grand'mère ne songe qu'à assurer le salut de sa petite-fille. Elle l'entraîne vers une fenêtre élevée de deux mètres au-dessus du sol.

— Sauve-toi! sauve-toi! crie-t-elle à la jeune fille, moi, je saurai bien sortir d'ici quand je te saurai en sûreté.

Mlle de Laumont résiste. Elle ne veut pas abandonner sa grand'mère : elles se sauveront ensemble ou elles mourront dans les bras l'une de l'autre.

Mais la grand'mère, qui voit le péril grandir de seconde en

seconde, devient plus pressante; elle ne prie plus, elle ordonne.
Mlle de Laumont est forcée d'obéir. Elle se hisse jusqu'à la
fenêtre, gagne le toit d'une maison voisine et, après avoir vingt
fois risqué de se rompre le cou, descend sur l'avenue Montaigne, en s'aidant d'une gouttière.

Dès qu'elle a vu sa petite-fille disparaître par la fenêtre, la
marquise alors songe à elle. Mais les flammes ont fait d'im-
menses progrès; et les portes de dégagement sont obstruées par
la foule affolée. Il ne faut pas songer à sortir par l'une des issues
donnant sur la rue Jean-Goujon. La marquise avise une fenêtre
ouvrant sur un terrain parallèle à la rue. Elle se dirige de ce
côté, mais ceux qui fuient, comme elle, la bousculent, la cul-
butent et la foulent aux pieds. C'en était fait de Mme de Sassenay,
sans le dévouement d'un gardien de la paix qui a réussi, après
des efforts surhumains, à la mettre en lieu sûr.

Mme la marquise de Sassenay et Mlle de Laumont en ont été
heureusement quittes pour de légères brûlures et des contusions
qui ne mettent pas leurs jours en danger.

M. Émile Gaillard, âgé de soixante-seize ans, propriétaire,
boulevard Malesherbes, avait conduit sa femme et ses filles,
Mlle Gaillard et Mme Trubert, rue Jean-Goujon. Redoutant pour
lui la foule, il était resté à les attendre dans la voiture, à la porte.

Tout à coup, il entendit des cris, vit des femmes affolées s'enfuir; il se précipita anxieux hors de la voiture et, à ce moment,
vit sa femme et ses deux filles sortir, au milieu d'une véritable
bousculade.

Les deux sœurs n'avaient aucun mal. Mme Gaillard, qui est
âgée, avait été légèrement brûlée à la figure et blessée à l'épaule,
mais peu grièvement. Mme Émile Gaillard ignore absolument
comment elle est sortie. C'est, dit-elle, une institutrice dont elle
ignore le nom qui l'a prise et poussée dehors.

Mme Eugène Gaillard, belle-fille de M. Émile Gaillard, était
vendeuse au comptoir de la duchesse d'Alençon. Avant de se
rendre rue Jean-Goujon, elle était allée faire une visite à Mme la
comtesse de Biron. Elle fut retenue plus qu'elle ne pensait, et
elle arrivait en toute hâte prendre sa place, lorsqu'elle vit le
bâtiment en feu.

Ont été sauvés également :

Mme la comtesse Gaston de Bonneval, née Coriolis, qu'on a confondue avec sa belle-sœur; Mme la comtesse Fernand de Bonneval ;

Mme Monteil, femme du colonel Monteil :

Mlle de Montalembert, Mlle de la Mairie et Mme la marquise Costa de Beauregard ;

M. et Mme Eugène Chalmel, dont les brûlures ne présentent aucun caractère de gravité, ainsi que leur fille, Mme Benoît, avec des vendeuses du Bazar de la Charité ;

Mme la marquise de Panat ;

M. le prince Albert-Constantin Gicka, qui est sorti du Bazar de la Charité au moment même où éclatait l'incendie ;

Mme George Lord Day, de New-York ;

Mme Coyreau Les Loges, vendeuse au comptoir de la duchesse d'Uzès ;

M. Jules Gastu, avocat ;

Mme la comtesse Fernand de Montebello et ses nièces, Mlle de Candé, sauvées au moment où les flammes les atteignaient dans le terrain vague, derrière le Bazar. Elles ont la figure et les bras fortement brûlés, sans que ces blessures soient le moins du monde graves ;

Mme Colette Dumas, légèrement brûlée au visage, mais sans aucune gravité ;

Mme Péan et sa fille, qui se trouvaient près de la sortie, sont absolument saines et sauves ;

Mmes Henri Boutet, Adolphe Chenevière et Bourguignon de Pilly, qui vendaient au buffet pour les Sœurs de Saint-Vincent-de-Paul, sont très légèrement brûlées.

Mme Fournier-Sarlovèze vendait au même comptoir que la marquise Costa de Beauregard. Sortie presque en même temps qu'elle, avec des peines inouïes, dans le terrain vague derrière le Bazar, elle se réfugia avec plusieurs dames, pour s'abriter des flammèches qui mettaient le feu à ses vêtements, derrière des planches dressées contre le mur. Les flammes poussées par le vent gagnant l'abri, une de ces malheureuses compagnes, perdant la tête, renversa les planches.

9

C'est alors qu'on vit la petite fenêtre de l'hôtel du Palais dont on venait de briser les barreaux. Le valet de chambre de la marquise Costa de Beauregard, prenant sa maîtresse dans ses bras, la hissa jusqu'à la fenêtre, ainsi que plusieurs autres femmes.

Mme Fournier-Sarlovèze, après avoir aidé plusieurs personnes à passer en les levant dans ses bras, essaya elle-même, mais en vain, de se hausser jusqu'à la fenêtre. Retombée deux fois, et ne pouvant pas atteindre les mains de ses sauveteurs, elle s'aida d'une chaise qu'elle trouva heureusement près d'elle.

Mme de Pontalba était avec sa fille, qui vendait au comptoir de la baronne de Saint-Didier. Elles ont pu s'échapper avec de légères brûlures.

M. de Pontalba, qui était venu les rejoindre, a enlevé la baronne de Saint-Didier dans ses bras; mais comme le poids était lourd, elle est tombée et fut relevée deux fois. A la troisième chute elle avait pris feu et M. de Pontalba, aveuglé par la fumée, l'a perdue de vue. Il s'est sauvé avec d'assez sérieuses brûlures.

La vicomtesse de Villeneuve-Bargemont est sortie par la fenêtre de l'hôtel du Palais.

Mlle Abolphe Guillot, fille du juge d'instruction, a été légèrement brûlée.

Mlle de Froissard, âgée de quinze ans, qui, sortie une première fois, est revenue chercher sa grand'mère qu'elle a réussi à entraîner.

Mme Berton, femme du sénateur des Bouches-du-Rhône, n'a eu que des contusions et une foulure au pied, dont elle sera guérie dans quelques jours.

Mlle de La Guillonie, nièce de la comtesse Mniszech, a le dos et la figure brûlés; on est certain de la sauver.

Mme Jacobs a été sauvée par le dévouement de son domestique. Plusieurs valets de chambre, ceux de la comtesse Greffulhe douairière, de la marquise de l'Aigle, etc., ont d'ailleurs été d'un grand courage.

Mme E.-B. Silvers a de larges brûlures au niveau des omoplates, et de nombreuses contusions.

Mlle d'Andlau, 14, rue Matignon, a été brûlée au cou et à la face.

Au moment du feu, elle se trouvait à côté de la duchesse d'A-lençon et lui a crié : « Sauvons-nous! »

La duchesse d'Alençon, qui songeait avant tout à préserver les jeunes filles qui l'entouraient, a répondu avec de calme :

— Passez bien vite devant nous, sortez d'abord! Sortez vite! Ne vous occupez pas de moi. Je partirai la dernière.

Ce sont, certainement, les dernières paroles de la princesse.

Et, avec une sérénité indicible, comme si elle avait été dans son salon, la princesse a organisé la sortie des jeunes filles, tandis que le feu allait s'emparer d'elle!

Mme de Fabre-Luce est sortie un peu brûlée à la figure, aux bras, et toute déchirée, du haut en bas.

Nous avons signalé déjà de nombreux sauvetages à l'actif des valets de pied et cochers qui se trouvaient sur le lieu du sinistre. En voici un de plus que nous révèlent de nombreux témoins oculaires :

Après avoir vu sa maîtresse sortir de la salle que le feu commençait à envahir, le valet de chambre de Mme Récamier, qui servait au comptoir de l'hôpital Saint-Michel, garda assez de sang-froid pour revenir prendre sur le comptoir l'argent de l'œuvre. Puis, voyant la foule s'écraser à une des portes-fenêtres du terrain vague, qui ouvrait en dedans et que fermait une barre de bois, il cria qu'il fallait l'enfoncer au lieu de chercher à l'ouvrir. Sous l'effort commun, la porte et la barre cédèrent. Un flot de monde put s'échapper alors que les flammes arrivaient déjà à ce niveau.

Ensuite, ce valet de chambre qui connaissait la disposition du terrain, courut vers la barrière en planches qui faisait retour à l'extrémité de l'enclos et, appelant la foule massée de ce côté, il la dirigea vers la voie de salut qui venait de s'ouvrir.

Par sa présence d'esprit et son énergie, ce brave homme, qui s'appelle Jean Vouillon, a sans doute sauvé la vie à bien des gens que le danger affolait.

On nous signale d'ailleurs de tous côtés des actes de dévouement bien touchants, auxquels de nombreuses personnes doivent la vie. Il n'est que juste de les publier pour prouver combien ce pays compte de braves gens.

Un autre exemple de fermeté et de décision a été donné par Mlle de Tanlay et Mme Henri Baignières. Enserrées dans le terrain vague, entre les murs et le feu, elles eurent la présence d'esprit de suivre le mur du terrain et d'arriver ainsi jusqu'à la rue Jean-Goujon où elles parvinrent sans blessures sérieuses.

Mlle de Tanlay reste seule survivante du comptoir où vendaient, avec elle, Mmes de Boutilhier, de Carayon La Tour, de Mimerel, etc., et qui ont péri.

Mme Emmanuel la Bonnardière, qui vendait au comptoir de Mme la duchesse d'Alençon, allait être étouffée et doit la vie à un généreux sauveteur resté inconnu, auquel elle tendait les bras. En la saisissant, il la rejeta au dehors au moment ou ses vêtements commençaient à flamber.

La vicomtesse de Savigny de Moncorps, femme du sympathique membre de la Société des Bibliophiles français, qui vendait au comptoir de la marquise Costa de Beauregard, a pu s'échapper malgré de fortes brûlures au visage, au bras gauche et à l'épaule.

La baronne Lejeune, née Taigny, qui vendait au comptoir de Mme la duchesse d'Alençon, a pu se sauver malgré les contusions reçues dans la mêlée.

Mme Monier, née Berton, 71, avenue Victor-Hugo.

Mme Portalier, femme du docteur Portalier, et sa nièce, Mlle Berthe Miot, fille du savant ontologiste, qui se trouvaient parmi les dames vendeuses du comptoir n° 1 (Société de secours aux blessés), ont pu quitter, sans la moindre blessure, le Bazar de la Charité, juste au moment où la façade disparaissait sous les flammes et se sont réfugiées dans les écuries situées en face, d'où elles ont assisté, avec épouvante, à l'écroulement des bâtiments.

M. l'abbé Odelin, vicaire général honoraire du diocèse de Paris, brûlé à la nuque et à la main.

Il n'est pas sans intérêt de consigner ici un détail assez curieux concernant M. l'abbé Odelin. Le sympathique prêtre, au moment où l'incendie avait éclaté, avait réussi à gagner le terrain vague situé derrière le Bazar de la Charité, en même temps qu'un assez grand nombre de personnes. Il y avait bien la petite fenêtre de l'hôtel du Palais, par laquelle s'évadait déjà du monde; mais les flammes prenaient de telles proportions et la chaleur était telle que tous ceux qui se trouvaient là risquaient d'être calcinés avant que leur tour fût arrivé de se hisser dans le jour de souffrance de l'hôtel du Palais.

A ce moment, M. l'abbé Odelin aperçut, à l'autre bout du terrain, quelques personnes qui contournaient le Bazar en feu ; il y avait par là une issue, très certainement. Aussi, invita-t-il une cinquantaine de personnes massées autour de lui et qui, quelques secondes auparavant, lui avaient demandé de les bénir, à le suivre.

Mais, à l'autre extrémité du terrain, le passage était assez étroit et les flammes de l'incendie le fermaient presque. L'abbé Odelin, instinctivement, ouvrit son parapluie et passa rapidement, en se garant le visage.

Chose curieuse, l'abbé eut le cou et la main brûlés ; mais le parapluie était intact.

Parmi les personnes qui ont échappé miraculeusement à la terrible catastrophe, citons Mme M. Barbier Sainte-Marie, vendeuse au comptoir n° 16, qui n'a évité une mort affreuse que grâce à un inconnu qui l'a retirée d'un monceau de corps enflammés. Elle en a été quitte pour de légères brûlures au front et une entorse au genou.

Parmi les blessés, signalons les deux filles de M. Flourens, ancien ministre. Les épaules de ces jeunes filles ont été atteintes non pas par le feu, mais par l'intensité de la chaleur qui, malgré l'étoffe de leurs corsages, a produit sur la peau de larges brûlures.

L'état de leur santé est très rassurant.

Mme veuve Joubert, épouse de M. Edmond Joubert, ancien président du conseil de la Banque des Pays-Bas, et sa belle-fille, Mme Jean-Joubert, ont subi de nombreuses contusions et des brûlures qui, bien que légères, entraîneront un assez long repos et des soins sérieux.

C'est en voulant sauver la baronne douairière de Saint-Didier que M. François de La Haye faillit trouver la mort. Ses blessures sont aujourd'hui en bonne voie de guérison. Mme de La Hante, sœur de Mme François de La Haye, et Mlle Marie-Thérèse de La

Hante, qui se trouvaient au comptoir de la baronne de Saint-Didier, ont pu sortir indemnes de la fournaise.

On avait fait courir le bruit — répété par quelques journaux — que deux ouvriers plombiers, qui travaillaient avenue de l'Alma et qui étaient accourus pour coopérer au sauvetage, n'avaient pas reparu.

Ces deux ouvriers, Boulé et Benoît, sont sains et saufs. Grâce à l'aide des domestiques des écuries du baron de Rothschild, qui les ont arrosés d'eau, ils ont pu, sans risquer d'être brûlés, continuer leur périlleuse et courageuse besogne.

Mme la vicomtesse de Savigny de Moncorps vendait au comptoir n° 14, dont Mme la marquise Costa de Beauregard avait la présidence. Dès qu'elle entendit retentir le cri sinistre : « Au feu! au feu! » elle ne perdit pas son sang-froid. Voyant la foule se précipiter vers les deux « seules voies » laissées libres sur la rue Jean-Goujon, elle entraîna du côté opposé le valet de pied de la marquise, qui se trouvait à proximité du comptoir.

— Suivez-moi! lui dit-elle, nous allons pouvoir sauver bien du monde.

Ouvrant rapidement la fenêtre placée derrière le comptoir et donnant sur la partie du terrain laissée libre derrière le Bazar, elle franchit l'appui, aidée du domestique, et tous les deux coururent à la petite fenêtre par où la cuisine de l'hôtel du Palais prend jour sur ce terrain.

La vicomtesse connaissait depuis longtemps Mme Roche-Santier, la propriétaire de l'hôtel. En maintes circonstances elle avait été à même d'apprécier son cœur et sa générosité, toutes les fois que, pour une œuvre charitable, elle avait fait appel à l'un et à l'autre, et elle savait, à n'en pas douter, que, dans cette terrible circonstance, elle pouvait compter sur son dévouement et sur celui de ses serviteurs.

— Frappez à cette fenêtre, dit au valet de pied Mme de Savigny. On ouvrira et, les barreaux de fer enlevés, que de personnes pourront passer par là. Pour moi, je retourne dans l'intérieur et je ramènerai des affolés.

Vainement, le valet de pied voulut retenir la vicomtesse, lui représentant que le bâtiment était déjà en flammes presque en totalité, et qu'elle aurait risque de mort.

— Dieu me protégera, dit-elle simplement.

Et elle reprit le chemin par où elle était venue.

Elle songeait, en effet, à sa nièce, Mlle Louise de Savigny de Moncorps et à Mme Guilmore, une Américaine, qui étaient venues avec elle au Bazar pour la seconder.

Toutes les trois ont pu miraculeusement échapper aux flammes.

Mme la vicomtesse de Germond, vendeuse au comptoir n° 19, du Bazar de la Charité, avait été d'abord portée parmi les personnes disparues. On a même longuement cherché à la reconnaître parmi les cadavres défigurés étendus sur les planches du palais de l'Industrie.

Mais elle a pu être retirée une des premières des décombres de la porte d'entrée. Quoique légèrement blessée et brûlée, Mme de Germond a pu rentrer à son domicile.

Mme Alphonse Tournus, femme du trésorier-payeur général du département de l'Aisne, qui se trouvait au Bazar de la Charité, a été sauvée d'une façon presque miraculeuse, mais grièvement blessée au bras, à la jambe et à la tempe.

Mme Billotte, femme du sympathique secrétaire de la Banque de France, grièvement brûlée au bras et à la joue gauche.

Mme Jules Ruef, née Gubbay, femme du directeur des Messageries fluviales de Cochinchine, se trouvait au comptoir de la baronne de Saint-Didier quand la catastrophe s'est produite. Elle a pu, avec quelques autres dames, non sans avoir été sérieusement contusionnée dans l'effroyable bagarre qui eut lieu, gagner le terrain vague derrière le Bazar de la Charité et pénétrer dans un immeuble voisin, à l'aide d'une échelle que des sauveteurs avaient appliquée contre un mur.

Dans l'énumération — trop longue hélas ! — que nous avons faite des blessés de la catastrophe de la rue Jean-Goujon, nous avons omis les noms de Mme Morado et de ses deux filles, Mlles Rosine et Niza Morado.

Quand l'incendie éclata, elles se trouvaient au comptoir de Mme Florès. Elles se précipitèrent aussitôt vers la porte de sortie.

Mlle Rosine, la première dehors, rentra pour chercher sa mère qu'elle trouva non loin de la porte, tombée la face contre terre. Elle l'aida à se relever et, à ce moment, ses vêtements prirent feu. Sa sœur, Mlle Niza, était tombée également, ainsi que Mme Florès qui avait culbuté par-dessus le corps de la jeune fille. Dégagées, l'une et l'autre, grâce à un sergent de ville, elles sortirent par une lucarne, pénétrèrent dans une maison de la rue Jean-Goujon, puis entrèrent dans une maison de la rue Montaigne où l'on refusa à Mme Morado un simple fichu pour se couvrir.

Détail horrible ! Le peigne en écaille que Mlle Rosine Morado portait dans les cheveux a fondu sous l'action de la chaleur et fit partie du cuir chevelu de la malheureuse, dont les souffrances étaient épouvantables.

Mme Pierre Dareste, femme de l'avocat distingué au Conseil d'Etat et à la Cour de cassation, demeurant avec son père, M. Girard, membre de l'Institut, directeur de la fondation Thiers, était allée au Bazar de la Charité avec sa fille Juliette, âgée de six ans. Fort heureusement, la petite avait demandé à rester dans la voiture pour attendre sa mère. Mme Dareste a été bousculée, piétinée, brûlée, et est sortie avec ses vêtements enflammés. Un cocher, dont on ne connaît pas le nom, mais qui pourrait figurer parmi les sauveteurs à récompenser, a enveloppé la jeune femme dans une couverture et l'a ainsi préservée d'une mort certaine.

VII

LES CONDOLÉANCES OFFICIELLES. — AU PÈRE LACHAISE. CÉRÉMONIES A NOTRE-DAME

De tous les pays, de toutes parts, au lendemain de l'épouvantable catastrophe qui mettait en deuil la nation française, les marques de sympathie attristée sont parvenues avec un empressement qui témoignait de l'émotion considérable que l'affreuse calamité avait soulevée dans le monde entier.

S. M. la Reine d'Angleterre a été une des premières à faire parvenir au Président de la République Française ses sentiments de condoléance.

Voici le texte de sa dépêche :

Je suis consternée de l'affreuse catastrophe qui jette Paris dans la désolation. Veuillez croire à ma très vive sympathie dans ce terrible désastre.

VICTORIA, R. I.

L'empereur d'Allemagne, de son côté, a télégraphié à M. Félix Faure :

Veuillez permettre que je m'associe au deuil que Paris et la France entière ressentent en ce moment, par suite de l'horrible catastrophe de la rue Jean-Goujon. Que Dieu soulage tous les malheureux qui pleurent en ce moment une vie chérie !

GUILLAUME I. R.

Indépendamment de son télégramme, l'empereur d'Allemagne s'est rendu en personne à l'ambassade française à Berlin. Là il a exprimé au marquis de Noailles, notre représentant, toute la part qu'il prenait au deuil qui venait de frapper si terriblement Paris et la France.

Aussitôt qu'il a eu connaissance de cette démarche spontanée, M. Félix Faure s'est rendu à son tour à l'ambassade d'Allemagne à Paris pour affirmer au comte de Munster combien il était touché du télégramme et de la démarche de son souverain.

En dehors du télégramme particulier que nous avons publié plus haut, S. M. la reine d'Angleterre a chargé le colonel sir Arthur Bigge de renouveler au baron de Courcel, notre ambassadeur à Londres, l'assurance de sa peine profonde et de sa profonde tristesse.

M. le Président de la République a délégué M. Le Gall auprès de sir Ed. Monson, ambassadeur d'Angleterre à Paris, pour lui faire connaître combien le gouvernement français était sensible à cette nouvelle marque de sympathie.

Le lendemain de la catastrophe le comte Mouravieff, par ordre du tsar a adressé à M. Hanotaux, ministre des Affaires étrangères le télégramme qui suit :

Sous la vive et navrante impression de l'effroyable catastrophe du Bazar de bienfaisance à Paris, il me tient à cœur de faire parvenir à Votre Excellence l'expression des profondes et sincères condoléances du gouvernement impérial dont je vous prie de vouloir bien vous rendre l'interprète auprès de M. le président de la République et du gouvernement français.

S. M. l'Empereur de Russie a écrit à M. Félix Faure la lettre suivante :

Tzarskoïé-Sélo, 25 avril/7 mai.

Monsieur le Président, très cher et grand ami,

L'Impératrice se joint à moi pour vous exprimer la vive émotion que nous a fait éprouver la catastrophe effroyable du Bazar de Bienfaisance à Paris.

Vous connaissez trop nos sentiments à l'égard de la France pour ne pas être assuré de la part profonde et sincère que nous prenons au malheur qui vient de répandre tant de deuils navrants et de cruelles douleurs dans Paris.

Nous associant de tout cœur à ce que vous devez personnellement ressentir en présence d'une pareille épreuve, nous tenons à vous faire parvenir l'écho de toute notre sympathie, ainsi que celle de la Russie entière.

Laissez-moi vous renouveler, en même temps, Monsieur le Président, très cher et grand ami, l'assurance de mon invariable et sincère amitié.

NICOLAS.

Le baron de Mohrenheim a été chargé par Leurs Majestés l'empereur et l'impératrice de Russie de déposer en leur nom une couronne sur la tombe des victimes de la catastrophe dont les dépouilles mortelles n'auront pu être reconnues. Le baron de Mohrenheim va s'acquitter de ce soin.

Le président de la République a envoyé le télégramme suivant à l'empereur d'Autriche, à Vienne :

J'apprends à l'instant que Mme la duchesse d'Alençon a été victime de la terrible catastrophe qui plonge Paris et la France entière dans un deuil si affreux. Je me permets d'adresser à Votre Majesté Impériale et Royale et à Sa Majesté l'impératrice, pour cette perte qui les touche si cruellement et si directement, l'expression de mes sentiments de vive condoléance et de bien profonde sympathie.

FÉLIX FAURE.

L'empereur d'Autriche a répondu en ces termes :

Profondément touchés de la vive part que vous voulez bien prendre à la perte douloureuse que nous venons de faire, l'impératrice et moi, nous nous en remercions de tout cœur. Veuillez être assuré, Monsieur le président, que je reporte sincèrement sur vous, sur Paris et sur la France entière, les sentiments de deuil et de sympathie que l'événement funeste, avec ses victimes nombreuses et ses familles désolées, m'inspire.

FRANÇOIS-JOSEPH.

Des télégrammes ont été également adressés par S.S. Léon XIII, le roi d'Italie, le roi de Suède, le roi de Portugal, le Sultan, le roi des Belges, les lords-maires des grandes villes d'Angleterre, etc...

AU PÈRE-LACHAISE

Le vendredi matin, un nombre considérable de funérailles ont eu lieu, mais c'est le Père-Lachaise surtout qu'il importait de voir en ce jour de deuil.

J'arrive vers onze heures au Père-Lachaise. Déjà, l'entrée du cimetière et le trottoir du boulevard Ménilmontant sont remplis de curieux. L'entrée principale est, sur ses deux côtés, bondée de monde. Jusque sur la hauteur on voit des groupes de gens en

station, attendant l'arrivée des cortèges funèbres. J'erre lentement parmi la foule. Ce sont des gens du peuple, des habitants
du quartier, des femmes surtout, avec leurs enfants sur les bras
ou pendus à leurs jupons.

Tout le monde parle de la catastrophe ou échange ses renseignements. On lit dans les journaux du matin la liste des énter-
rements annoncés, on les compte Toutes les réflexions que j'entends sont attendries et compatissantes.

Assises sur les bancs en bordure, des commères rappellent
leurs souvenirs, font de la philosophie. Je note ceci :

— Après tout, les gens vraiment riches sont encore meilleurs
que les parvenus ; les parvenus sont bien plus durs pour les
pauvres.

A quoi répond une autre bonne femme :

— Ainsi, moi, j'ai servi autrefois un comte, à Nantes, eh bien...

Le soleil n'est pas sûr. Le ciel se couvre par moments. Tombe
une petite ondée, vite finie.

Je vais causer avec le gardien en chef du Père-Lachaise. Il a
en mains la liste des enterrements attendus. Nous les comptons
ensemble. Il y en a trente-trois.

— Généralement, combien en avez-vous ?

— Une dizaine. Aujourd'hui, il y a les vingt-cinq victimes en
plus.

Bientôt la cloche de l'entrée du cimetière tinte. C'est le signal
de l'arrivée d'un corps. Voici, en effet, deux corbillards qui entrent, entièrement revêtus de fleurs. Des gardiens de la paix
précèdent le premier char. Deux coupés aux stores baissés et
quelques voitures de deuil suivent. Le cortège monte et s'arrête
devant le caveau de la famille de Gossellin : ce sont les corps de
Mme de Gossellin et de la comtesse Mimerel. D'un coupé descen-
dent en effet MM. de Gossellin père et fils. Je reconnais ce dernier. C'est lui qui a retrouvé les deux corps, avant-hier au palais
de l'Industrie, en même temps que son valet de chambre identi-
fiait sa propre femme. Tout à coup, en entendant pleurer derrière lui, pendant qu'il faisait sa déclaration, le domestique
s'était retourné et avait demandé à son maître :

— Madame est *là* ?

Et les corps, ceux des maîtresses et celui de la servante, avaient été portés ensemble à l'hôtel du faubourg Saint-Honoré.

Beaucoup de jeunes femmes font partie du cortège. Elles pleurent. Quand le fils a jeté l'eau bénite sur le cercueil, il s'affaisse dans les bras de ses amis, qui le soutiennent. Je reconnais l'un d'eux, qui assistait aussi à la reconnaissance. Et ces figures, revues là, évoquent impitoyablement à mon esprit le tableau de l'autre matin qui ne s'effacera jamais de ma mémoire.

J'entends de nouveau la cloche du cimetière, et je quitte le caveau au moment où commence le défilé triste des amis qui serrent les mains des trois hommes en deuil.

Le cortège qui vient d'entrer est modeste. Pas de voiture. Une cinquantaine de personnes suivent à pied. Mais, derrière le corbillard, je crois reconnaître les deux femmes qui, l'autre soir, à minuit, suppliaient, avec des larmes, pour qu'on les laissât entrer dans la salle Saint-Jean. Elles ne pleurent plus.

Presque aussitôt derrière arrive le corbillard de la générale de Chevals et de sa belle-sœur. Le général marche en tête, en civil, la cravate de la Légion d'honneur sous le col. Peu de monde à la suite. Je me disposais à accompagner le cortège, quand, de nouveau, la cloche tinte. Un enterrement fait son entrée, et je vois derrière celui-ci un autre corbillard suivi de gens, puis un autre encore. Il est près d'une heure.

— Ils vont arriver tous en même temps, vous allez voir, dit un gardien.

Comme je ne reconnais personne parmi ceux qui conduisent le deuil, je me décide à attendre. Je n'attends pas longtemps. Voici un nouveau cortège qui s'avance.

Deux corbillards. Les voitures de deuil sont marquées d'un H.

— C'est la mère et la fille, me dit le gardien.

A travers la vitre, je reconnais, en effet, des figures de l'autre matin. Je suis. On s'arrête au carrefour Casimir-Perier. Une foule énorme accompagne le convoi. Beaucoup, beaucoup de gens pleurent. Quand on descend de voiture, je vois le vieillard de l'autre matin et ses deux fils, dont la douleur avait si profondément ému tout le monde. Faut-il les nommer ? Je crois qu'on le peut, puisque des discours ont été prononcés sur les tombes : c'est la famille Hauducœur, que le désastre a privée d'une mère et d'une jeune fille. Le maire du troisième arrondissement a parlé sous une pluie violente, et on n'a pas entendu ce qu'il disait : a-t-on même écouté ? Le père était là, la figure jaune, ravinée, impassible. Le plus jeune fils était près de lui ; sa figure poupine donnait à l'expression désolée de ses traits je ne sais quelle aggravation de tristesse. Le fils aîné, celui qui se désolait et parlait tout seul en courant à travers les cadavres, avec, de temps en temps, des révoltes contre tant de misères à la fois, ne pleurait plus non plus, mais il grelottait, et ses dents claquaient, et ses joues tremblaient.

La foule des curieux se raconte leur malheur :

— Un si brave homme, paraît-il. De si braves gens ! Aimés par tout le monde dans le quartier où ils sont connus depuis cinquante ans.

A d'autres, à présent.

Désormais les convois se suivent sans cesse. La pluie tombe abondamment, une pluie serrée, pénétrante qui, pourtant, ne fait pas fuir les curieux.

Je vois une foule devant une tombe ouverte. Je m'approche : encore une figure de connaissance. C'est un mari qui a reconnu sa femme devant moi. J'ai dans l'oreille ses sanglots, ses halètements sourds ; je vois ses épaules voûtées, sa tête abandonnée, l'hébétement de ses yeux grands ouverts... Aujourd'hui sa douleur a changé de forme : il pleure doucement, et ses larmes roulent dans sa forte moustache de Gaulois. Mais quelqu'un veut placer un discours. J'entends dire :

— C'est le président du Syndicat de la maçonnerie...

Des bribes de phrases m'arrivent :

— ... La parole est impuissante...

Eh bien, alors ?

Je n'ai plus bientôt qu'à errer dans le cimetière, au hasard. Car partout le même spectacle se renouvelle. Des gamins et des gamines sont grimpés sur les tombes voisines de celles qu'on vient d'ouvrir ; je rencontre un pochard qui se heurte de tombe en tombe, et, de temps en temps, piqué une tête par-dessus une grille trop basse. Il interpelle des passants :

— C'est-y pas par ici ? On m'avait dit que c'était par là...

On ne lui répond pas.

Il est quatre heures. Je sors du cimetière. La foule est toujours là, augmentée de ceux qui sont venus avec les convois et qui s'en vont. A ce moment, un régiment passe, musique en tête, devant la grille. La musique joue une marche joyeuse et brutale. Ces clairons, ces fifres, ces tambours jettent sur cet ensemble de navrement, de pitié et d'émotion un contraste qui fait rêver...

LES CÉRÉMONIES A NOTRE-DAME

Il avait été décidé par le Gouvernement que la cérémonie à l'église métropolitaine de Notre-Dame de Paris serait une cérémonie commémorative en l'honneur de toutes les victimes de l'incendie du bazar de la Charité. On avait néanmoins prévenu les familles éprouvées par la catastrophe qu'elles pourraient faire figurer, à ce service funèbre, le corps des victimes, avec les débris humains qui n'auraient pu encore être reconnus.

C'est le ministre de l'Intérieur qui avait été chargé de faire les invitations.

Devant le porche monumental de l'antique basilique la foule s'est amassée dès le petit jour. La porte centrale était tendue de longues draperies noires.

A neuf heures et demie, deux fourgons des pompes funèbres amènent les premiers cercueils. Ce sont ceux qui contiennent les restes de Mᵐᵉ la comtesse de Vallin et de Mᵐᵉ Jullian. Ils sont aussitôt transportés à l'intérieur de l'église et placés sur le haut catafalque qui se dresse au milieu du transept. Ce catafalque, orné aux quatre coins de statues d'argent représentant les Vertus théologales et surmonté d'un vaste dais d'où s'épandent en longs plis les quatre bandes d'un velum, est le même que celui qui servit aux obsèques de M. Carnot et de M. Pasteur.

La masse sombre s'élève au milieu des cierges ; à quelques pas, se dresse une petite chaire d'où le Père Ollivier prononcera

un sermon ; plus loin dans le petit hémicycle qui se trouve devant
le chœur, s'élève l'estrade où le Président de la République
prendra place ; puis enfin, tout au fond, ce sont le chœur et
l'autel dont les cierges, déjà, s'allument. Et dans la vieille basilique, vide encore, obscure et silencieuse, l'impression est
lugubre qui se dégage de tout cet appareil de deuil.

A dix heures, les portes sont ouvertes et les services d'ordre
arrivent sur la place sous la conduite de MM. Mouquin et Orsatti,
commissaires divisionnaires. Trois brigades d'agents, comman-
dées par MM. Dupuy, Ofister et Carnot, officiers de paix, font
évacuer la foule et prennent position aux abords des rues donnant
sur le parvis ; puis deux escadrons de gardes républicains se
rangent sur les côtés de la place, et un bataillon d'infanterie de
la garde forme la haie sur le bord du trottoir.

La place se trouve ainsi complètement dégagée ; l'affluence
devient cependant de plus en plus grande ; les trottoirs sont
envahis, les arbres escaladés, les fenêtres et la terrasse de l'Hôtel-
Dieu encombrées par le personnel de l'hôpital, les malades et
nombre de curieux.

A onze heures, tout mouvement a cessé, et un silence de mort
plane sur la place du Parvis. Sur le côté droit, à côté de la statue
équestre de l'empereur Charlemagne, un reposoir a été dressé,
sur lequel sont placées de magnifiques couronnes, parmi lesquelles on remarque celles du Cercle de la rue Royale ; du
Conseil des ministres ; celle du Souvenir français ; celle de l'empereur Guillaume, en œillets, orchidées et roses, traversée de
palmes, et portant, sur un coussin de satin blanc, le chiffre W
(Wilhelm) surmonté de la couronne impériale ; celle de l'impératrice allemande, en orchidées et roses, avec son chiffre V
appliqué sur un coussin de satin blanc ; celle de l'ambassadeur
d'Autriche et surtout une grande croix formée de fleurs, roses
et lilas, apportée par les élèves du lycée Stanislas, avec cette
inscription : « Aux martyrs de la charité ! », etc., etc.

Trois cartes de différentes formes avaient été attribuées, les
unes aux familles en deuil, les autres à leurs invités, une troisième catégorie aux personnages officiels et aux corps constitués.

A la différence de ce qui se passe pour des obsèques nationales, les dignitaires de l'État et les hauts fonctionnaires sont invités et non convoqués, c'est-à-dire que la carte qu'ils ont reçue ne leur impose pas l'obligation de se rendre à l'église métropolitaine. Le coupe-file que la préfecture de police distribue aux journalistes remplaçait pour eux les cartes d'invitation.

Le catafalque.

Photogr. Pierre Petit.

Mais les premières voitures commencent à arriver : elles débouchent sur la place du Parvis par le quai du Marché-Neuf. Ce sont, successivement, tous les ministres, tous les ambassadeurs et membres du corps diplomatique, de nombreux membres du Parlement, du Conseil municipal, etc.

Il est midi moins cinq quand les voitures du lord-maire et de sa suite pénètrent sur la place. Le lord-maire est vêtu d'un habit noir chamarré d'or ; il est accompagné de ses deux fils, dont l'un

10

est lieutenant de la Cité, et de deux aldermen sheriffs, sir Ritchier et Rodgers, portant l'un et l'autre le manteau de velours noir et coiffés du bicorne.

Puis ce sont les massiers, porteurs de la masse, et le porte-épée, vêtu de noir. Les cochers et valets ont la livrée noire et les cheveux poudrés.

A sa descente de voiture, le lord-maire est reçu par M. Crozier, chef du protocole, qui le conduit à la place qui lui est réservée dans le transept à gauche, parmi les ambassadeurs.

On se désigne les membres du corps diplomatique, les uniformes: Voici le duc de Leuchtenberg, représentant l'empereur de Russie; le prince Galitzine, grand écuyer du tzar; le prince Radziwill, représentant l'empereur d'Allemagne, en grand uniforme de général prussien, casque à pointe avec panache retombant noir et blanc, tunique et pantalon bleu foncé avec col, parements, passepoils et doubles bandes rouge ponceau. Le prince est de haute taille, très gros, les cheveux grisonnants. Il porte la moustache et les favoris courts et épais. Tous les autres souverains sont représentés par leurs ambassadeurs à Paris.

A midi, exactement, les cloches sont mises en branle et les voitures présidentielles, qu'escorte un escadron de cuirassiers, débouchent sur la place. Et la foule se découvre respectueusement au passage du Président de la République. M. Félix Faure est en habit avec le grand cordon de la Légion d'honneur; il est reçu à son arrivée sous le porche par le clergé de l'église métropolitaine; puis il va prendre place sur l'estrade dressée pour lui près du chœur.

Derrière lui prennent place les officiers de sa Maison militaire, puis les présidents du Sénat et de la Chambre, les membres du Gouvernement et tous les ambassadeurs. Dans cette même partie de l'église ont pris place Mme Félix Faure et Mlle Lucie Faure, qui, accompagnées de M. Blondel, ont devancé de quelques minutes l'arrivée du président.

Enfin, sous la nef, et sur le côté gauche, sont les nombreux membres des corps constitués. Le côté droit avait été réservé aux membres des familles des victimes de la catastrophe, aux membres du Sénat, de la Chambre des députés, des deux Préfectures, du Conseil général, du Conseil municipal.

Dans le chœur, tout le haut clergé, avec Mgr Richard, assis en face du président de la République.

Les premières stalles du chœur sont occupées par des évêques : Mgr Chapon, évêque de Nice ; Mgr Belmont, évêque de Clermont ; Mgr Jourdan de la Passardière, évêque de Roséa ; Mgr Potron, évêque de Jéricho ; Mgr Marchal, évêque de Sinope ; puis viennent les chanoines, les supérieurs d'ordre, les membres du clergé.

M. l'abbé Caron, archidiacre de Notre-Dame, siège à la droite et M. l'abbé Bureau, archidiacre de Sainte-Geneviève, à la gauche du cardinal Richard. En face de l'archevêque, le nonce apostolique, assisté de Mgr Granito di Belmonte, auditeur, et de Mgr Peri-Morosini, secrétaire de la nonciature.

Le Cercle agricole, cruellement éprouvé par la catastrophe avait envoyé au service de Notre-Dame une couronne splendid. portée par le gérant du Cercle et deux valets de pied en habit et culotte noirs.

Parmi les membres de ce Cercle présents à Notre-Dame : marquis de Virieu, marquis de Lastic, comte de Polignac, comte Ch. de Brissac, comte et vicomte de Miramon-Fargues, comte de Pontgibaud, comte de Saint-Genys, comte de Lévis-Mirepoix, baron André Reille, comte de La Ferrière, comte Horric de Beaucaire, marquis d'Audiffret-Pasquier, etc.

La messe commence, présidée par Mgr le cardinal Richard et dite par Mgr de l'Escaille, doyen du chapitre.

Le *De profundis* est exécuté de façon magistrale par la maîtrise, puis, pendant que les offices se déroulent, M. Lucien Guignot, ténor de la Société des concerts du Conservatoire, chanta, avec Auguez, le *Libera me*, de Théodore Dubois, accompagné par un violoncelle qui fait entendre des accents déchirants.

Nous voyons pleurer des parents et même de nombreuses dames qui, vendeuses à leur tour, auraient pu se trouver là : Mmes Charpentier, Cuvillier, Poilpot, de Selves, Mme et Mlle Paul Eudel, etc.

Le P. Ollivier, des Frères prêcheurs, se rend à la place qui lui a été réservée et dit :

Messieurs,

La mort est terrifiante, lors même qu'elle frappe de coups tardifs des vies longuement épuisées, combien plus lorsqu'elle fauche en pleine floraison des vies promises à toutes les joies ou en pleine maturité, des vies à peine en possession des fruits de leurs labeurs.

Mais que dire de ces catastrophes dont le mystère trouble les plus fermes esprits et brise les cœurs les mieux trempés ? A l'heure de la joie la plus légitime et la plus pure, puisqu'elle naît de la charité, la plus vive aussi puisque c'est surtout la joie de la jeunesse ; quand le sourire est partout, au ciel, dans la nature, dans les cœurs et sur les lèvres, — au milieu de cet épanouissement qui surabonde d'espérance, la mort fait irruption, et d'un seul coup, le plus horrible qui se puisse imaginer, met à néant toute cette jeunesse, toute cette beauté, toute cette force, tout ce bonheur ! Elle a passé si rapide, qu'on douterait de son passage, si derrière elle ne s'entassaient les ruines où le souffle ardent de sa bouche se reconnaît aux dernières lueurs de l'incendie qui s'éteint.

T. R. P. Ollivier.

Pourquoi cela s'est-il fait ? A quel dessein se rattache l'horreur d'un pareil deuil ? Sommes-nous donc entre les mains d'une puissance aveugle qui frappe sans avoir conscience de ses coups, et qu'il est aussi vain d'interroger que de maudire, puisqu'elle ne peut entendre et dédaignerait de répondre ?

O Dieu de la France catholique, Dieu que nous appelons notre Père, à la tendresse duquel nous croyons autant qu'à sa justice, vous n'êtes point capable de ces fureurs, et vous ne nous défendez pas de lever le voile qui couvre nos épreuves !

Votre main nous frappe dans un dessein qu'il nous est permis de comprendre afin de nous y associer librement et de donner à nos pleurs le prix dont se paye notre rentrée dans la miséricorde.

Sans doute, ô Maître souverain des hommes et des sociétés, vous avez voulu donner une leçon terrible à l'orgueil de ce siècle, où l'homme parle sans cesse de son triomphe contre vous. Vous avez retourné contre lui les conquêtes de sa science, si vaine quand elle n'est pas associée à la vôtre ; et, de la flamme qu'il prétend avoir arrachée de vos mains comme le Prométhée antique, vous avez fait l'instrument de vos représailles. Ce qui donnait l'illusion de la vie a produit l'horrible réalité de la mort, et dans le morne silence qui enveloppe Paris et la France depuis quatre jours, il semble qu'on entend l'écho de la parole biblique : « Par les morts couchés sur votre route, vous saurez que je suis le Seigneur. »

Mais Dieu ne se plaît pas aux vengeances stériles ; et c'est pour sauver qu'il flagelle — alliant ainsi les exigences de sa gloire et celles de ses miséricordes, plus pressantes encore puisqu'il est avant tout l'Éternel amour.

C'est le propre de l'amour d'avoir des préférences, et les peuples en sont les objets aussi bien que les individus. La France le sait par toutes les prédilections qui marquent son histoire et font de ses malheurs des preuves sensibles de l'amour divin à l'égal des prospérités et des succès dont elle a été glorifiée.....

Hélas ! de nos temps mêmes, la France a mérité ce châtiment par un nouvel abandon de ses traditions. Au lieu de marcher à la tête de la civilisation chrétienne, elle a consenti à suivre en servante ou en esclave des doctrines aussi étrangères à son génie qu'à son baptême ; elle s'est pliée à des mœurs où rien ne se reconnaissait de sa fière et généreuse nature, et son nom est devenu synonyme de folie et d'ingratitude envers Dieu. C'était le faire, hélas ! synonyme de malheur, puisque Dieu, ne voulant pas l'abandonner, devait la soumettre à l'expiation.

Il y a vingt-six ans à peine, — et les témoins de votre vengeance n'ont pas eu le temps d'oublier, — vous avez frappé la France à la tête en lui demandant pour victimes d'expiation et de propitiation les hommes de tout rang et de tout âge, et vous avez couché sur les champs de bataille d'une double guerre soldats et prêtres, financiers et lettrés, artisans et magistrats, marins et laboureurs.....

Et pourtant, l'expiation n'était pas suffisante, et les plus pures victimes manquaient à l'holocauste ! Sans doute, elles avaient cruellement souffert dans leur âme, ces fières et douces femmes dont les pères, les fils, les époux, les frères avaient versé leur sang pour la patrie ; d'autant plus souffert qu'elles avaient caché leurs larmes à l'heure de la séparation pour ne pas amollir les courages, et qu'elles avaient dû, plus tard, refouler dans leur cœur le chagrin des pertes irréparables, pour assurer à la génération nouvelle la confiance dans les nouvelles destinées de la France. Mais il semble que Dieu leur eût fait tort en ne leur demandant que des larmes, des prières, des leçons et des exemples. Chez nous, de temps immémorial, les femmes ont des cœurs virils, et dans le sacrifice, leur part est aussi belle que celle de leurs fils ou de leurs époux. Aussi leur fallait-il mettre dans la coupe un peu de leur propre sang.....

Oh ! Messieurs, j'ai hâte de le dire, il ne pouvait les condamner à ces hécatombes dont la guerre étrangère et la guerre civile vous ont laissé le

douloureux souvenir ! Nous ne pourrions supporter une pareille pensée,
quelque résignée que fût notre foi à la sagesse du Tout-Puissant. Mais il
pouvait, — et c'est cela qu'il vient de faire, — il pouvait prendre parmi
elles les plus pures, les plus saintes, les unir dans la mort aux victimes de la
première heure, et consommer ainsi l'expiation qui nous assurât l'espérance.

C'est fait! L'ange exterminateur a passé. Couronnes aux lis de France,
cornettes aux blanches ailes, fleurs et rubans des juvéniles parures, crêpes
austères qui couvraient des cheveux blanchis, humbles coiffes des servantes,
il a tout égalisé de son piétinement, dans la boue sanglante où l'œil cherche
vainement quelque trace de toute cette noblesse et de toute cette beauté !
Oh ! ne détournons pas la tête, et saluons plutôt le rayonnement qui monte
de cette fournaise, aurore troublée peut-être, mais prête à s'épurer d'un jour
plein de consolation et de gloire.

Pendant que d'abominables excitations travaillent à creuser un abîme
entre les petits et les grands, entre les pauvres et les riches, les douces et
pures âmes jetaient à pleines mains dans la tranchée les ingéniosités et les
ressources de la fraternité chrétienne. Elles payaient du même sourire l'or
du financier et l'obole de l'artisan, réunis dans leur aumônière, au profit des
œuvres de toute nature qui servent la cause des malheureux......

A quoi bon se préoccuper des insulteurs quand on travaille pour Dieu et
pour la patrie ?

O chères et nobles victimes ! vous pouvez dormir en paix : votre désir se
réalise et votre œuvre s'achèvera bientôt, je l'espère, grâce à l'intercession
que vous lui assurez dans le ciel. Ici-bas, vous gardiez forcément les traces
de l'infirmité humaine, et nous pouvions douter de votre puissance sur le
cœur de Dieu ; aujourd'hui, vous nous paraissez comme Jeanne d'Arc sur la
nuée rougeâtre du bûcher, entourée de lumière et montant vers la gloire où
vous attend l'Inspirateur de votre charité et le Rémunérateur de votre sacrifice.

Mgr Richard donne l'absoute ; ensuite les personnages officiels
se rendent sous le porche pour entendre le discours de M. Barthou, ministre de l'Intérieur.

A ce moment, il est une heure vingt, les cloches tintent à nouveau. Le Président de la République, accompagné par le clergé,
avec le même cérémonial qu'à l'arrivée, paraît sur le parvis.
M. Crozier, directeur du protocole, conduit M. Félix Faure vers
le catafalque. M. Loubet, président du Sénat, et M. Brisson,
président de la Chambre, accompagnent le Président de la République Française.

M. Barthou monte à la tribune improvisée et prononce d'une voix
émue mais forte un discours très éloquent dont les journaux ont
donné le texte complet.

La péroraison du discours de M. Barthou a produit une profonde émotion sur les assistants et a quelque peu effacé la pénible impression laissée par l'allocution du R. P. Ollivier.

M. Félix Faure, après avoir salué les personnages officiels, a passé entre la haie formée par les personnages officiels et est remonté en voiture avec M. Le Gall et le colonel Menetrez. Le landau présidentiel a immédiatement regagné l'Elysée.

Le discours de M Barthou.

A ce moment, la place du Parvis offre un assez curieux tableau. Le soleil, indécis jusqu'à présent, s'est montré ; les curieux ont débordé les lignes de protection de la place, qui grouille de monde. Les uniformes des ambassadeurs se mêlent aux habits noirs, aux vestes et aux blouses qui pullulent là. Les invités ont grand mal à rejoindre leurs équipages qui les attendent sur les côtés et derrière la cathédrale. La façade de l'Hôtel-Dieu, les toits de l'hôpital sont remplis de curieux ; les blouses blanches des internes et les bonnets de coton des convalescents ajoutent leur pittoresque à cette couleur. Les chanteurs ambulants vien-

nent, jusque-là chanter et vendre leurs chansons, et, sur l'air
d'une romance sentimentale de Paul Delmet :

> Les mots les plus tendres jamais...

J'entends :

> Au bazar de la Charité,
> Pour le pauvre étaient achetés
>   Par la richesse,
> A prix d'or tous les bibelots,
> La vente finit en sanglots :
>   Quelle tristesse!

> « Sauve qui peut ! » de toute part
> Ce cri s'élève, il est trop tard,
>   Pas une issue...
> D'une fenêtre sans vitraux,
> C'est en vain qu'à scier les barreaux
>   On s'évertue.

> Une sœur de nos hôpitaux
> Du plus vieux de nos généraux
>   Soutient la marche.
> Le grognard, vers l'éternité,
> Lui dit : « Suis-moi, Sœur de bonté,
>   En avant arr'che ! »

Un flot de gens me sépare du chanteur qui s'accompagne d'une
guitare. J'entends encore en me retirant :

> Il n'y a plus quand vient la mort
>   Ni rang, ni classe...

Des services religieux ont été également célébrés à la syna-
gogue de la rue de la Victoire et au temple protestant. A toutes ces
cérémonies le ministre des Cultes et le Président de la République
s'étaient fait représenter.

VIII

LES RESPONSABILITÉS.

Dès le soir même de la catastrophe, la question des responsabités encourue a été posée.

Devant un désastre aussi formidable, aggravé de tant de deuils, on tiendrait évidemment à savoir s'il n'y a pas eu incurie chez les uns, imprévoyance chez les autres, et dans quelle proportion ces causes ont concouru à l'événement effroyable qui afflige le monde civilisé.

Le Journal a eu l'heureuse inspiration d'aller interroger les principaux intéressés ; nous voulons parler des employés du cinématographe, cause de tout le mal. Nul mieux qu'eux n'était qualifié pour fournir des explications probantes. Voici en quels termes ils ont répondu aux questions du rédacteur de cet organe.

— M. Normandin, ingénieur mécanicien-électricien, sorti de l'Ecole centrale et entrepreneur de cinématographes, est mon patron depuis le mois d'octobre dernier, et c'est à moi qu'il délègue, le plus souvent, le soin de faire fonctionner ses appareils.

Le 3 mai, jour de l'ouverture du bazar, il n'y eut point de cinématographe rue Jean-Goujon. Nous avions été prévenus trop tard pour être prêts ce jour-là. C'est le lendemain seulement que l'appareil fut installé. La salle, réservée au public et défendue par un tourniquet, avait, je crois qu'on l'a dit déjà, comme dimensions, neuf mètres de profondeur sur quatre mètres de large. Et moi, qui devais m'occuper de la manœuvre, j'étais dans une cahute, toute petite et sans lucarne, encore que l'on m'eût promis d'en ouvrir une pour les après-midi suivantes.

Ma besogne consistait à faire jouer le mécanisme de l'appareil et à régler en même temps la lumière des projections. Cette lumière est faite

dans une lampe oxyéthérique : un bâton de chaux est porté par une tige à
l'avant de la lampe ; sur lui, on dirige la flamme de l'éther en ayant soin
d'insuffler, à travers ladite flamme, de l'oxygène avec une haute pression.
Le bâton de chaux étant chauffé à blanc, cela produit une lumière blanche
presque aussi intense, presque aussi jolie que celle de l'électricité.

Un de mes amis, également employé chez M. Normandin, comme chef
de laboratoire, un Russe nommé Bagrachow, curieux de voir la vente de

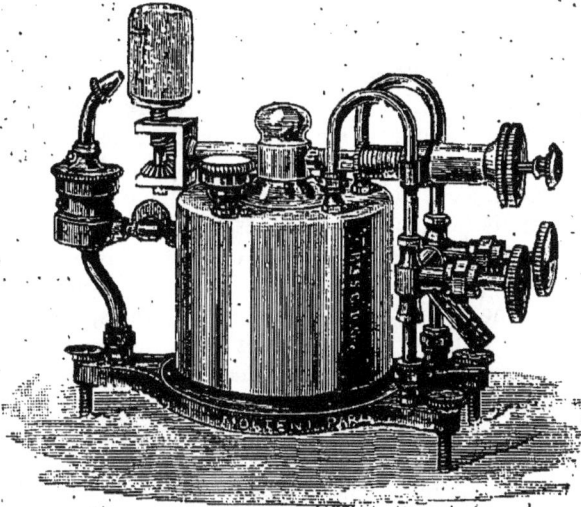

Lampe du cinématographe.

charité, m'avait marqué son désir de m'accompagner. Je l'avais donc
emmené avec moi, mais en amateur, et pas un seul moment il ne devait
s'occuper de la manœuvre. Il se trouvait dans la salle du cinématographe
lorsque, vers quatre heures, je commençai les expériences.

Comment le feu prit-il ? Tout d'un coup, la lampe baissa, s'éteignit... Je
supposai que l'éther manquait, et je priai le public, qui était dans l'obscurité, d'attendre une minute. En même temps à tâtons (car j'ai l'habitude), je
commençai de dévisser la lampe, d'enlever le bouchon de l'ouverture par
laquelle on introduit l'éther ; et déjà j'avais saisi le récipient, lorsque je
criai au Russe :

« — Donnez donc de la lumière dans la salle... » entendant par là qu'il
fallait ouvrir le vasistas établi dans l'emplacement réservé aux spectateurs et
qui faisait défaut dans la cahute où j'opérais.

Ainsi fut fait. Mais moi, je continuais de n'y voir goutte. Je m'écriai :

« — A mon tour ! Donnez-moi aussi de la lumière... » Et dans ma pensée
cela signifiait : « Ecartez les rideaux », ainsi qu'à plusieurs reprises, déjà,
on avait fait depuis que la séance était commencée.

Bagrachow écarte bien les rideaux. Je lui dis :

— Mais je n'y vois pas suffisamment...

Alors, lui :

— Où est la boîte ?

Il voulait parler de la boîte d'allumettes. Je compris ainsi. Pourquoi faut-il que, par une fatalité, une absence inexplicables, je répondisse :

— Elle est là, sur la table.

L'idée que tout de suite il allait allumer ne me vint pas. Mais, moins de deux secondes après ma réponse, j'entendis le craquement de l'allumette sur la boîte. Je criai. Bagrachow s'éloigna. Hélas ! il était trop tard !... Ma lampe, venant seulement d'être éteinte, était encore brûlante ; une chaleur très forte s'en dégageait... les vapeurs s'enflammèrent. Et moi, qui étais en quelque sorte saturé d'éther, je me trouvai entouré de flammes, tandis que sous la table où elles se déroulaient, les pellicules du celluloïd prenaient feu, instantanément. J'ai, d'ailleurs, raconté le détail de ces faits à Mᵉ Monteux à qui j'ai remis le soin de ma défense.

L'incendie déclaré, je fis ce que je crus de mon devoir : je me précipitai hors de ma cahute, j'aidai Bagrachow à arracher le tourniquet de l'entrée, je relevai une bonne sœur qui était tombée tout auprès, j'enlevai les rideaux de la baraque qui, brûlant, effrayaient les gens, les empêchaient de passer pour gagner la sortie. Bientôt, tout le monde fut dehors ; tout le monde avait pu se sauver par les portes, à l'exception d'une dame qui s'était hissée jusqu'à la lucarne et avait piqué une tête dans le terrain vague, sans se faire, d'ailleurs, aucun mal, sans avoir la moindre brûlure. Les spectateurs étant tous en sûreté, je gagnai la grande salle du bazar, où tout brûlait, mais je n'y demeurai pas longtemps : je fus en quelque sorte porté jusque dans la rue par un flot de fuyards. Et c'est à cette circonstance, sans nul doute, que je dois d'être vivant. »

INTERVIEW DE BAGRACHOW

— On annonce que vous êtes poursuivi comme l'auteur principal de l'incendie du bazar de la Charité. Pourriez-vous nous bien préciser votre rôle ?

— Certes, et avec la plus grande sincérité, bien que parler de cette catastrophe, de ce que j'ai fait, de ce que j'ai vu, me donne une terrible émotion... Depuis sept mois, j'étais employé chez M. Normandin, ingénieur-électricien, comme chef de son laboratoire. Chez lui, je préparais les pellicules pour cinématographes, autrement dit les bandeaux en celluloïd qui, en passant rapidement devant les objectifs, produisent les photographies animées que vous savez.

Il était deux heures et demie quand nous arrivâmes, Bellac et moi, rue Jean-Goujon. Au fond, je comptais me distraire, car ayant composé un bandeau représentant « la Mi-Carême à Paris », qui devait se dérouler dans le cinématographe, j'étais curieux de voir l'effet qu'il produirait, en couleurs, comme projection.

— Dites-nous comment l'incendie a éclaté.

— De deux heures et demie à quatre heures, Bellac fit manœuvrer son cinématographe quatre fois, durant quatre séances devant un public différent. Vers quatre heures, comme j'étais près de lui, caché par un rideau que j'entrouvrais pour regarder, ainsi que tout le monde, je l'avertis que la lumière projetée faiblissait. « Je vais rallumer ma lampe, » me dit-il. Alors, sortant de son petit réduit d'opérateur, il s'adressait au public en ces termes : « *Mesdames et messieurs, une petite minute, je vous prie, le temps de remplir ma lampe...* » Cependant, comme il venait d'éteindre la lampe du cinématographe, l'obscurité étant presque complète, j'ouvris sur sa demande un vasistas qui donnait un peu de jour, oh ! bien peu... N'y voyant pas assez clair, Bellac me dit. « Tu n'as pas de lumière ?. — Non. — Alors demande une bougie à M. Dussaud qui est au tourniquet. — Une bougie, me répondait M. Dussaud, mais je n'en ai pas, et l'épicier est loin. — Pas de bougie, faisait alors Bellac, eh bien' tu n'as pas d'allumettes ? — Non. — Si tu n'en as pas, tu dois en trouver par là sur la table du cinématographe... » Et, tapotant sur la table, je trouvai la malheureuse boîtes d'allumettes : « Allume, et recule-toi, » disait alors Bellac...

Mais déjà, le feu jailli de l'allumette enflammait les vapeurs d'éther qui se dégageaient du récipient dont se servait Bellac pour remplir sa lampe, manipulation dont je ne pouvais me rendre compte dans l'obscurité. Du goulot du récipient, je vis sortir, une seconde, comme une coulée de lave. Une fusée de feu, une gerbe de flammes, puis une explosion... L'incendie était déjà partout, partout...

Et les yeux de Bagrachow papillotent comme pour se fermer à un éblouissement.

— Et après ?

— Après, je me précipitai sur le tourniquet que j'arrachai d'un effort violent, permettant, avec l'aide de Bellac, aux trente personnes environ se trouvant dans la salle du cinématographe de s'échapper.

— Trente personnes ! Beaucoup d'hommes ?

— Non, deux ou trois ; parmi eux, un vieux monsieur qui, au début de la séance, avait manifesté ainsi son opinion : « Quelle belle invention, le cinématographe ! »

— Le tourniquet arraché, que devenez-vous ?

— J'avoue qu'après avoir crié : « Ce n'est rien, ne vous pressez pas trop ! » cri que répétait M. Marty, secrétaire de M. de Mackau, suivi aussitôt d'un sauve-qui-peut général, j'essayai de gagner la sortie sur la rue Jean-Goujon. Mais la porte était déjà obstruée. Alors je courus à droite, à gauche, cherchant une issue. D'un coup de poing, dont la force devait être décuplée par mon état de surexcitation, j'enfonçai, je déclouai une planche... Une planche, c'était le salut. Vite, j'en arrachai une seconde.... Plus de cent personnes se précipitaient par cette ouverture, toutes s'écrasant sous une

pluie de feu, sous des gouttes de goudron enflammé... Mes cheveux brûlaient... Je fus jeté à terre, piétiné... J'ai de largès blessures aux reins,
aux jambes, qui me sont soignées en ce moment à l'hôpital Cochin, où je
vais tous les matins... De l'autre côté, c'était le terrain vague!... Cent
vingt, cent trente personnes s'y entassaient, tandis que les barreaux de la
bienheureuse fenêtre de l'hôtel voisin étaient descellés... Y avait-il là
d'autres hommes que moi : c'est possible! je crois me rappeler un homme
avec une casquette, des boutons de métal... Donc, des femmes seulement,
des femmes courant toutes à la fenêtre, trop haute pour être escaladée
sans aide... Cependant, une chaise était passée par l'ouverture. En un
instant, elle s'écrasait sous le poids de cinq ou six personnes. Je me mis
alors en mesure de hisser les femmes, les jeunes filles, de temps en temps
repoussé dans le groupe... Comme les flammes grandissaient, venant sur
nous, j'eus l'idée de relever de grosses planches laissées là, provenant
d'une démolition antérieure, des madriers assez lourds, de deux ou trois
mètres de longueur, que les femmes appuyaient sur leurs épaules pour
empêcher les flammes de les atteindre... C'était comme un abri — momen-
tané — une succession de petites guérites...

A côté de ces femmes essayant d'éviter ainsi pour un instant les flammes,
plusieurs, découragées, assises sur d'autres planches gisant encore, semblaient attendre la mort.

— Ainsi, vous avez contribué au salut d'un grand nombre de femmes ?

— Oui, et j'en bénis Dieu — mais sans en attendre, sans en désirer, au
reste, aucune récompense. A mon avocat, Mᵉ Antony Aubin, j'ai donné toutes
les indications nécessaires et je compte sur son dévouement pour retrouver
les personnes qui me doivent la vie — et cela seulement en vue de mon
procès... Je lui ai parlé notamment d'une jeune fille brune qui s'est jetée à
mes genoux, gémissant : « Oh! sauvez-moi, sauvez-moi », et j'ai été assez heureux pour l'arracher, avec les autres, à la mort. Encore d'une jeune fille blonde,
une quinzaine d'années, mantille blanche, qui brûlait sur elle; une montre
en or au corsage. J'écrasai le feu qui courait sur son bras. Magnifiquement
courageuse, cette enfant : « Monsieur, oh! monsieur, mes deux tantes qui
sont vendeuses, où sont-elles ? Cherchez! cherchez! » — Puis, doucement :
« Permettez-moi de rester près de vous. » Elle aussi, je l'ai sauvée. Son
cœur n'a pu l'oublier — et elle le dira.

Bagrachow se passe la main sur les yeux; de larges gouttes
de sueur perlent sur son front.

— Enfin, toutes ou presque toutes ont été sauvées... Une grosse dame,
recouverte de planches enflammées n'a pu être portée malheureusement par
moi jusqu'à la fenêtre. En vain j'essayai de la soulever... Je crois que cette
victime, d'après ce qui m'a été dit depuis, serait la baronne de Saint-Didier... A mon tour, et le dernier, je me fis hisser par la fenêtre, meurtri,
blessé en plusieurs endroits, harassé, presque mort, au moment où apparais-

saient deux hommes qui, vraisemblablement, me reconnaitront aussi, M. le commissaire de police Trélat et son secrétaire...

LES EXPLICATIONS DE M. LÉPINE

A la séance d'ouverture du Conseil Municipal, M. Lépine, préfet de Police, interpellé, répond d'abord que l'enquête judiciaire n'est pas encore terminée et qu'il a le devoir de ne pas la gêner par des divulgations indirectes.

Ce qu'il dira sera le résultat de ce qu'il a recueilli à diverses sources.

En ce qui concerne la cause de la catastrophe, deux hypothèses paraissent plus vraisemblables que les autres : l'imprudence de la part de la personne qui manipulait le cinématographe ; ou bien la faute du manipulateur du cinématographe, qui s'est trompé de robinet lorsqu'il a vu baisser la lampe et a ouvert le robinet d'oxygène au lieu d'ouvrir celui de l'éther.

Parlant ensuite des responsabilités, M. le préfet de police déclare que jamais son autorisation n'avait été sollicitée par le bazar de la Charité, et qu'il n'avait pas le droit d'intervenir, le cinématographe étant une annexe du bazar de la Charité, et la préfecture n'avait pas été informée de son installation.

C'est le jour même de l'incendie que le cinématographe avait commencé à fonctionner.

En résumé, la thèse de M. Lépine est que le bazar de la Charité ne pouvait être considéré que comme réunion privée et qu'il n'avait pas le droit d'intervenir. Il faudrait une loi pour que l'autorité pût prendre des mesures nouvelles vis-à-vis de ces sortes de réunions.

IX

LES PRÉDICTIONS

Chaque fois qu'un fléau vient s'abattre sur la pauvre humanité, il faut constater que quelque chercheur obstiné va découvrir, au milieu de vieux anas, des prédictions infaillibles... après coup.

On en compte jusqu'à trois à propos de l'effroyable catastrophe de la rue Jean-Goujon.

LA PRÉDICTION DE Mlle COUÉDON

Il nous a paru intéressant de rechercher si Mlle Couédon, qui prétend tout savoir avait prédit la catastrophe de la rue Jean-Goujon et nous nous sommes adressés pour cela à notre confrère, M. Gaston Méry, qui a publié, comme l'on sait, de nombreuses brochures sur la jeune « inspirée ».

M. Gaston Méry nous a répondu en nous mettant sous les yeux un article de l'*Echo du Merveilleux*, qui rend compte d'une séance donnée par Mlle Couédon chez Mme la comtesse de Maillé au commencement du mois de mai de l'année dernière.

« Dans les salons de Mme de Maillé, tout le faubourg s'était donné rendez-vous. Il y avait là plus de deux cents personnes.

« Tout d'abord, Mlle Couédon parla en particulier à ceux des invités qui désiraient la consulter. Mais le nombre en était si grand que, sur les instances de la maîtresse de la maison, elle consentit, après avoir invoqué « l'Ange Gabriel », à parler devant toute l'assistance réunie.

« Entre autres prédictions, elle fit, paraît-il, celle-ci, dont plusieurs des témoins croient se souvenir parfaitement.

> Près des Champs-Élysées,
> Je vois un endroit pas élevé
> Qui n'est pas pour la piété,
> Mais qui en est approché
> Dans un but de charité
> Qui n'est pas la vérité...
> Je vois le feu s'élever
> Et les gens hurler...
> Des chairs grillées,
> Des corps calcinés.
> J'en vois comme par pelletées.

« L' « Ange » ajouta que toutes les personnes qui l'écoutaient seraient épargnées. »

Cette seconde partie de la prédiction de Mlle Couédon s'est, paraît-il, réalisée. Aucun des invités de cette soirée, tous plus ou moins assidus des ventes de charité, ne périt et ne fut blessé dans l'horrible catastrophe du 4 mai.

Voici qu'on nous communique un almanach italien, *Il Pescatore di Chiaravalle*, où nous trouvons les prédictions suivantes pour le mois de mai 1897 :

Un grand incendie peut jeter dans la misère un grand nombre de familles.
Toute une nation est en deuil pour la mort d'un personnage important.
De nombreuses vies humaines périssent dans un accident.
Un grand nombre de princes doivent voyager.

Allons-nous être obligés, désormais, de consulter les almanachs ?

Un journal anglais, la *Westminster Gazette*, en relatant la catastrophe de la rue Jean-Goujon, fait remarquer que dans un almanach qui paraît annuellement, sous le titre de *Old Moore's Almanach*, se trouve l'étrange prédiction suivante pour les derniers jours d'avril 1897.

Nous sommes presque certains d'apprendre la nouvelle d'un effroyable incendie qui éclatera à Paris et qui fera de nombreuses victimes, tandis qu'un grand nombre de curieux se presseront autour des ruines.

La coïncidence est au moins bizarre.

Dès le lendemain même de la catastrophe, un grand courant de charité a soufflé sur Paris qui s'est, comme toujours, d'ailleurs, matérialisé au « Figaro ».

Voici les longues listes de souscriptions qui ont été publiées par le grand journal parisien et que nous nous faisons un devoir de reproduire intégralement ci-après :

LA SOUSCRIPTION DU « FIGARO »

Mme Félix Faure	1.000 »	Mlles Suzanne et Madeleine Duglé	10 »
Mme la princesse de Wagram	5.000 »	Mme A. Dailly	25 »
Le *Figaro*	1.000 »	M. Louis Hugot	50 »
Baronne Adolphe de Rothschild	20.000 »	Mme Victor Souchon	50 »
Le comte Greffulhe	3.000 »	M. Georges Prieur	50 »
M. Alphonse Blondel	100 »	Le Vaudeville	1.000 »
Mlle Caroline Allègre	5 »	Le Gymnase	1.000 »
M. et Mme Alfred Joubert	100 »	Mme Veuve Barrier	20 »
M. Félix	500 »	Louise et Hélène Tribert	100 »
M. Amédée Lapille	50 »	Mme E. Cocret	100 »
M. et Mme Eugène Max	100 »	Mme Veuve Belfond	100 »
M. A. Jacob, au Raincy	10 »	Mme Louis Stern	3.000 »
M. J. Hofmeister	10 »	*Illustré Soleil du Dimanche*	100 »
Jacques Périvier	100 »	M. Albert Perrot et sa famille	20 »
M. et Mme Louis Prieux	10 »	M. Eugène Rebouleau	20 »
Mme veuve Eugène Jouanne	5 »	Mme Le Myre de Vilers	100 »
M. Léon Leré	100 »	*Nouvelle Mode*	50 »
Fernand de Rodays	100 »	Jules Armengaud	50 »
M. Georges Berger	500 »	M. Arthur Raffalovich	100 »
Mme Albert Bricka	100 »	Mlle C. L.	100 »
Comte Jules de Carné	100 »	Hainchelin	50 »
M. et Mme A. Max	100 »	Bonhomme	10 »
M. Octave Lasné	20 »	Le marquis de Castellane	100 »
M. E. Fache	2.000 »	M. Henri Bamberger	2.000 »
M. E. Bonneau	100 »	Mme Nagelmackers	3.000 »
L. E.	20 »	G. Paillard	100 »
Mme Leredu	20 »	Emile Alcan	10 »
Le Petit-Saint-Thomas	500 »	M. et Mme Georges Paret	50 »
Le Pot au-feu	50 »	Une grand'mère	20 »
M. Henri Brisson	100 »	Suzanne de R.	10 »
H. S.	100 »	Henriette Guesno	5 »
M. A. Sartiaux	100 »	Anne-Marie	20 »
M. H. de Ronseray	100 »	Cte et Ctesse J. de Sabran-Pontevès	500 »
M. A. Rouget	20 »	M. J. de Felcourt	500 »
M. Armand Colin	1.000 »	M. Denys Cochin	500 »
Maurice Holzschuch	100 »	Forain	20 »
J. Dumagnou	40 »	Caran d'Ache	20 »
M. et Mme T.	20 »	Prince et princesse Edmond de Polignac	1.000 »
M. A. Sauffroy	50 »	M. Jules Jaluzot	500 »
D. B. U.	15 »	Jules Jaluzot et Cie	500 »
S. Sulzbach	100 »	M. de Blowitz	50 »
Charles Rabeau	50 »	M. A. Ledoux	20 »
Gustave Famechon	50 »	M. E. Gandouin	20 »
Commandant A. Segond	100 »	Saint-Roch, maison de deuil	50 »
Famille Bourceret	1.000 »	M. et Mme Paul Van den Berghe	20 »
Charles Defrance	100 »	Mme Rey	20 »
M. et Mme Soléau	40 »	M. et Mme Emile Francq	100 »
Un étudiant	5 »	Roty	100 »
Félix Desprès	20 »	Louis Desgenetais	500 »
Mme Charles Leser	20 »	Mme Louis Desgenetais	500 »
Rey	20 »	Mme Benjamin-Constant	100 »
M. Darsy	50 »	Hippolyte Jouvin	20 »
M. Edouard Benielli	10 »	Valentine Deperthes	5 »
M. A. Frotié	100 »		

Mme Boyer	40 »	Henri Meilhac	100 »
M. et Mme Chevalier-Appert	50	MM. les barons Alphonse, Gustave	
Canivet	5 »	et Edmond de Rothschild	100.000 »
M. et Mme Jules Rostand	500 »	MM. Bertrand et Gailhard	200 »
Georges Déhaut	500 »	Le baron Adolphe de Rothschild	25.000 »
M. et Mme Bartholoni	100 »	E. G.	20 »
Mlle Bartholoni	50 »	Mme la baronne de Hirsch	25.000 »
Mlle Eugénie Bartholoni	50 »	Dutreil	200 »
M. et Mme Cornélis de Witt	100 »	Gabriel Hanotaux	100 »
Mme Lia Félix	50 »	M. Jules Claretie	100 »
Mme Dinah Félix	50 »	Duchesse de Gramont	2.000 »
Louis Dallé	40 »	Mme Lauzanne de Campou	20 »
M. et Mme Jules Porgès	5.000 »	Le Jockey-Club	2.000 »
Mme Ernest Iklé	100 »	Magasins du Louvre	5.000 »
Comte et comtesse de Cossé-Brissac.	200 »	MM. Menier	2.000 »
Une famille épargnée	50 »	Mme veuve A. B	20 »
Mlle Luceuille	50 »	M. et Mme Carroll	500 »
Delon, Albert	40 »	Anonyme d'Elbeuf	2 »
M. et Mme Edmond Tarbé	100 »	Marquise de l'Aigle	1.000 »
Mme Jules Saulnier	20 »	Mme Georges Caussade	20 »
Mme Veuve Arnaud Laufer	20 »	Comte et comtesse de Mun	100 »
Mme la générale de Champvallier..	500 »	J. Briaudet	20 »
Mme Ernest Bertrand	40 »	Des Loges, à Bruxelles	5 »
Duquesne	100 »	M. Normandin	200 »
Mme E. Rouff	100 »	Chemiserie spéciale	20 »
M. et Mme Achille Dorville..	20 »	Mme veuve Féron	100 »
Baron de Mesnard	100 »	E. Huber	10 »
D. Jugla	50 »	E. et Mme E. Foucher	25 »
Mme P. B.	30 »	A. D.	5 »
Hermann Wolff	200 »	William H. Phillips	100 »
Albert Vandal	100 »	Mme veuve Eug. Saulpic	20 »
Baron et baronne Louis de La Grange.	100 »	Mme Joséphine Morel	100 »
M. et Mme Achille Legros	20 »	Mme Agathe de Mszichowski	50 »
G. F.	5 »	Mme A. Abbona	100 »
Georges Dubasty	20 »	Les employés de la caisse D. C.	20 »
S. G.	5 »	Edm. Loichemolle	20 »
L. J. B.	5 »	E. Gasson	20 »
Henri Delacour	5 »	Association ouvrière de graveurs	5 »
F. C.	50 »	M. Georges Prestat	100 »
Mlles Ferrari	20 »	Mlle Marie Girod	1 05
Lavoignat	500 »	M. Chachoin, père	20 »
Mme Louis Denayrouze	200 »	M. et Mme C. de S.	10 »
Charles Stein	100 »	M. L. G.	20 »
Mme Eugène Marquis	20 »	Chaussures « Incroyable »	20 »
Mme L. Watelin	100 »	Mme veuve Chapu	50 »
Mme Jules Bricard	100 »	Elisabeth, Germaine et leur grand'-	
Isidor Bloch	100 »	mère	10 »
Le Cercle de l'Escrime	100 »	Mme Groult	1.000 »
Nicolas de Giers	100 »	Anonyme	10 »
Mme Léonce Lafarge	20 »	M. Friedlander	20 »
Cercle central des Lettres et des		Le docteur Nachtel	20 »
Arts	200 »	A. de L	100 »
M. et Mme Chéri Raymond Halbronn.	500 »	Gaston Trélat	20 »
Edouard Calmette	50 »	Marcelle et Suzanne Bonneuil	100 »
Mme Sherren	20 »	Docteur Goldschmidt	50 »
Pierre Dubois	100 »	F. Elcké	20 »
Mme Jules Hansen	30 »	Ch. Lafond	10 »
Elena Sanz	100 »	MM. Henrotte fils et Cie	1.000 »
Mme René de Saint-Marceaux	500 »	M. et Mme Albert Dubois	100 »
Mme J. Sampolo	10 »	M. et Mme de Jacquemain	200 »
Mme Henri Poidatz	200 »	M. et Mme Henri Robert	100 »
Thibault Cahn	100 »	Jeanne et Annie	100 »
M. et Mme Leluau	20 »	Labbey et Cie	200 »
Hermann Adler	100 »	D. Gerson	50 »
M. H. Marsick	50 »	Comte Boni de Castellane	5.000 »
Mme Gozzoli	100 »	Ch. Dettelbach	100 »
M. Ch. Jeanbin	5 »	Albert Marin	200 »
G. D.	20 »	A. Delaunay	50 »
Agence Théâtres, place Vendôme..	5 »	M. et Mme Jules Cottin	100 »
Agence Théâtres, Champs-Elysées.	5 »	Jean, Paul, Fanny, Guy, Marie	5 »
MM. J. Aubert, Dutilleux et Cie....	100 »	Baron Lejeune	1.000 »
Journal de Bruxelles et le Petit Belge.	100 »	Mme Adrien Cahen	20 »
Anonyme	2 »	Grimaud et Chartier	200 »
Mme Poilpot	20 »	Faure-Deligny	100 »
Jean-Louis Arène	20 »	M. et Mme Edmond Steinheil	20 »

M. et Mᵐᵉ Ehret	100 »	M. et Mᵐᵉ Delatremblais	100 »
E. Ducourau	100 »	M. et Mᵐᵉ Edmond Taigny	300 »
Maison Paquin	100 »	Anatole Chabouillet	20 »
Mᵐᵉ veuve P. Jousselin	20 »	Jollois	10 »
Francisco Recur	5.000 »	Mᵐᵉ Bonnaire	100 »
Parfumerie Houbigant	100 »	Maurice, Madeleine et Suzanne	60 »
Léon Messener	10 »	M. et Mᵐᵉ Audéoud	100 »
Mᵐᵉ Fernand Bazire	50 »	J. F.	20 »
Flury-Hérard	500 »	Mᵐᵉ Ch. Guasco et sa fille Marie	50 »
Robert Flury-Hérard	5 »	A. Bureau	20 »
Mˡˡᵉ Solange Flury-Hérard	5 »	M. et Mᵐᵉ Paul du Buit	200 »
M. et Mᵐᵉ Carraby	1.000 »	Buvignier	20 »
R. F. et M. W	5 »	Maurice Brault	100 »
L'Illustration	100 »	Léon Guillemot	20 »
Lucien Marc	100 »	Guibout	30 »
Mᵐᵉ G. L.	40 »	Marthe et Thérèse	10 »
Mᵐᵉ J. S.	10 »	E. Frémiet	100 »
Mˡˡᵉ M. C.	10 »	M. et Mᵐᵉ A. Cayar	10 »
M. et Mᵐᵉ M. V.	5 »	Mᵐᵉ Henry Hamelle	100 »
Mˡˡᵉ C. T.	5 »	Figeac (Albert)	20 »
Paul Bertin	2.000 »	MM. Dubonnet frères	200 »
Hélène et Robert	10 »	Eugène Charlet	100 »
Lucien Claude-Lafontaine	100 »	Henri Charlet	100 »
Mᵐᵉ Ledieu	50 »	M. et Mᵐᵉ Lacroix	100 »
In memoriam	20 »	B.	20 »
Mᵐᵉ Constance Quéniaux	25 »	R. Bacot	2.000 »
Mᵐᵉ A. G.	10 »	In memoriam. — H. — M. — M. G.	500 »
Adrien Warée	100 »	M. et Mᵐᵉ Jules Boucher	100 »
Mortimer d'Ocagne	20 »	Saint-Raphaël-Quinquina	1.000 »
J.-B. Gautherin	10 »	Les employés du bureau	103 70
Mᵐᵉ D.	1.000 »	Le personnel des entrepôts	107 40
M. et Mᵐᵉ Georges Jouët	100 »	Mᵐᵉ Ferdinand Pulleu	20 »
Mᵐᵉ Paul Romet	100 »	Le colonel Gobert	50 »
Société sportive d'Encouragement	1.000 »	M. et Mᵐᵉ Nephtali Lévy	40 »
Charles Blasini	100 »	A. H.	50 »
Aucoc père	20 »	Mᵐᵉ la comtesse de Cossé	200 »
A Dambrun	100 »	P. G. G.	50 »
M. et Mᵐᵉ Emile Cervetti	50 »	Mᵐᵉ la comtesse de Biencourt	200 »
M. et Mᵐᵉ Emmanuel Rodocanachi	200 »	E. H. Hofmann	100 »
Antoine Guillemet	40 »	Mᵐᵉ C. Boulouze	20 »
Mᵐᵉ Léon Dubrujeaud	100 »	Mᵐᵉ E. Caruel	20 »
Un Grébicheur	5 50	M. et Mᵐᵉ Edmond Marix	200 »
Ad. Jugla	50 »	Mᵐᵉ J. L. M.	50 »
G. Prat	2.000 »	F. E. F.	20 »
M. et Mᵐᵉ Alexandre Weill	500 »	Baronne de Chateaubodeau	100 »
Jules Lowengard	40 »	Mᵐᵉ Jean Robert	10 »
Othon Lowengard	60 »	Alfred Mayen	100 »
Anonyme	20 »	Mᵐᵉ Gaston Germain	200 »
Paul Sédille	100 »	Constant Benoist	200 »
Maison E. Kees	100 »	Anselme de Mailly-Chalon	100 »
Baronne Nathaniel de Rothschild	10.000 »	M. et Mᵐᵉ P. Goujon	100 »
Comtesse Gabrielle de Rouville	100 »	Cercle Molière	200 »
M. et Mᵐᵉ Jules Prevet	20 »	Benjamin Lunel	10 »
M. et Mᵐᵉ Maurice Vallery-Radot	10 »	Comte de Rambuteau	300 »
Pierre et Jean	5 »	Tante Valentine et ses deux nièces	20 »
Mᵐᵉ Vᵛᵉ Defrémicourt	1.000 »	Paul Cousin	100 »
Mˡˡᵉ Defrémicourt	50 »	Anonyme	50 »
N. H. r. b.	20 »	M. Lecomte, C. H. A.	100 »
M. et Mᵐᵉ de La Durandière	40 »	Gustave Bloch	50 »
Mᵐᵉ Maillard	50 »	Prince d'Altomonte	100 »
Anonyme	2 »	M. et Mᵐᵉ Henri Cottin	200 »
Mᵐᵉ Charles Weisweiller	500 »	Un vieil Algérien	5 »
Ludovic Halévy	100 »	M. G. Montalant	100 »
Mᵐᵉ Victor Dillais	100 »	Marquis et marquise Fressinet de Bellanger	100 »
Jules Beer	3.000 »	Une dame qui a lu « l'Adieu » du Passant	20 »
Mᵐᵉ Vᵛᵉ Henri Descoins	50 »	Henri Stettiner	100 »
Famille Louis Pinglé	50 »	Voisin-Bey	50 »
Adolphe Lussy	10 »	Schloss, Créténier et Cⁱᵉ	50
Duc de Talleyrand-Valençay	1.000 »	M. et Mᵐᵉ Philippe Schloss	20 »
Georges Gagneau	100 »	Charles Moutier	50 »
Mᵐᵉ Hermandine Ducatel	100 »	René Beau	40 »
M. et Mᵐᵉ Georges Blanchard	50 »	Une abonnée	50 »
Mᵐᵉ Segretain	50 »	Mᵐᵉ de Montry	10 »
Martin	100 »		
M. et Mᵐᵉ Frédéric Flersheim	300 »		

Mme Laraussie-Gilton	5 »
Mme Eugène Soubiès	50 »
E. Dreux	300 »
Taverne Pousset	100 »
M. et Mme Charles Max	100 »
Mme Jules Curlier	50 »
Mme de Montalivet	500 »
C. Duvergey-Taboureau	50 »
Ph. de Saint-Paul	100 »
Coutin et fils	10 »
Edouard Cottiau	10 »
F. D.	5 »
Edmond Rodier	100 »
Anonyme A. E. M.	1.000 »
M. et Mme Armand Jarry	20 »
Th. Cocrard	200 »
E. G. L. A. C.	50 »
M. et Mme Paul Collin	100 »
M. et Mme Maurice Nelson	20 »
Mme Maurice de Navacelle	100 »
M. François	500 »
Louis Diémer	50 »
Mme de Provigny	3.000 »
Wenceslas Kateneff	50 »
Mme Catherine Ullmann	250 »
M. et Mme Adolphe Lemaire	50 »
Mme A. de B.	5 »
Mme Pelletreau	200 »
Duchesse douairière de Noailles	1.000 »
E. B.	20 »
M. et Mme Cordelle	15 »
Mme Marie Lloyd	20 »
M. et Mme Maurice de Coze	100 »
E. Bruneau	100 »
Mlle Cocard	20 »
Poiré et Blanche	100 »
Mme Léon Lambert	50 »
Mme Thouvenin	50 »
Comte L. de Montesquiou	50 »
Une grand' mère et ses neufs petits-enfants	100 »
C. Baud	20 »
Mme Gustave Hoche	50 »
M. et Mme Léon Liger	100 »
Maison Boissier	500 »
M. et Mme Charles P..è	200 »
C. E.	20 »
M. et Mme P. B.	20 »
Marie Scalini	40 »
M. et Mme A. Delaruelle	10 »
Comte de Rougé	500 »
H. W.	10 »
MM. Walden Pell	100 »
Deblock	100 »
André Deblock	50 »
M. et Mme Eugène Verdié	100 »
Muller et Blaisot	100 »
A. de Chambure	50 »
Félix Le Couteulx	50 »
Comte Sala	100 »
Mme Edmond Carié	20 »
Mme L. B. A. V. H.	20 »
Mme la comtesse Greffulhe	2.000 »
Mme Emile Réty	20 »
Charles Margat-Morin	50 »
Mme Ridgway	1.000 »
Marquis de Ganay	500 »
M. et Mme Edmond Fabre-Luce	500 »
M. et Mme Ferdinand Périer	100 »
Edmond, Joseph, René et Mlle Marie-Thérèse Périer	100 »
M. et Mme A. Robert-Desgaches	20 »
Stéphen Liégeard	100 »
Marquis et Marquise de Pennautier	200 »
M. et Mme Casimir Berger	50 »
Comte de Saint-Cricq	100 »
Albert Le Roy	20 »
M. et Mme Brocard	100 »
M. et Mme E. Carpentier-Speiz	100 »
M. E. Blavet	30 »
Mme Theurey	100 »
Jacques et Denise	100 »
Emile Bouchaud	200 »
Mme veuve Gustave Lebaudy	1.000 »
Mme Regnard	20 »
Péan de Saint-Gilles	300 »
J. Kulp	250 »
Chevalier H. Adlerstein	100 »
Binant et ses petits-enfants	50 »
Mme Lesigne	20 »
Alfred Danès	50 »
Jules Levita	100 »
MM. George Lord Day	100 »
Gustave Clasens	100 »
M. et Mme H. D.	50 »
M. de Baudreuil	100 »
S. G. E.	1.000 »
M. et Mme de Valois	500 »
Prince J.-B. Borghèse	100 »
C. L.	20 »
Mme veuve Joseph Arène	20 »
Mme Benoît Bonfante	20 »
M. et Mme François de La Haye	100 »
Mme Edouard Hurtel	20 »
Mme de La Haye	50 »
E. Hoskier	2.000 »
H. Hoskier	500 »
Marquise d'Elbée	500 »
Comtesse Bertrand de Guitaut	500 »
Mme Camille Bellaigue	500 »
Baronne Eugène de Galembert	500 »
Mme Jean Brunhes	500 »
Michel Ephrussi	2.000 »
Marquise de Lambertye	500 »
O. Maggiar	200 »
Mme Amédée Clérambault	50 »
Marquis et Marquise de Vaulserre	100 »
M. et Mme A. Arman de Caillavet	100 »
Baron de Saint-Simon	25 »
Paul de Saint-Simon	25 »
Léon Denavit	50 »
M. et Mme E. Liebbe	20 »
Fave	6 »
Comte d'Hassonville	100 »
M. et Mme H. N.	10 »
Flore, André et leur mère	50 »
Mlle Berthe de La Chère	300 »
De Baecque, Beau et Cie	100 »
Comtesse J. de Loynes	200 »
Georges Hartog	200 »
Henri Rainouard	40 »
Mme Fournier-Sarlovèze	1.000 »
L. Duhamel	5 »
Mme Jeannette Bell	1.000 »
Mme Réthoré mère	20 »
Mme Henri Réthoré	20 »
Bocher	1.000 »
Mme Jane Debillemont	20 »
Mlle Magdeleine Godard	20 »
Marcel Théry	5 »
Mlle Chevassu	20 »
Vte et vicomtesse de Bostquénard	50 »
Ferdinand Bischoffsheim	2.000 »
P. R.	50 »
M. et Mme Osmond du Tillet	200 »
Mlles Hélène M. et Louise D.	100 »
Marquis et marquise de Perrigny	20 »
Stern	100 »
Mme P. Montarlot	20 »
Mme Tillard	20 »

Mᵐᵉ veuve Bal	40 »	Jules Roche	20 »
Dufayel	1.000 »	Tofani	30 »
Paillard	100 »	Mᵐᵉ Albert Bataille	20 »
E. Motet	100 »	Comte et comtesse Tornielli	500 »
M. et Mᵐᵉ Adolphe Chenevière	100 »	Manuela	10 »
Jacques Chenevière	20 »	Mᵐᵉ veuve Lebègue	25 »
Alexis Creuzé de Lesser	1.000 »	U. M	5 »
Compagnie Liebig	250 »	M. et Mᵐᵉ Lefébure	20 »
Marquis et marquise de Massa	200 »	Grand'mère L. P	20 »
Lagrange, Cerf et Cⁱᵉ	300 »	Lecour	20 »
Mᵐᵉ Edgard Stern	3.000 »	Louis Nicolas	100 »
André Fould	500 »	William Pearson	100 »
Comte de Chambrun	1.000 »	F. Lazard	5 »
Comte et comtesse F. Valery	30 »	A. Person	5 »
Don anonyme	200 »	M. et Mᵐᵉ Jules Blanck	50 »
Mᵐᵉ de Maillefer	100 »	M. et Mᵐᵉ Philippe Belthoise	5 »
Docteur Henri Barth	100 »	Ernest Demay	50 »
Pauline R	20 »	Baronne Salomon de Rothschild	6.000 »
A. R	50 »	Œuvre des Enfants tuberculeux	100.000 »
L. Many	50 »	J. de Kerjégu	1.000 »
Mᵐᵉ Z. C	100 »	MM. Louis et Raphaël Cahen d'Anvers	3.000 »
René Cahen	100 »	Mᵐᵉ Louis Cahen d'Anvers	1.000 »
Amand Le Vasseur	100 »	Comtesse Edmond de Portalès	1.000 »
Anonyme	10 »	Cᵗᵉ et Cᵗᵉˢˢᵉ Jacques de Pourtalès	200 »
Mᵐᵉ Édouard Hervé	100 »	Cᵗᵉ et Cᵗᵉˢˢᵉ Paul de Pourtalès	300 »
Edouard Hervé	100 »	Cᵗᵉ et Cᵗᵉˢˢᵉ Hubert de Pourtalès	300 »
Marquis du Lau d'Allemans	100 »	Baron et baronne de Berckheim	100 »
Mᵐᵉ M. Raffalovich	50 »	Mⁱˢ et marquise de Loys-Chandieu	100 »
Mᵐᵉ O'Brien-Raffalovich	50 »	Mᵐᵉ Isaac Pereire	3.000 »
Emile Decombes	5 »	M. Gustave Pereire	1.000 »
Mᵐᵉ Pilzer	20 »	Baron du Mesnil	1.000 »
Marquise d'Aramon, douairière	2.000 »	Mˡˡᵉ Henriette Fouquier	180 »
Comtesse Louis de Montesquiou	100 »	Mᵐᵉ Henri Fouquier	20 »
Marquise d'Aramon	100 »	M. et Mᵐᵉ Paul Darblay	2.000 »
Mᵐᵉ veuve Hugot	40 »	M. et Mᵐᵉ Aimée Darblay	1.000 »
M. et Mᵐᵉ Arthur Van den Berghe	20 »	M. et Mᵐᵉ Edouard Lebey	200 »
Mᵐᵉ Edouard Nathan	1.000 »	Agence Havas	300 »
Mᵐᵉ Hellot	100 »	M. et Mᵐᵉ Raoul Treuille	500 »
Comte de Carvalhido	100 »	M. et Mᵐᵉ Aubry-Vitet	500 »
Charles Perrissin	50 »	M. et Mᵐᵉ Pierredon	500 »
Mᵐᵉ A. Cozette	20 »	Parfumerie Oriza	200 »
M. et Mᵐᵉ O. de Lauriston-Boubers	500 »	Mᵐᵉ Edmond Haas	100 »
Mᵐᵉ Armand Brun	100 »	Les fils de A. Deutsch	2.000 »
Mᵐᵉ Eugène Meurice	100 »	Le docteur et Mᵐᵉ Péan	500 »
Maison Virot	300 »	Club anglais	200 »
M. et Mᵐᵉ d'Espinay	100 »	H. P. 1555	20 »
Comte et comtesse Hélie de Durfort	200 »	Mᵐᵉ Gaston Jollivet	50 »
A. Kartzow	100 »	M. Jules Lemaître	50 »
Mᵐᵉ Maxwell Hoddle	500 »	M. Louis Mill	100 »
Prince de Kapurthala	1.000 »	Baron E. V. Deslandes	100 »
M. et Mᵐᵉ Tattegrain	50 »	M. et Mᵐᵉ Hubert Dauphin	100 »
Mᵐᵉ Ritt	25 »	M. et Mᵐᵉ Abel Rainbeaux	200 »
Charles Porgès	1.000 »	La Préservatrice	500 »
Mᵐᵉ Lombard	100 »	Henri Duchêne	100 »
Mᵐᵉ veuve Ravaut	40 »	Le baron Gérard	2.000 »
Gustave Desmazures	300 »	Mᵐᵉ veuve A. T	50 »
Suzanne et Jules T	10 »	Mᵐᵉ A. Paquet	100 »
M. et Mᵐᵉ J. Haymann	25 »	Mᵐᵉ Jules Joest	1.000 »
G. Jackson	20 »	Mᵐᵉ Escoffier	25 »
H. de Suarès d'Almeyda	50 »	M. Alfred Mayrargues	60 »
Mᵐᵉ Katinka Féhéry	200 »	MM. André et Edmond Mayrargues	40 »
Rouff	500 »	Mᵐᵉ Maurice Weil	500 »
Comtesse Pillet-Will	100 »	C. A. Auffm Ordt	1.000 »
Le Bon Marché	5.000 »	Bᵒⁿ et Bᵒⁿⁿᵉ de Chabaud La Tour	200 »
Mᵐᵉ Gaston Faure	100 »	J.-H	100 »
Mᵐᵉ Yves	5 »	Louise Vincent	20 »
Henri Fossey	20 »	Gaétan de Venoge	500 »
Norberg père	100 »	« La Luxembourgeoise »	50 »
Mᵐᵉ Léon Guérin	200 »	Mᵐᵉ Alphonse Lucas	100 »
Comte et comtesse de Ganay	3.000 »	Mᵐᵉ Lebey mère	200 »
Mˡˡᵉ Louise Granjean	50 »	M. et Mᵐᵉ Lucien Magne	50 »
Gellé frères	300 »	M. et Mᵐᵉ Henry Pereire	1.000 »
G. du Bellay de Canneville	20 »	Jean Raimond	20 »
M. et Mᵐᵉ Edmond Itasse	20 »	M. et Mᵐᵉ Auguste Loiseau	50 »
Mᵐᵉ Edouard Bertrand	30 »	M. et Mᵐᵉ Georges Dubois	50 »

Mme Paul Buffet	40 »		Emerique	100 »
Mme Depaux-Dumesnil	20 »		En mémoire de Mme Hennessy	5.000 »
Michel Heine	5.000 »		Marquis et marquise d'Espeuilles	200 »
Mme Louis Morin	50 »		Mme Edmond Archdéacon	1.000 »
M. et Mme Jules Gouin	2.000 »		L. B. et H. B.	10 »
Mme Le Perdriel	100 »		Mme J. B.	20 »
Mme veuve Malhèvre	20 »		Madeleine F.	20 »
Paul Bosseux	20 »		Comte et comtesse Isidore Salles	200 »
Théâtre-Office	10 »		Comte Gustave Salles	100 »
M. et Mme J. de Lapisse	100 »		Mme Edgar de Sincay	300 »
M. et Mme Léon Fould	2.000 »		Vicomte et vicomtesse de Maupeou	100 »
Claude et Lise	20 »		Mme Ayer	1.000 »
Comte de Béthune	100 »		Mme Robino	20 »
M. et Mme Victor Brach	200 »		Lady Marguerite Thunder	100 »
M. et Mme J. Kugelmann	20 »		Georges, Paul, Germain et André B.	30 »
G. Kugelmann	5 »		Mme J. P.	20 »
Vicomte E. de La Moussaye	20 »		Mme J. H.	20 »
Paul Garnier	20 »		Alexis Manuel	100 »
C. P.	2 50		Mme René Brice	100 »
Georget Dargel	20 »		Comte Alof de Wignacourt	500 »
Ch. Gouffé	20 »		Comte et comtesse de Durfort	1.000 »
Louis et Jeanne	10 »		Duchesse de Gadagne	100 »
Paul et Marguerite	10 »		Mme de Blanpré	100 »
Louis Davennes	20 »		L. Bertrand-Geslin	100 »
M. et Mme Guy de Courcy	100 »		Mis et marquise de Montboissier	500 »
Godard Decrais	100 »		L'Art et la Mode	50 »
Journal des Sports	100 »		Mme Charles Chantel	50 »
Ecole du Travail	100 »		Comte et comtesse Terray	100 »
Mme la comtesse F. de Lesseps	50 »		Mme Beulé	100 »
Docteur Lucien Jacquet	50 »		A. J. M.	200 »
Mme Bertin	10 »		Mme Mignotte	100 »
Chaboche	100 »		M. et Mme Charles d'Aristes	100 »
M. et Mme Léon Tual	100 »		Paul d'Ariste	10 »
M. et Mme A. Vallet	20 »		M. et Mme Raymond Chevalier	200 »
M. et Mme Henri Soubies	50 »		Louis de Baudrueil	100 »
Félix M.	20 »		Jean	20 »
M. et Mme Hermann Léon	100 »		Comte et comtesse Albert Bertier	100 »
M. et Mme André Pastré	1.000 »		A. T. — G. T.	40 »
Mme E. F.	10 »		Comtesse Théodore d'Estampes	1.000 »
A. Boulanger	30 »		Duc de La Force	500 »
Jane et Robert	20 »		Mme D. Le Barazer	40 »
Mme E. de B.	50 »		Comte et comtesse de Lariboisière	1.000 »
Mme Frédéric Lecocq	20 »		A. Chenu. M. P.	100 »
Edouard Elias	100 »		René Ricard	100 »
Léon Chevalier	300 »		M. et Mme Desfossés	100 »
« Le Sauveteur »	5 »		M. et Mme Edouard Kleinmann	500 »
« La Bienfaisante Israélite »	500 »		Mme de Bartholomey	100 »
M. et Mme Back de Surany	100 »		Yatcht-Club de France	500 »
Suzanne, Marie, Hippolyte Worms	150 »		M. et Mme E. D.	25 »
Comtesse Dupetit-Thouars	100 »		Mme Boullaire	25 »
Henry Singer	20 »		Mme Feutard	150 »
Eugène Mira	20 »		Les enfants Gossiome	20 »
Henri Caen	10 »		M. et Mme Emile Cornuault	100 »
American Bar	20 »		Baronne James de Rothschild	3.000 »
Jeanne de L.	10 »		Mme Ernest de Normandie	500 »
Comtesse de Gramont d'Aster	1.000 »		Grunberg	50 »
Catherine et Denise de Lavigerie	100 »		Céline et Gabrielle	20 »
M. et Mme C. W.	50 »		Maurice Fenaille	500 »
Mlle Hélène, MM. Jacques et Michel Sabatier	20 »		R. Griffon	100 »
Comtesse R. de Béarn	3.000 »		Bodinier	30 »
M. et Mme Grand d'Hauteville	300 »		Mme Bodinier	20 »
Chappey	100 »		E. Warneck	100 »
Mme Georges Landry	50 »		Comte Louis de Turenne	40 »
Georges Landry	50 »		M. et Mme Achille Fould	5.000 »
Mme Garnot	100 »		Comte J. et M. de Camondo	1.000 »
M. et Mme P. Gossiome	10 »		Mme Balco	20 »
Anonyme	50 »		Mme Jules Raimbert	500 »
Vicomte d'Harcourt	500 »		Mme Estave Raimbert	300 »
Schmid-Hérault	20 »		Nicole et Pierre	200 »
Famille M. B.	50 »		Un Russe	20 »
Marquis et marquise de Luppé	200 »		M. et Mme A. M.	40 »
M. et Mme Donald Sandilands	100 »		Edouard Bertinot	100 »
Mme Henri Renouard	20 »		Charles Bertinot	100 »
Cte et Ctesse de Cossé-Brissac	200 »		M. et Mme G. de Lagarenne	100 »
			Mme P. de K.	20 »

Un abonné	100 »
Ch. Buquet	100 »
M. et Mme Lee Childe	200 »
Mme Alfred Chatard	100 »
Edouard Cornu	200 »
Albert Cornu	50 »
Louis Dillais	100 »
Jules Marcotte	20 »
Mme Languillet	20 »
Louis Van Moppès	20 »
M. et Mme Georges Picot	500 »
Mme Prosper Durand	20 »
M. et Mme Arthur Chasseriau	40 »
M. et Mme Vauthier	15 »
Comte Adrien de Lévis-Mirepoix	100 »
Mme veuve E. D.	50 »
J. Faure	100 »
Victor Cherbuliez	100 »
Baron et baronne de Lassus	1.000 »
De Courtois	50 »
Albert Renault	100 »
Mme A. P. J.	20 »
Grand Hôtel de Bade	23 50
A. Mazerat	500 »
Mlle Roussac	100 »
M. et Mme Adrien Deseilligny	300 »
Albert Rolland	100 »
M. et Mme Amédée Lefèvre-Pontalis	300 »
Mme Nelly Tellier	20 »
Philippe Sichel	100 »
R. D. D.	200 »
M. et Mme Ferdinand Chauchat	100 »
Jeunes gens du Faub.-Saint-Germain	10 »
Mme A. D.	50 »
Mme Gavard	100 »
A. L. D.	50 »
Mme la Baronne G. Bertrand	20 »
Mme veuve Fargue	50 »
Mme Lecat	20 »
M. S.	500 »
Alexandre Picard	20 »
Mme Bonnellier	10 »
Paul et Suzanne Garsaux	10 »
Mme Garsaux	20 »
Mme la baronne Finot	200 »
M. et Mme Pranville	40 »
G. Polacco	100 »
Mis et Mise R. Paulucci dei Calboli	100 »
Frédéric, Daniel et Josiane Monnier	100 »
Mme Bartet	100 »
Denormandie	200 »
Mme Alliot	40 »
Hélène et Robert	20 »
Mme Arnold Marx	200 »
M. et Mme Madin	50 »
André Papillon	50 »
M. et Mme N. H.	100 »
M. et Mme Ridgway	1.000 »
Georges et Raymond Richard	10 »
M. et Mme de Barberey	200 »
Baron et baronne Seguier	200 »
M. et Mme F. Kleinberger	40 »
Olga Kleinberger	10 »
Charles Nicolle	10 »
Mme Th. Morot	50 »
H. Dufort	100 »
Paul Fourier de Bacourt	40 »
Comte et comtesse Pozzo di Borgo	1.000 »
Mme veuve Ch. Polini	10 »
Mlle G. Polini	5 »
M. et Mme G. Godet	5 »
M. le Dr et Mme Jules Worms	100 »
Mme Perret de Maisonneuve	20 »
Vicomte P. de la P.	20 »
Comte et Comtesse Guillaume de La	
Roche-Aymon	500 »
Comte de Basterot	100 »
Vte et Vtesse Louis de La Redorte	1.000 »
Emile Grégoire	40 »
Mme de Montigny et M. G. de Montigny	100 »
Vicomte Alain de Maingard	50 »
Comte de Maingard	100 »
Anonyme X. Y.	50 »
Mme Alexandre Guérin	500 »
Mme Ernest Guérin	100 »
Mlle Marie Laroche	5 »
Vte et Vtesse Gérard de Ganay	500 »
Baron Jules Evain	100 »
Mme d'Arthez, née de Lalande	100 »
Mme Paul Le Bret	250 »
Mme Maciet	100 »
Mme Ch. Azevedo	200 »
Cercle de la rue Royale	2.000 »
Baron et baronne Ch. de Launay	100 »
Sully Prudhomme	100 »
E. P.	2 »
Fernand de Mas	20 »
Mme Albert Esnault Pelterie	300 »
Vicomtesse de Grandval	20 »
Comte Kostia de Louvencourt	50 »
Baron et baronne Georges de Balorre	300 »
M. et Mme Henri Schneider	1.000 »
Baron et baronne de Berwick	100 »
Vicomte C. de Villebois-Mareuil	100 »
Mme E. D.	100 »
Mme G. C.	150 »
Segroeg	20 »
Lieutenant-colonel Cottin	1.000 »
Mme Alfred Bruneau	20 »
R. Pallu du Bellay	20 »
Mme C. Spiers	100 »
Mlle A. Magnan	10 »
Mlle Louise Porcher	2 »
Baron et baronne de La Chevrelière	300 »
MM. René et Urbain de Saint-Périer	500 »
Comte Florian de Kergolay	200 »
Comte Jeoffroy de Kergolay	200 »
Comte Jean de Kergolay	200 »
Maison du Confortable	50 »
Anonyme	50 »
Mme Coquelin aîné	50 »
Jean et Paul de Marguerittes	20 »
Albert Gallois	20 »
Mme L. D.	50 »
Comte et comtesse B. de Bouillé	100 »
M. et Mme Georges Métra	20 »
Famille B.	50 »
Comte Lanjuinais	1.000 »
Comte Henri de Thannberg	50 »
M. et Mme Henri Collin	100 »
M. et Mme F. des Moutis	100 »
Casimir Yvart	100 »
Baron Napoléon Renault	10 »
Pauline Weil	100 »
Mlle Elisabeth de Mailly-Châlon	100 »
M. et Mme Ambroise Giraudeau	100 »
Vicomtesse M. de Castex	100 »
A. G. — M. G.	10 »
M. Théodore Weber	20 »
M. et Mme Th. Weber	40 »
M. et Mme de Vésian	100 »
Mme veuve Henry Vinay	60 »
M. et Mme Champigneulle	20 »
Mme de Pero	30 »
Mme Vimont	5 »
Henri Cardozo	300 »
M. et Mme Ch. Eitsa	10 »
Maurice Guérin	100 »
A. L.	100 »
M. et Mme Armand Cottin	100 »

Mme P. Leclerc	20	»	Un domestique père de famille	2	»
Paul Belloir	100	»	Mme Boré-Verrier	100	»
J. M.	100	»	Comte de La Redorte	1.000	»
Docteur Anthelme Combe	100	»	F. B.	20	»
M. J.-B. Vaillant	50	»	Mlle H. S.	20	»
Mme J.-B. Vaillant	50	»	Mme Holzschuch	100	»
E. Nast	20	»	Mme Eug. Capiomont	200	»
Maison Doucet	500	»	Mme A. Hubner	200	»
La Belle Jardinière	1.000	»	M. et Mme Albert Mallac	1.000	»
Mme J.-P Normand	100	»	Mme et Mlle Chenaud	50	»
M. et Mme Jacques Normand	100	»	Adolphe Huillard père	20	»
Une dame veuve	20	»	Une jeune fille	5	»
A. A.	2	»	M. et Mme Jean Roland-Gosselin	500	»
G. Lemaître	30	»	Mme la baronne de V. de G.	20	»
Mlle M.	5	»	Mme Becker	100	»
Mlle J.	5	»	Mlle B. Becker	50	»
Sussmann, Rheims et Ce	100	»	M. et Mme Martin Sabon	50	»
Docteur Delmas	50	»	L. C E. V.	10	»
M. et Mme Ph. Cunin-Gridaine	100	»	Mme Th. Bra	100	»
Mme Barratin	500	»	Mme veuve L. Mors	20	»
Magasins « A la Paix »	50	»	Comte et comtesse L. d'Harcourt	500	»
Personnel des Magasins	10	»	Mme Albert Brisset	20	»
Une famille israélite	50	»	Comtesse de Vergennes	100	»
M. et Mme Georges Lemoine	100	»	Comte Beugnot	100	»
Mme veuve Buncompagne	100	»	Mme Gustave Grincour	100	»
Félix Potin et Cie	1.000	»	Baron A. de Launay	300	»
Léon Dehesdin	50	»	Mme veuve Emile Mayer	20	»
Espivent de La Villesboinet	50	»	Baronne Madeleine Deslandes	100	»
M. et Mme Arthur Weill	20	»	Baron et baronne Girod de l'Ain	200	»
Mme E. Monteflore	300	»	Georges Henry Manuel	100	»
André Pastré	100	»	Une grand'mère	20	»
Baronne M. de Kœnigswarter	500	»	Mme Georges Amson	100	»
Edouard Ligney	50	»	Vte et Vtesse Paultre de Lamotte	50	»
Mme et Mlle Grimberghs	200	»	Kulp	300	»
S. C.	20	»	Mme de Candamo	1.000	»
Mlle Georges Cain	20	»	Mme veuve Abel Pilon	100	»
Barillet	20	»	M. L.	2	»
Mme veuve H. G.	100	»	Maurice Pottier	25	»
Mme Adrien Hébrard	100	»	Marquereau	25	»
M. et Mme Sohier	150	»	Comte de Beauregard	100	»
P. C.	200	»	Geas	50	»
Brière	20	»	Les enfants A. D.	400	»
Mme Léon Landais	200	»	Duc et duchesse de Mandas	2.000	»
M. C. L.	10	»	Marmontel, père et fils	20	»
E. Lemouettre	20	»	Mme S. Martin	30	»
A Bellaigue	100	»	Mme et Mlle Carmen de Cazotte	100	»
G. P.	3	»	M. et Mme Emile Périllat	100	»
Valérie Verhasselt	5	»	Mlle Suzanne Périllat	20	»
A. de La Coulonche	20	»	M. et Mme Ed. Lèbe-Gigun	50	»
M. et Mme Maugis	500	»	Mme J. D.	10	»
M. et Mme A. Benoiston	50	»	Albert Ellissen	1.000	»
P. D.	100	»	Mme Dépensier	10	»
M. et Mme Paul Droz	100	»	Mlle Isabelle Dépensier	5	»
Mme Frédéric Masson	100	»	Mlle Hélène Dépensier	5	»
Charles et Pierre Blanchard	50	»	Baron de Noirfontaine	50	»
Mme veuve J. M.	20	»	Edmond de Noirfontaine	50	»
Comte de B.	100	»	M. et Mme A. S. et leurs enfants	100	»
Osiris	1.000	»	F. B.	10	»
Duchesse de Reggio	100	»	E. B.	5	»
F. de Girondon Pralon	50	»	Pce et Pcesse Bassaraba de Brancovan	1.200	»
Mme Reuben Gubbay	100	»	Comtesse Dziatynska	500	»
Raymond Laffitte	100	»	Mme Louis Singer	3.000	»
Atelier Perrin, Deydier et Cie	22 85		Miallet	60	»
Duc de Trévise	500	»	Mme Charité	20	»
Baronne de Beauverger	500	»	Mme Edmond Durand	50	»
Baron de Beauverger	500	»	M. et Mme Alex. de Mazade	100	»
M. et Mme du Breuil de Saint-Germain	500	»	M. et Mme A. Michalon	40	»
M. et Mme Trubert	500	»	Robert Lebaudy	2.000	»
Fanny B.	10	»	Maurice Bischoffsheim	500	»
M. Arachequesne et Mme Santerre	50	»	Comte et comtesse du Tillet	100	»
M. et Mme L. Viat	500	»	Gustave Schlumberger	100	»
M. et Mme Raymond Saleilles	50	»	Patchouna	200	»
Léon Carvalho	100	»	Hôtel Cusset, Paris	50	»
J. L. Souvenir	200	»	Mis et Mme de La Tour-Maubourg	40	»
Baron Saint-Cyr Nugues	100	»	J. P., Bruxelles	5	»

M. et Mme E. Damagnez	20 »	Ed. Gibou	100 »
Mme Adolphe Ving	20 »	Mme Elie Weill	100 »
H. F	6 »	Docteur Max Tacke	100 »
A. P	10 »	Général Langlois	40 »
G. P. L	5 »	Mme Langlois	40 »
Mme Henry Gréville	20 »	Louis Langlois	20 »
F. J	20 »	M. et Mme de Malherbe	100 »
Mme Gattier	10 »	M. et Mme Alfred Engel	1.000 »
Henri Monod	50 »	A. R	15 »
Maury	10 »	Alphonse Carels	100 »
Bernard Alexandre	10 »	Marcandier	100 »
Duraud Paul	10 »	M. et Mme J. Bivort	50 »
Evrard	10 »	Baronne de Chateaubodeau	100 »
Simon	10 »	M. et Mme A. Brolemann	20 »
Collard	10 »	Comte Armand	500 »
Bernard Maclin	10 »	Baronne Le Lasseur	500 »
« Petit Jean »	5 »	H. S. de Gravigny	100 »
Mme et Mmes Charles Thouin	50 »	Marquis et marquise de Breteuil	1.000 »
Pauline-Henry	40 »	Marquis et marquise de Castrone	200 »
M. et Mme Albert Wahl	100 »	Mme A. Boucher	500 »
Comte de Vallerand	25 »	Marquis et marquise de Gourgault	50 »
Walter Gay	100 »	Emile Wauters	200 »
Alexis Rostand	100 »	J. de Marsilly	100 »
Maurice Le Clercq	20 »	Mlles Riottot	105 »
Agop Osquian	10 »	Mme Saint-Olive	500 »
J. S	5 »	Comte et comtesse de Polignac	1.000 »
H. R	5 »	M. L. W	50 »
Prince Radziwill	1.000 »	Mme S. W	50 »
Baron H. de Bleichrœder	5.000 »	Edouard Barre	100 »
Paul Schiff	1.000 »	Mars	50 »
Henri Grandpierre	50 »	Enfants Gillaizeau	100 »
Baronne Oppenheim	100 »	Marquis d'Ivry	50 »
Mme Raveneau	100 »	PAC. 73.209	50 »
Paul Fould	1.000 »	Mme Jean Lhomer	20 »
Cercle agricole	2.000 »	Docteur T. Keller	100 »
Mme Roger-Miclos	50 »	En souvenir de M. Bostrœm	100 »
Comte et comtesse de St^e-Aldegonde	100 »	Paul Féraud-Giraud	20 »
Comtesse de Casa-Miranda	500 »	M. Anthony White	100 »
M. et Mme M. Sassoon	500 »	Comte R. de Franqueville	500 »
Marquis et marquise de Bonneval	100 »	Mme C. Moullé	40 »
L. Scheuch	20 »	Georges Corbin	15 »
Mme Bernerette Gandrey	50 »	Yvonne et Paul	20 »
M. O. Martini	1.000 »	B. A. B. M. E. P. R. Y. M.	25 »
Mme P. Firmin-Didot	500 »	Henri et Jean	100 »
M. P. Féraud-Giraud	20 »	J. P	20 »
Alfred Danis	50 »	Comte et comtesse d'Hauterive	50 »
Mme Polovtsoff	1.000 »	Reynal	5 »
Comtesse Foy	1.000 »	M. et Mme Fauconneau-Dufresne	50 »
Maurice Kaiser	20 »	Cora et Suzon	12 »
Edmond Dollfus	1.000 »	Union agricole de France	500 »
Mlle Ernestine Guérin	10 »	C. et J. Beaujean	20 »
A. B	20 »	Baron et baronne Hulot	50 »
Bébé Jacques	3 »	Mme Mélanie S. J.	10 »
Mme Maurice Roques	10 »	J. R. G	5 »
Edouard Nadaud	20 »	Edmond Bonnaffé	100 »
Cercle de la Dèche	1 55	Veuve L	5 »
Paul Boudarie	5 »	Mme Halanzier	50 »
Champ et Charron	5 »	Adolphe Lussy	10 »
Em. Bourquelot	25 »	M. et Mme Ritt	100 »
Petit J. M. Hérard	5 »	L. B	50 »
Mme d'A	10 »	M. et Mme C. Weyman	100 »
J. et S. Lamieussens	20 »	Comtesse Foucher de Careil	200 »
M. et Mme C	20 »	Edmond Toutain	100 »
Anne et Maddy	20 »	Société des amateurs	1.500 »
M. Malmain	40 »	Cuisinière et femmes de chambre	6 »
M. M. de S	10 »	E. Louvet-Gay	10 »
Ferdinand B	20 »	Mme C. V	5 »
Reichel	10 »	Mme Léonard Ochs	100 »
Juliette Tardieu	10 »	Godefroy	5 »
Charlemont	20 »	Mme A. D	300 »
Mme Hugues Le Roux	50 »	M. et Mme A. Bordeaux	50 »
Mme P. Lompré	25 »	M. M. de S	10 »
Mme A. Morel	20 »	Anonyme	20 »
Albert Boilesve	20 »	Mme E. S	20 »
Mme Alfred Lemaître	5 »	« Ibant gaudentes »	25 »

L. Trowotny	21	»	Prosper Garrigues	20 »
G. Lasalle et A. Mairant	5	»	Ch. Mannheim	100 »
Chemiserie spéciale	37	»	Mᵐᵉ M. Delacroix	20 »
Jollois	20	»	Max D	10 »
Henri Piscot	5	»	M. et Mᵐᵉ A. L	20 »
M. D	10	»	M. et Mᵐᵉ Alby	50 »
A J. L. G	5	»	R., M., B. et S. Alby	20 »
E. Dardet	5	»	Périer, Mercet et Cⁱᵉ	2.000 »
M. et Mᵐᵉ A. Cahen	500	»	J. H	50 »
Baronne M. Tossizza	1.000	»	Prince Stirbey	200 »
Mˡˡᵉ Hélène Dardet	3	»	MM. Candés et Cⁱᵉ	100 »
Auguste Dardet	2	»	M. J. L	20 »
Eugène Vivier	10	»	Mᵐᵉ veuve Estienne	1.000 »
E. Garnier	5	»	M. et Mᵐᵉ Ph. Estienne	100 »
M. A. D	20	»	M. et Mᵐᵉ R. W. Corbin	200 »
Léon Cléry	200	»	Mᵐᵉ L. B. Citroen	50 »
Mᵐᵉ Bonneville	5	»	Joaquin Caso	100 »
Anonyme	5	»	M. A. Bronis Goldfeder	50 »
M. et Mᵐᵉ de Bonnechose	200	»	Wolfers	50 »
M. et Mᵐᵉ Simonnet	100	»	Mᵐᵉ A. Fenaille	100 »
L. T. Piver et Cⁱᵉ	200	»	Sigmund Lilienthal	500 »
L. N	100	»	M. et Mᵐᵉ G. Pouchet	100 »
Paul Junior	50	»	J. J. M. L. A. M	100 »
M. E. B	20	»	Hubert Michel	300 »
Mᵐᵉ Charles Fauler	100	»	Alfred Sommier	1.000 »
Mᵐᵉ E. Delhomme	20	»	Etienne, Gaston, Emilie	50 »
Vicomte de Sartiges	100	»	M. et Mᵐᵉ Chaisemartin	100 »
C. L	20	»	J C. H	50 »
Duchesse de Monteagudo	1.000	»	M. Chanton	20 »
J. C. H	100	»	Raymond Lazard	200 »
Anonyme	100	»	Adolphe d'Ennery	200 »
Anonyme	100	»	Mˡˡᵉ Marie Ador	10 »
Chanton	100	»	M. A. P	20 »
Baron et baronne Lambert	100	»	S. S	5 »
Lefebvre de Viefville	300	»	M. S	20 »
Mᵐᵉ G. Guignard	100	»	Mᵐᵉ Bounetou	100 »
Comte et comtesse de Méré	100	»	M. et Mᵐᵉ Henry Tenré	50 »
Mᵐᵉ de Villers	500	»	Perdoux, Bourdereau, Véron et Cⁱᵉ	100 »
Mᵐᵉ Alexandre Dumas	200	»	Mᵐᵉ Haubt	50 »
M. Bernier	50	»	E. Morio	5 »
Mᵐᵉ Charras	100	»	Mᵐᵉ veuve F. Moireau	100 »
Mᵐᵉ Jules Ferry	100	»	Mᵐᵉ Ch. Gadala	100 »
Mˡˡᵉ J. de Lamaze	100	»	J. D. L. R	50 »
Mᵐᵉ Prévost-Pérot	40	»	Lefebvre de Viefville	200 »
J. M. E	100	»	M. et Mᵐᵉ E. Lecocq	100 »
M. et Mᵐᵉ Jules Rueff	1.000	»	Jules Degalle	50 »
Maurice Talmeyr	25	»	Alfred Neymarck	50 »
Mᵐᵉ Dejouy	15	»	Th	20 »
E. Cabrol	50	»	Mᵐᵉ veuve F. Lefebvre	500 »
A. B	20	»	Jacques Lefebvre	200 »
Mᵐᵉ Cent et sa fille	5	»	C. Blanchet et ses enfants	6 »
M. et Mᵐᵉ Charles Talle	50	»	E. C. Bonnail	5 »
A. L	50	»	Mᵐᵉ veuve Daudin	5 »
E. M	20	»	Comte et comtesse Lestre	100 »
M. et Mᵐᵉ Henri Bouilhet	100	»	A Peghoux	20 »
E. Passy	100	»	Adolphe Peghoux	50 »
Mᵐᵉ D	100	»	M. et Mᵐᵉ A. Lemaire	100 »
Baron F. de Grainville	100	»	Anonyme	100 »
Mᵐᵉ L. N	20	»	Le Petit Parisien	500 »
Mᵐᵉ Jullien-Dreux	20	»	Baron Gombault d'Arnaud	100 »
M. et Mᵐᵉ C. Quesnel	400	»	Mˡˡᵉ Morin	20 »
Mᵐᵉ Emile Pereire	1.000	»	M. et Mᵐᵉ Cheramy	100 »
Cⁱᵉ des agents de change	1.000	»	Texier	40 »
Baron Delort de Gléon	100	»	Jules Fouquier	2 »
A. B	20	»	Georges Mathias	50 »
E. F	20	»	En souvenir d'une cousine	40 »
Comte d'Argenson	100	»	Victor Monthiers	200 »
F. Boucheron	5.000	»	Hachette et Cⁱᵉ	1.000 »
M. et Mᵐᵉ F. Dreyfus	300	»	Joseph Reinach	400 »
Paul de Choudens	100	»	M. et Mᵐᵉ G. Lecreux	50 »
Vicomtesse de Courval	500	»	P., M., L. Rodocanachi	30 »
Mᵐᵉ A. Dutfoy	1.000	»	P. Rodocanachi	1.000 »
E. K	20	»	Emmanuel P.-J. V	30 »
A. G	5	»	Mᵐᵉ James Aucher	100 »
Baronne Erlanger	5.000	»	M. Swetchine	50 »

M. Braud	20 »		Minet Gambier	40 »
E. Cabrol	50 »		Comtesse de Montesquiou	500 »
Emile Strauss	100 »		Paul Hamelin	150 »
Baron d'Ailly	100 »		M. et Mme R.	10 »
Prince et princesse Murat	5.000 »		M. et Mme H. Marestaing	200 »
M. et Mme J. Allard	40 »		M. et Mme A. de Mier	1.000 »
Baron de Dampierre	20 »		Mme Gounod	100 »
Louis Rossigneux	10 »		Mme Pigny	100 »
J. S.	10 »		P. E. G.	10 »
Mme E. P.	20 »		M. et Mme Bloch	500 »
M. et Mme Colaço Osorio	1.000 »		M. de S.	100 »
Ch. Morel d'Arleux	100 »		Baronne Jacobs-Kantstein	100 »
M. et Mme Worms	50 »		Le Grand Marché	100 »
A. L. G	100 »		M. et Mme E. Noetzlin	500 »
Gompel et Cie	1.000 »		Dubois Haquin	100 »
A d'A.	500 »		Mme G. S.	20 »
Mme Gustave Marchant	100 »		W.	100 »
Mme A. Delacroix	50 »		M. et Mme P. Vandrand	20 »
Mme Aumont-Thiéville	100 »		P. E. D	10 »
J.-H. Fitzhenry	50 »		Mlle Elise Mayrargues	10 »
Blanche et Ernest	20 »		Mme veuve Marie	20 »
Mme F. Ratisbonne	1.000 »		M. et Mme L. Mahon	50 »
Baronne des Chapelles	100 »		Mme Myrthil Rose	100 »
M. et Mme Vial	10 »		Rousseau	50 »
A. Corbassière	20 »		*In memoriam*	5 »
Comte H. de Montesquiou-Fezensac	200 »		Mme Léonard	10 »
M. et Mme J.-J. Heilmann	50 »		Mme Favel	10 »
P. Brenot	100 »		Mme C. M.	10 »
Fleischmann et Blœdel	100 »		Duc de Bassano	500 »
M. et Mme H. Sandfort	40 »		Lady Tufton	500 »
Anonyme	20 »		Mme veuve E. B.	20 »
Raymond Petitjean	20 »		E. M.	200 »
M. et Mme E. Joyant	50 »		Enfants E. M.	25 »
Vicomtesse Treilhard	1.000 »		E. M.	200 »
Mme veuve A. B.	40 »		Enfants E. M.	25 »
Lavigne	20 »		Famille P. B	60 »
D.	20 »		M. et Mmes Jules Girard	100 »
G. K. Kousnetzoff	1.000 »		Maison Lubin	500 »
Mme Rafael Angulo	300 »		Famille de M.	30 »
Philippe et Mlle Germaine	200 »		M. et Mme F. Friedlaender	300 »
Mlle Gabrielle Mony	5 »		J. Kœnigswarter	1.000 »
Mme veuve Leroy	50 »		M. et Mme Leclercq	40 »
De Saint-Germain	20 »		N. T.	5 »
Un lecteur du *Figaro*	10 »		En souvenir d'une amie	100 »
Mlle Adam	20 »		M. et Mme G. Streitberg	25 »
Mme Tessier	10 »		Fricka	50 »
Une Argentine	20 »		Paul Gorgeu	50 »
Clotilde Kleeberg	10 »		Mme Th. de Bray	20 »
Mme Jacques Firino	100 »		M. et Mme de Bois-Labbé	5 »
Mme Alfred Foulon	100 »		Comtesse de Camondo	1.000 »
Madeleine	1 »		M. et Mme H. Borel	50 »
Paul F.	5 »		P. J. et Ph. Borel	50 »
Mme H. de M.	100 »		Mme L. M.	10 »
M. et Mme H. Fontana	100 »		M. et Mme R. Cottin	100 »
Mme J. Vandenzande	50 »		Cercle de l'Union artistique	8.000 »
Anonyme	20 »		Un groupe de membres	1.000 »
Mme Guérin de Litteau	50 »		Pour les sauveteurs	2.000 »
Mme Calimas	20 »		Marquis de Vogüé	500 »
Mme Lassus	30 »		E. A. E. C. J. C.	3 »
Delaperrière	20 »		A. C.	20 »
M. et Mme G. Dupont	1.000 »		René Lavollée	100 »
Marquis et marquise de Rancougne	50 »		Victe et victesse de Boislandry	100 »
Petit Laurence	10 »		Comte Aymar de Tessières	50 »
Paulette et Pierre Dreyfus	100 »		Cte et ctesse de Villeneuve-Esclapon	50 »
Mme Lecocq	5 »		Comte et comtesse de Puyfontaine	500 »
Mme F. Monvoisin	20 »		P. S.	50 »
Mouillefarine	100 »		Un anonyme	200 »
Charles Pinson	50 »		V. B.	50 »
Mme veuve Tétart	20 »		Le petit Raoul	5 »
Henry Tétart	10 »		M. et Mme H. A. Bessau	50 »
Paul Beaufeu	50 »		Mme L. Huffer	1.000 »
Comptoir de l'Industrie linière	500 »		M. et Mme H.-C. Huffer	500 »
Magnier, P. Fleury, Martel. gérants	300 »		M. et Mme L. Huffer	500 »
E. P.	70 »		M. et Mme W.-G. Huffer	500 »
Mme R. Raqueni	5 »		Un abonné	10 »

Mᵐᵉ G. Valette	50 »		Mᵐᵉ Vésignié	500 »
Mᵐᵉ Beaufeu	100 »		M. et Mᵐᵉ A. Legendre	500 »
Morierre	100 »		L. G.	5 »
François Wells	20 »		Mᵐᵉ Léon Adam	100 »
Comte Ch. de Grollier	50 »		A. A.	25 »
M. et Mᵐᵉ Hugot	20 »		Mᵐᵉ veuve C. Delamarre	50 »
Mathieu Mavrocordato	1.000 »		F. P.	20 »
M. et Mᵐᵉ C. Béranger	500 »		Mᵐᵉ Constant R.	25 »
Comte et comtesse R. Clauzel	100 »		Mᵐᵉ G. R.	25 »
Prince de Sagan	50 »		Mˡˡᵉ G. R.	25 »
M. et Mᵐᵉ J. Lemerle	100 »		M. R.	25 »
M. L. D.	100 »		Baron Roger Portalis	20 »
A. Paultre	50 »		Mᵐᵉ L. de La Mézière	10 »
M. et Mᵐᵉ Errington-Josse	100 »		M. et Mᵐᵉ C. Ferté	50 »
Mˡˡᵉ Errington	50 »		Un témoin	5 »
Gauthier	5 »		Thérèse T.	15 »
Mᵐᵉ A. Richers	60 »		P. Peck père	50 »
M. et Mᵐᵉ Casimir-Périer	1.000 »		Mᵐᵉ Lassus	20 »
Comte Alain de Guébriant	500 »		Mᵐᵉ Lemoult	10 »
Comte de Guébriant	500 »		Comtesse du Parc	1.000 »
Mᵐᵉ veuve R.	50 »		Etienne Gautier	1.000 »
Marie Arnold	10 »		Anonyme	100 »
Mᵐᵉ J. A. Z.	50 »		Marquis et marquise d'Eyragues	50 »
M. et Mᵐᵉ F. Picot	1.000 »		Auguste Baudelocque	20 »
Armand Villefort	40 »		MM. G. et E. Schlumberger	5.000 »
M. et Mᵐᵉ Charles Mérite	30 »		Charles Garnier	20 »
Comte et comtesse de Pracomtal	100 »		Mᵐᵉ Maxime d'Arcosse	100 »
Vicomtesse G. de Chézelles	100 »		Mˡˡᵉ Marie Lemaître	5 »
L. B.	50 »		Ernest Soubies	100 »
Comtesse de Berteux	200 »		Mᵐᵉ veuve E. Giraudeau	100 »
Vicomtesse G. de Fontarce	1.000 »		Henri Dubail	50 »
Mᵐᵉ F. Caillet	100 »		Mᵐᵉ Salomon Halfon	200 »
Emmanuel de La Pena	50 »		A. G. et P. Thiébaut	20 »
Mᵐᵉ Louis Emden	200 »		Mᵐᵉ Ed. Beer	300 »
E. d'Albert Lake	100 »		Mᵐᵉ Guillaume	400 »
Mᵐᵉ Panckoucke	500 »		Général Guzman Blanco	5.000 »
Charles Richefeu	50 »		Jury et Comités des Expositions	1.000 »
Félix Hubin	100 »		Pour les Œuvres du Bazar	1.000 »
M. et Mᵐᵉ Gaston Bazin	100 »		Charles Langlois	100 »
G. J. R.	100 »		M. et Mᵐᵉ Collesson	10 »
Edmond Thierry	200 »		M. et Mᵐᵉ Subervielle	1.000 »
Ch. Kriegelstein	20 »		Edwart Blount	1.000 »
E. P. Jouanne	20 »		Jacques Stern	3.000 »
Pour les enfants Julian	50 »		Louis Stern	3.000 »
Mᵐᵉ Henry Deutsch	300 »		Georges Royer	100 »
C. D. C.	200 »		Emile Dubail	20 »
Baron G. de V.	100 »		Pinaut	20 »
Albert Huguet	30 »		Mˡˡᵉ Van Meegen	100 »
Meesemaeckers	10 »		Mᵐᵉ Valton	100 »
Mᵐᵉ E. et L. Bazenerie	5 »		F. Champenois	100 »
Docteur Saison	10 »		Bigottini	100 »
Comte de Breteuil	200 »		Jacques-Philippin Duval	20 »
René Hamot	100 »		Asseline	20 »
Benjamino	25 »		Baron Hainguerlot	100 »
Duchesse douairière de Maillé	1.000 »		Paul Cartault	100 »
Comtesse de Bari	20 »		Joseph Ascoli	50 »
Mᵐᵉ T.	20 »		Prévost-Pérot	10 »
Mᵐᵉ Langlassé	100 »		Mᵐᵉ Carafa de Noja	1.000 »
Duchesse de Mortemart	1.000 »		Comte J. de Boursetty	25 »
Mᵐᵉ L.	20 »		Pierre et Renée	20 »
Mˡˡᵉ Madeleine L.	5 »		Un ménage	20 »
Léopold Geldschmidt	2.000 »		J. Janssen et Mᵐᵉ	50 »
Léon Antoine	100 »		Mᵐᵉ veuve Estienne	1.000 »
M. et Mᵐᵉ E. L. Bockairy	50 »		M. et Mᵐᵉ P. Estienne	100 »
M. et Mᵐᵉ J. Bockairy	50 »		Mᵐᵉ veuve A. Mantois	30 »
Miss Coco	50 »		Debacker et Cⁱᵉ	100 »
Mˡˡᵉ M. J. C.	50 »		Mᵐᵉ Eugène Lévy	20 »
M. C. M.	50 »		Mˡˡᵉ Andrée Favre	100 »
M. et Mᵐᵉ Bergerot	40 »		Mᵐᵉ C. Marjolin	100 »
Cordeau et Mauclère	20 »		Mᵐᵉ P. P.	30 »
Mᵐᵉ Edouard Bernhein	100 »		Vessière Paulin	100 »
Villa Gabrielle	100 »		Girardin	100 »
De L'Argentière	100 »		Mᵐᵉ Lacasse mère	100 »
B. Getting	200 »		Mᵐᵉ E. Baudelot	100 »
Max Getting	50 »		W. Enoch	200 »

M. et Mme Guynemet	100 »	Mme Charles Gide	100 »
Lecocq-Dumesnil	50 »	Comte et comtesse d'Yanville	100 »
Mme Zoé Vincent	40 »	Cte et ctesse J. de Gontaut-Biron	300 »
M. et Mme A. Delpy	20 »	Baron et baronne de A. Coubertin	150 »
Une famille	20 »	Baron et baronne M. Gérard	1.000 »
Couvreur	50 »	C. G.	20 »
H. Fontaine et fils	200 »	A. Delion	50 »
M. et Mme J. T.	25 »	Famille Lehideux-Vernimmen	500 »
Comte et comtesse de Sachs	100 »	R. B.	20 »
Famille A. Gilquin	20 »	Paul Déroulède	20 »
M. et Mme A. Robert	100 »	Mme Bourdin	100 »
Raynal et Cie	100 »	M. et Mme Sautrot	25 »
Jean et Alice	100 »	M. et Mme Gabriel Dessus	40 »
Oppenheimer frères	100 »	L. Périgord	40 »
Lowenstein frères	100 »	M. L. et A. Sartiaux	60 »
Morlock	100 »	Comte d'Espeuilles	200 »
Petit Jean et sa grand'mère	40 »	M. et Mme Albert Simon	50 »
André Aucoc	100 »	Leleu et Charrière	100 »
M. et Mme G. Robin	100 »	Emp. et Impératrice d'Allemagne	10.000 »
Mme Morin	100 »	M. de Marcère	50 »
Mlle Maria Morin	20 »	M. Armand Nisard	50 »
Anonyme F.	1.000 »	M. Chauchard	5.000 »
R. H.	2.000 »	M. Paul Deschanel	40 »
G. Donzel	30 »	La Comédie-Française	1.000 »
Mme Julien Potin	40 »	Marquise de Moustier	1.000 »
A. Beurdeley	200 »	A. G.	20 »
Anonyme J. B.	1.000 »	Mme E. Fischhof	100 »
Mme Deschamps Jehin	20 »	Mme H. Helbronner	500 »
Albert et Marie Blanc	30 »	Comte de Montgelas	100 »
M. et Mme Cibiel	2.000 »	Lord Stanley of Alderley	1.000 »
Galerie Lamartine	50 »	Lucie Marie	20 »
Comte Pillet-Will	5.000 »	M. J. Duglos	20 »
Mme L. C.	100 »	Madeleine et Pierre B	20 »
Maurice et Marcel B.	20 »	E. S.	300 »
Henri Sargenton	100 »	F. B.	25 »
J. Delarbre	100 »	Mme William Strauss	100 »
Mme Marie C	10 »	Mlles G. et G. Bosq	20 »
Arthur Martin	100 »	Mme Paul Oppenheim	1.000 »
M. et Mme Fouquet-Gueudet	10 »	Mme Joseph Bortoli	100 »
Charles Fouquet	5 »	Marquise de Pierrefeu	100 »
Suzanne	100 »	M.	300 »
Mme A. Vachette	20 »	A. M.	20 »
La Samaritaine	2.000 »	Mme des Forêts	100 »
Docteur Amodru	500 »	M. et Mme Kergall	300 »
Saint-Aubin	10 »	M. Frédéric Strauss	50 »
P. et V. Napoléon	20 »	Anonyme	20 »
M. et Mme J. Ephrussi	1.000 »	Hélène et Suzanne L	5 »
Famille S. B.	20 »	MM. Gaillard	1.000 »
Albert Poinsot	50 »	M. et Mme Ed. de Mazade	10 »
M. et Mme W. Chabrol	200 »	Ed. Brochot	50 »
E. Segond	200 »	R. Chaveton	20 »
Santo Suarez	200 »	M. et Mme Victor Bié	40 »
Emile Wartel	20 »	Mlle H.	10 »
M. et Mme Emile Mercet	500 »	Agence Lubin	100 »
M. et Mme A. L. T.	40 »	Mlle d'Andlau	100 »
Mme Blerzy	500 »	Mme F. Langweil	50 »
M. et Mme Tourreil	300 »	Mme veuve Hatterer	100 »
Stockman frères	100 »	Mme Soupe	100 »
M. et Mme G. Soyer	10 »	Mme Louis Pomey	20 »
Marquis et marquise de Sayve	100 »	Comte de Bruce	100 »
M. et Mme E. Chauchat	100 »	M. et Mme S. Bourgeois	100 »
Mlle M. de Tocqueville	100 »	S. M. et L. Bourgeois	60 »
Vte et vtesse de Tocqueville	200 »	P. M. et A. P.	20 »
Mme L. Vuilleaume	100 »	B. P.	50 »
Comte d'Antioche	100 »	Anonyme	500 »
Marquis et marquise de Bassano	100 »	M. et Mme V. Etienne	25 »
MM. I. et C. Ephrussi	500 »	H. S. et P. Etienne	25 »
E. Bernard	200 »	E. Daubrée	100 »
Anonyme	5 »	Ernest Guébin	50 »
Mlle J. de Lamaze	100 »	M. et Mme H. Delas	50 »
B. M.	20 »	A. M. A. C.	20 »
Mme Lesueur	20 »	Marcel Geoffroy	20 »
Mme Demarquet	20 »	Léonard Marchand	200 »
Baron et baronne de Rolland	300 »	A. A. J. E. J.	20 »
M. et Mme P. Lenglet	200 »	F. J.	10 »

Comte et comtesse du Houssoy....	100 »	Marquise C. de Kergariou........	200 »	
Mme M. Jullien.................	20 »	Mme A. S.....................	200 »	
H. V..........................	100 »	Anonyme......................	100 »	
Comtesse de Beaulaincourt-Marles.	100 »	A. B..........................	200 »	
Baronne Baillod.................	60 »	Baron Janin...................	20 »	
De Saine.......................	20 »	M. et Mme J. Lesbrez..........	100 »	
A. Baroche.....................	500 »	Sciama et Cie.................	500 »	
H. D..........................	10 »	Mme C. T.....................	20 »	
Anonyme.......................	10 »	Mme Ch. Accault..............	50 »	
M. et Mme A. Gallard...........	200 »	M. et Mme Boucher-Baurain....	50 »	
L. et S. Vathan.................	40 »	Mme E. Baudrier..............	20 »	
Bernhard, Carpentier et Cie......	200 »	Tirelire de L. M. M. M.........	5 45	
Baron Jard-Pauvillier...........	100 »	Mme veuve A. T...............	20 »	
A. J. M. G. Carpentier.........	50 »	Edouard Delesser.............	100 »	
André et Pierre.................	50 »	Denise et Robert.............	40 »	
M. et Mme L. Liaud.............	50 »	Mme A. Lille.................	20 »	
M. et Mme L. Vidalenc..........	50 »	Clément de Royer.............	100 »	
Lagrange Gaildraud.............	100 »	Duc et duchesse de Doudeauville.	2.000 »	
Famille de Vaux-St Cyr.........	120 »	A. M. A. J....................	40 »	
F. Robert......................	100 »	A. Dubois....................	20 »	
G. R. G. et P..................	10 »	Professeur de piano...........	20 »	
Auguste Voisin.................	40 »	Mme C. Foreau...............	50 »	
Mme Bottard	50 »	Anonyme......................	100 »	
M. Boucher	5 »	M. et Mme Ch. Petit..........	200 »	
E. G. et A. S..................	20 »	Vicomte et vicomt. de Charencey...	200 »	
M. et Mme A. Le Bègue........	100 »	M. et Mme de La Perelle......	200 »	
Muller et Roger...............	100 »	Mme Marchal de Calvi........	1.000 »	
M. et Mme H. Dubois..........	20 »	L. L. E. D....................	40 »	
Mme C. Marjolin	500 »	Mme Lignier..................	25 »	
Mme Le Preux.................	20 »	Paul Merch...................	50 »	
Marguerite Lebrun.............	10 »	Mme Sedelmeyer..............	200 »	
Mme veuve A. Allez............	500 »	Mme de Bassoncourt..........	200 »	
Georgette Herbet...............	20 »	Comtesse Mniewska...........	50 »	
B. P. Grimaud.................	100 »	Mme Melnotte................	100 »	
Baronne de Mohrenheim,.......	500 »	Santos.......................	20 »	
Armengaud aîné................	50 »	W............................	10 »	
Brunswick-Balke-Collender et Cie.	100 »	Mme Rikoff..................	200 »	
M. et Mme G. Lacan...........	100 »	Mme Lavalley................	100 »	
Le comte A. de Nicolay........	500 »	Adolphe Worch...............	100 »	
Mme veuve André..............	2.000 »	Van Blarenberghe.............	200 »	
G. Alexandre	20 »	Eaux minérales d'Orezza.......	100 »	
G. et J. Simon................	50 »	M. et Mme de Montbrison.....	300 »	
H. D..........................	20 »	Vicomtesse de Courval........	1.000 »	
Gustave Moreau	100 »	A. J..........................	100 »	
M. et Mme M. Duruy..........	10 »	Mme et Mlles E. Muller.......	1.000 »	
M. E. Fessard.................	500 »	A. Lunyt.....................	100 »	
G. Marc. Jousset..............	100 »	Mme veuve Delacour..........	50 »	
Famille de La Sizeranne.......	800 »	Deblin.......................	100 »	
Mme Gariel...................	100 »	Mme L. André...............	100 »	
M. et Mme S. Piot............	100 »	St-Nicolas	100 »	
Ach. Prévost..................	50 »	Renée et Simone..............	20 »	
Mme A. Panhard...............	500 »	M. et Mme E. D..............	100 »	
T. et J. del Valle.............	100 »	A. D.........................	40 »	
Mme veuve Salarnier...........	20 »	M. D.........................	10 »	
E. Vormus et fils.............	100 »	L. Stienvenard...............	40 »	
J. G. et H....................	100 »	D. K.........................	20 »	
M. et Mme H. Hendlé.........	100 »	Mme Viardot.................	20 »	
Christofle et Cie..............	1.000 »	Vicomtesse Jaubert............	500 »	
Mme A. Dubreuil..............	100 »	Baronne Decazes-Stackelberg....	100 »	
M. S. Q......................	50 »	Boussod Manzy, Joyant et Cie....	300 »	
Mme A. Bacot.................	1.000 »	Mme veuve C. Pansu..........	20 »	
Alp. Lequeux..................	50 »	M. et Mme E. Bourgeois......	50 »	
F. de R.......................	50 »	Comte et comtesse de la Tour du		
Mme Jagerschmidt.............	50 »	Pin-Verclause.............	100 »	
Mme Chenard.................	50 »	Duc et duchesse de Plaisance..	500 »	
Mme A. Voisin................	40 »	Mme Félix Mathias...........	200 »	
Vinit et Cie...................	200 »	Jourdain et Brown............	100 »	
Mme A. Labouret..............	100 »	Comte et comtesse de J........	20 »	
Mme C. Labouret..............	100 »	G. G. H. M..................	100 »	
Famille Argouti...............	1.000 »	Mme G. de Brecque..........	100 »	
Mme S.	25 »	Charles Sedelmeyer	200 »	
Comte comtesse de Maillé	1.000 »	Anonyme......................	20 »	
L. V. P.......................	20 »	M et Mme A. Lescot.........	500 »	
M. et Mme R. P. R............	200 »	Ad. Maire....................	40 »	
Georges Halphen..............	3.000 »	Sydney Arnold................	100 »	

Marquis de La Guiche	200	»	Comtesse d'Argy	100	»
Mallet frères et Cie	2.000	»	M. et Mme de Corcelle	500	»
Albert Talandier	100	»	Mme L. de Valazé	40	»
Achille Jolliot	50	»	Mme Anspach	100	»
Marquis et marquise des Réaulx	500	»	Mme Gubbay	100	»
Mme L. Champoiseau	300	»	Achille Dreyfus	200	»
C. P. et A. G.	30	»	Mme Emile Dreyfus	200	»
A. Boulanger-Cavet	100	»	M. et Mme Tony Dreyfus	200	»
Auguste Petit	50	»	M. et Mme R. D.	200	»
Marquis et marquise de Foucault	200	»	M. et Mme P. L.	20	»
Mme A. Deschars	100	»	Georges et Jacques	10	»
Remondet	20	»	M. et Mme Aumont	500	«
M. et Mme P. Diolé	50	»	Madeleine Aumont	100	»
Prince Galitzine	100	»	Baron et baronne Sabatié-Garat	200	»
De Sancy de Parabère	200	»	Comtesse de Bourquency	50	»
Baron et baronne H. de Montesquieu	100	»	Baronne J. de Günzburg	300	»
Veuve Harrissard et fils	200	»	M. et Mme Monier	2.000	»
Mme M. Bernard	100	»	K. Wailszewski	50	»
Henri M. Bernard	50	»	Mme Melnotte	100	»
Mme veuve E. Plisson	200	»	Pierre Perrier	50	»
M. et Mme A. Surmont	100	»	Mme de Boulancy	100	»
Mme de Manilius	50	»	Victor Henry	100	»
Mme Philipp	5	»	Auguste Liénard	100	»
Charles Lavollée	30	»	L. M. D.	50	»
Jeanne et Henri	20	»	Vicomtesse de La Fontaine-Solare	100	»
Mme veuve Cantor	50	»	Henriette-Sinclair	100	»
MM. de Neuflize et Cie	2.000	»	Comte de Marsay	50	»
M. et Mme L. Jomeau	100	»	Mme Juigné	100	»
Marquis et marquise de Balleroy	300	»	Auguste Subé	2.000	»
Demachy et F. Sellière	2.000	»	Mme M. Eckhardt	100	»
Baron de Kainlis	500	»	E. D.	50	»
M. et Mme G. Legrand	100	»	M. et Mme Versepuy	100	»
Emilia Laus	1.000	»	A. Mercier	100	»
Mme Guéneau	20	»	La presse conservatrice belge	100	»
Fernand Langlé	20	»	J.-L. Orléans	300	»
Lieutenant-colonel Monteil	20	»	D.-H. Pollak	100	»
Valentine Grard	20	»	Vicomte de Siresme	100	»
Gaston Deschamps	50	»	Léopold de Lihus	100	»
Mme Edmond Luce	500	»	M. et Mme P. de Lestapis	100	»
Mme Gay-Lussac	200	»	M. Vernon-Nouveau	50	»
Comte et comtesse de Grammont	300	»	Mme J. Dessaignes	100	»
René Marguerie	100	»	L. de M.	100	»
M. et Mme Masson Detourbet	50	»	Rémy Thiollière	100	»
M. et Mme Gaston de La Blanche	50	»	Mme C. Tardiveau	200	»
Baron de Schickler	3.000	»	Souscription anonyme	100	»
Famille Artemont	50	»	De la part de Daisy	100	»
E. de V.	10	»	H. Cézanne	100	»
Fernand de B.	50	»	Gustave Barbet-Massin	20	»
L. G. B. D.	500	»	Mlle A. Brizon	10	»
M. J. P.	20	»	Comte et comtesse J. de Beaumont	200	»
M. et Mme John F. Jones	200	»	Docteur M. Poirier	5	»
Anonyme H	20	»	G. A. S.	20	«
Lesourd	20	»	Anonyme de Tours	4	»
Mme E. Malézieux	100	»	Une anonyme de Touraine	5	»
Marquis et marquise de Croix	500	»	Anonyme de Saint-Cyr (S.-et-O.)	20	»
Mme H. D.	50	»	P. Jouet	100	»
Une abonnée	20	»	Léon Picas	25	»
Mme J. Carnaud	100	»	Mme Sophie Puig	50	»
Princesse Demètre Stirbey	100	»	Mme Paul Fraisse	10	»
E. Moron	100	»	Louise L.	5	»
Charles Blech	100	»	E. D.	20	»
J. J. M. et Pierre Lévy-Finger et ses fils	200	»	Michel Cullerier	20	»
Comtesse de Uribarren	500	»	Les Levrys	10	»
Duc de Chartres	1.000	»	L. G.	20	»
Marquis d'Harcourt	100	»	Robert R.	20	»
M. et Mme L. Munster	200	»	Mmes Aymar-Bression	10	»
M. et Mme E. Leménil	100	»	Berthe W. T.	5	»
M. et Mme E. Boivin	2.000	»	R. B.	50	»
Mme Pajot	100	»	E. D. L. G.	10	»
Mme Paillard	40	»	M. et Mme F. Jarlould	20	»
Baron et baronne F. Seillière	300	»	Le petit Roland B.	5	»
Baron et baronne L. Seillière	200	»	G. L. S.	10	»
Mme de Champ-Repus	100	»	Baronne M. P. F.	20	»
M. et Mme Parent	100	»	Docteur G. Pillon	10	»
			M. et Mme P. Keller	100	»

Grand'mère, anonyme	5 »	Lucie N. D.	50 »
Y. et B.	10 »	Ad. Todt	200 »
M. et Mme P. L.	20 »	A. Dumont, Bonnet	50 »
G. C.	20 »	Mme veuve Vernois	200 »
M. et Mme J. J.	20 »	Mme Ghesquière-Dierickx	500 »
Mme H. Dupressoir	20 »	M. et Mme H. Grignon	100 »
G. A.	40 »	Docteur Bucquoy	100 »
L. Villiers	50 »	Morgan, Harjès et Cie	1.000 »
Comtesse de Rosnay	1.000 »	Mme Léon Adam	50 »
Marquise de Beauregard	100 »	M. N.	20 »
Crilhe	10 »	Une abonnée	20 »
Déré	20 »	Vernès et Cie	2.000 »
P. F.	10 »	H. de Wendel	1.000 »
L. G.	20 »	Anonyme	100 »
J. S.	20 »	M. et Mme Bartholoni	1.000 »
X.	100 »	M. et Mme A.	100 »
Mme B. Vazeilles	20 »	M. et Mme A. S.	50 »
Jules Giraud	100 »	M. et Mme J. Huvé	50 »
M. William Chisholm	26 40	Comte et comtesse Cornet	200 »
N. L.	100 »	J. Mainfroy	100 »
E. B.	5 »	M. et Mme C. Bernier	100 »
E. B.	5 »	M. et Mme A. Girod de l'Ain	100 »
Charles et Henry	20 »	M. et Mme Martini	500 »
Trois petites sœurs	10 »	Vicomtesse de Curel	1.000 »
Cyprien Meunier	» 45	Mme Delon	20 »
Germaine et André Videlier	20 »	M. J. B.	100 »
P. Chenue	20 »	P. D. C.	5 »
Ernest Rieu	20 »	M. et Mme Edmond David	200 »
G. W. L. L.	75 »	Vicomte et vicomtesse Armand	500 »
Un philosophe	5 »	Ernest Journault	50 »
Marquise de Lestang-Parade	20 »	M. et Mme Eugène Plantet	100 »
Docteur Verdier	10 »	A. Oppenheim	1.000 »
Anonyme	500 »	Mme Worms de Romilly	100 »
Souscription J. Mathieu	1.700 »	M. et Mme Gouttenoire de Toury	200 »
Armand Rolle	200 »	A. et R. B.	12 »
Suzette L.	20 »	Mme Camille B.	20 »
Vicomte de La Villestreux	50 »	« Des Cinquièmes » E. F.	100 »
Edouard André	100 »	G. G. C. B.	20 »
Jules Giraud	50 »	Mme la marquise de Vivens	10.000 »
Mme Ruelle	25 »	Fould et Cie	1.000 »
M. et Mme Arthur Pilliet	20 »	Armand Béglet	100 »
Princesse de Beauveau	500 »	Mme F. D.	100 »
Mme Pelletier-Varnier	200 »	G. P. et Cie	100 »
MM. Offroy, Guiard et Cie	500 »	M. et Mme H. M.	50 »
Mlle M. B.	5 »	Mme Z. de Sourdeval	1.000 »
G. H.	50 »	Paul Houette	100 »
M. et Mme Félix Leseur	30 »	Anonyme	10 »
Henri Germain	2.000 »	Mme veuve A.	10 »
M. et Mme H. Després	300 »	M. et Mme Carpentier	10 »
Maurice de Châtillon	100 »	Comtesse de Moltke-Hwitfeld	200 »
MM. Saint Frères	1.000 »	A. Vissaguet	20 »
Vicomte et vicomtesse d'Abancourt	100 »	O. G. T.	50 »
Henri Béjot	200 »	La Pharmacie normale	100 »
Jamarin	100 »	D. G. B. G.	60 »
A. R.	25 »	H. L.	50 »
R. L. Bischoffsheim	1.000 »	Rose, Jean et Bébé Rose	50 »
F. T. Palmer	200 »	L. Bourlon de Rouvre	200 »
Saly Stern	1.000 »	Mlle Cécile L.	10 »
Mme veuve J. Regniault	20 »	E. Barrachin	100 »
Mme Benoît-Champy	500 »	Fernand Giraudeau	50 »
M. et Mme Lambert-Champy	500 »	M. et Mme Robert Lavallée	50 »
Millot et Kerckhoff	100 »	Mlle G. G.	20 »
Mme C.	100 »	C. L. et C.	20 »
Jeanne et Marthe Burat	20 »	M. et Mme G. Penicaud	20 »
M. et Mme Jules Burat	20 »	Mme G. Favodon	15 »
Mme Pierre Girod	100 »	Anonyme	5 »
Mme veuve Le Soudier	100 »	M. et Mme P. R.	20 »
A. Durand et fils	200 »	M. et Mme A. V.	500 »
Mme et Mlles Bénard	200 »	C. J. V.	30 »
Mme Jarislowsky	400 »	Léon Susse	40 »
Duc d'Avaray	100 »	Comtesse de Montauban-Palikao	200 »
Y.	40 »	De Vandeul	300 »
Edouard Badon-Pascal	100 »	M. et Mme de St.-René-Taillandier	100 »
Comte et comtesse de Beurges	200 »	Mme Houlbrat	20 »
Dr F. Guyon et Madame	500 »	Mme Fernand Berson	100 «

Marquise de Toulongeon	50	»
Léon et Marcelle Bassot	50	»
M. et Mme E. T.	50	»
Baronne J. Vitta	1.000	»
Baronne Joseph Leonino	1.000	»
Comte et comtesse de Bellefonds	20	»
Ferdinand Taillefer	100	»
Lagoutte	100	»
M. et Mme Firino	200	»
Baronne du Quesnoy	500	»
Comte et comtesse de Waldner	200	•
Mme Charles Court	100	»
Mme Blagé	100	»
Arthur R.	20	»
Baron Alel	50	»
Mme Adeline	400	»
Mlle Charlotte J.	5	»
Mme E. Poulain de Corbian	100	»
M. et Mme V. Cruchet	2.000	»
Marquise de B.	100	»
Paul Gillibert	200	»
M. de M.	20	»
Mme L. B.	40	»
Mme E. Fontan	200	»
Famille de Guippeville	25	»
Mlle Alice	20	»
Mme d'Apletschéïff	100	»
S. H.	200	»
Mme Portalier	100	»
Le commandant de V.	100	»
Mme R. W. S.	100	»
Mme Ernest Perdreau	100	»
Mlle M. Guenot	100	»
M. et Mme de Mianville	100	»
Vte et vicomtesse P. de Lestrange	100	»
Jacques et Jane Martin-Leroy	200	»
Mme veuve Gabriel Jousset	100	»
P. Bernard	100	»
M. et Mme Albert Goiset	40	»
M. et Mme A. F.	20	»
Maison Dorin	100	»
Mme Valentin Piault	40	»
Anonyme	100	»
L. Camille et Cie	50	»
B. U.	200	»
Mme J. Pousset	30	»
Mme E. Rouget	40	»
M. et Mme Louis Griveau	20	»
Marquereau	20	»
Parfoury	30	»
Mme Paul Parfoury	20	»
Adolphe Boyer	20	»
Jacques de Saint-Aubin	10	»
Mme et Mlle Piéron	50	»
M. et Mme E. Fillette	100	»
Comtesse de Clermont Tonnerre	20	»
Comte et comtesse d'Ussel	500	»
Mme L. Dufour	100	»
M. L.	20	»
Mme L. de Ricqlès	100	»
Loys et Bellanger	100	»
J.-B. de Saint-James	50	»
Duc et duchesse de Conegliano	500	»
J. Herbert Debrousse	1.000	»
J. F.	20	»
P. B.	50	»
Général de Kerhué	100	»
M. et Mme de Gévelot	100	»
Mme P.	20	»
Emile Masquelier	500	»
Marquis de Castéja	500	»
Comte et comtesse de Castéja	500	»
Lahure et Cie	200	»
M. et Mme Roger Flury	20	»
Mme Hippolyte Flury	40	»
C.e des Chargeurs-Réunis	1.000	»
M. et Mme J. D.	100	»
Mme Abatucci	200	»
Mme Renée Herpin	20	»
Baronne A. P.	20	»
Chambre des avoués	500	»
M. et Mme P. G.	20	»
Suzanne et Pierre	5	»
Comtesse et Mlle d'Azincourt	100	»
M. et Mme A. M. V.	200	»
Un gymnaste suisse	1.000	»
M. W.	50	»
Coppens de Lostende	50	»
Anonyme	50	»
Anonyme	50	»
Mme A. Valadon	20	»
Docteur V. Masson	20	»
Mme Eugène Denis	20	»
Félix Sangnier	100	»
Comte Osborne	2.000	»
M. et Mme Narischkine	100	»
Nicolas d'Etter	50	»
Mirabaud, Puerari et Cie	2.000	»
M. et Mme L. Meunier du Houssoy	100	»
Mme Leblanc	40	»
M. et Mme E. H.	20	»
Comte et comtesse de Mieulle	100	»
P. D.	20	»
Maria-Amélia Sauze	20	»
Julia-Elvira Sauze	20	»
Comte et comtesse de Pontgibaud	100	»
Ch. Leduc	50	»
Suzanne	5	»
Dutilleul	100	»
P. et G. Nicolas	5	»
Y. et S. Tonvet	5	»
Serrurier et apprenti	1.50	
Comtesse d'Onsembray	100	»
Comtesse Saint-Gilles	100	»
Deux visiteuses de la veille	20	»
C. Boin et Henry	100	»
M. et Mme Devise	100	»
M. et Mme P. Vignon	50	»
M. et Mme de Marcheville	50	»
Mme L. B.	20	»
L. D.	200	»
M. et Mme Lacaze	20	»
Anonyme	70	»
Baron et baronne de Guillerville	100	»
M. et Mme Doumerc	50	»
Loustoutou de La Pétardière	5	
Mme et Mlle Meissonnier	1.500	»
M. et Mme Paul Duplan	20	»
Vicomte de Montmorand	20	»
Mme Oscar Philippi	200	»
M. A. Mariani	100	»
M. et Mme Henry Say	1.000	»
M. et Mme A. Delavigne	200	»
Mme Worms	300	»
M. Alfred Pecquet	20	»
M. Raoul Richard	25	»
M. et Mme Paul Evette	50	»
Docteur et Mme Schloss	25	»
Mme Louis Finot	50	»
M. et Mme G. de Courcy	50	»
Mme Gaston Dreyfus	200	»
M. Lucien L.	25	»
M. et Mme Hervel	100	»
T. A. T.	10	»
A. J. P.	50	»
Vicomtesse de Milly	50	»
M. et Mme A. Chenu	100	»
M. et Mme E. Rigault	100	»
Mme J. C.	5	»
A. G.	20	»

M. Pierre de Rémusat	100 »		J. Sigaut	100 »
Mme R. de Carvalho	200 »		M. Montagne Guest	125 »
Mme Charles Mannheim	100 »		Lady Lilian Yorke	100 »
M. Eugène Deschamps	100 »		Vicomte et vicomtesse de Kergariou	50 »
M. et Mme Paul Lombard	100 »		M. et Mme Barendson	10 »
Mme Otto Bemberg,	500 »		Jeanne et Lucienne Double	50 »
Baron Hugo de Bethmann	1.000 »		B. Artigue	200 »
M. Bianchi	1.000 »		Maurice Thèsè	20 »
P. P	2.25		Blanche et Germaine Rigodin	10 »
Mme Jules Robin	100 »		Un Professeur	5 »
M. Jules Ravel	20 »		René Kieffer	20 »
Rita	100 »		Memor	20 »
Mme S	10 »		Anonyme	10 »
MM. H. Cuvillier et frère	50 »		H. H	2 »
Jeanne Regingaud	5 »		Une domestique	5 20
M. Lachassagne	25 »		F. O. B	20 »
Mme S. A	50 »		Isabelle et Germaine Mallet	20 »
R. J	50 »		Mlle J. M	2 »
L. P. et J. P	70 »		Mlle M. M	20 »
Veuve H. B	20 »		Bébé et sa mère	5 »
Deux sœurs	5 »		Marcel N	6 »
M. Louvet et ses fils	300 »		Detournier	20 »
Une mère de famille M. M	100 »		G. G	15 »
Mme Jules Hochet	500 »		M. G	10 »
M. Deslandres	100 »		Comtesse de D	10 »
Mme Noël des Vergers	150 »		M. et Mme Berton	100 »
P. Jobert	100 »		M. et Mme Amédée Dufaure	5 000 »
Mme Paul Aubry	500 »		M. le baron de Mackau	1.000 »
Docteur P. Jousset	200 »		M. Marty	500 »
Mme et Mlle Delard	100 »		Baron et baronne F. de Schickler	5.000 »
M. et Mme Sallandrouze	50 »		Comte de Montgermont	1.000 »
M. et Mme Braquence	50 »		Mme de Montgermont	1.000 »
Alexis Laperche	50 »		M. Paul Leturc	500 »
Jean et Antoinette	100 »		M. Robert Wendel,	2.000 »
M. C	5 »		M. le curé d'Arc-les-Grey	37 »
C. C	100 »		Mme M. D	300 »
Baron et baronne de Crazannes	100 »		Banque de Paris et des Pays-Bas	5.000 »
M. Aymé Darblay	1.000 »		Comtesse douairière de Méré	200 »
Société de l'Industrie française	100 »		Trois échappés de Saint-Gervais	100 »
Madeleine, Joseph, Maurice	20 »		Mme Louis Soury	20 »
Louis Jorieux	50 »		Docteur Lœwenberg	50 »
Mme Bemet	20 »		Paul Lebaudy	1.000
Max et Germaine	10 »		Paul Sarchi	100 »
Anonyme	1 »		Mme Péan de Saint-Gilles	1.000 »
Mme E. T. D	5 »		Maison Georges Languet	200 »
Maison Blanzy, Poure et Cie	250 »		Marthe et Emmanuel	100 »
Comte et comtesse L. de Ségur	1 000 »		Mme B. P. L	100 »
Mlle Mathilde de La Jonquière	100 »		L. H	100 »
Marquise de Grammont	100 »		Comtesse Doinel de Saint-Qnentin	100 »
Torribio Ezcurra	40 »		Mme et Mlle Billotte	100 »
R. G	100 »		M. Francis Waël	25 »
Mirette et Jean	50 »		Baron Creuzé de Lesser	1.000 »
Baronne de Châteaubourg	500 »		C. S	5 »
Thérèze et Suzanne Civet	100 »		Mme A. L. P	20 »
R. F	20 »		Auguste Cottin	100 »
G. L	20 »		François Cottin	30 »
Mme E. Magnus	20 »		C. Goguel et Cie	1.000 »
Baron et baronne Hervé-Gruyer	010 »		C. Goguel et Cie	1.000 »
Mme Edmond Sciama	100 »		Germaine Kahn	10 »
M. Paul R	10 »		M. et Mme Ch. Delagrave	500 »
Comité du Grand Cercle	2.000 »		M. et Mme E. Couve	10 »
Comité du Cercle de l'Union	1.000 »		A. Bordes	500 »
Grand'mère de Jacques	10 »		M. et Mme Lozouet	300 »
En souvenir de Marie	20 »		Adrienne et Paulette Lozouet	100 »
M. et Mme Desvallières	100 »		M. et Mme V. M	80 »
L. T. J. T	40 »		G. L	5 »
M. Eugène Berger	100 »		M. et Mme Jules Locré	100 »
Emilie Allard	10 »		Mme Maurice Cottier	1.000 »
Ch. et L. Massieu	50 »		A. André fils	500 »
M. Albert Koch	25 »		Mme Léon Dufour	1.000 »
S. B	5 »		M. Jules Bruneau	200 »
B. T	20 »		Suzette et Maurice	10 »
Georges Bouis	20 »		Marguerite, Paul, Lucie, Madeleine	10 »
Mme Saulnier	20 »		Auguste Moreau	500 »
Baronne R	40 »		Comte François de Maillé	100 »

M. le duc et Mme la duchesse de Mouchy	200	»
M. A. Basire	200	»
Renard frères et Cie	500	»
Etienne Watel	100	»
M. et Mme Paul de Beauchêne	50	»
Mme Armand Paquin	20	»
J. Lusson et Cie	100	»
Comte et comtesse de Florian	200	»
Henri Thiébaut et Cie	50	»
M. E. Roland-Gosselin	1.000	»
M. L. Roland-Gosselin	1.000	»
M. et Mme P. Roland-Gosselin	200	»
M. et Mme A. Roland-Gosselin	200	»
M. et Mme F. Roland-Gosselin	200	»
M. et Mme Hussenot-Desenonges, née Roland-Gosselin	200	»
M. et Mme G. Masquelier, née Roland-Gosselin	200	»
Mme Eugène Rochereau, mère	200	»
M. G. Buisson	20	»
Quatre ratonnets	20	»
Marianne, Henriani, Paul et Jean	9	»
Mlle Calatini	20	»
Anonyme	5	»
Mme G. du Bousquet	50	»
M. Charles Delioux	40	»
M. le docteur Péan et Mme Péan	500	»
Mme veuve Pannier	500	»
M. A. Pannier	200	»
M. de La Haumière	100	»
Mme Paul David	100	»
M. G. Zamulo	20	»
Revue de Paris	300	»
C. N.	60	»
Union scolaire israélite	50	»
M. et Mme Legemble	30	»
M. Louis Gaubert	10	»
« Tonton mouche »	10	»
Lassère frères	100	»
M. et Mme A. B. d'Orsay	20	»
M. Riqueur	20	»
M. E. Baillou	20	»
M. et Mme Ruinat de Gournier	20	»
M. et Mme Em. Saint-Claire-Deville	50	»
Anonyme	10	»
A. C.	20	»
A. G.	150	»
La petite Marguerite Wolff	5	»
C. B.	40	»
M. et Mme L. Renouard	200	»
Jeanne et Jean H.	5	»
C. P.	2	»
M. Firmin Brayer	40	»
MM. Gillou et fils	300	»
Georges	7	»
Mme veuve Grolous	100	»
Anonyme	3	»
Mme Marguerite Bourget	100	»
Mme Alfred Hardy	100	»
Mlle F. Roybet	50	»
M. Léon Giraudeau	100	»
André, Marguerite, Raymond O.	40	»
Henry, Maurice, Lucie D.	40	»
Gaston Lapostolet	20	»
M. et Mme E. Gouin	2.000	»
M Albert B.	50	»
Philippe et Emmanuel Duplan	20	»
Georges Delamotte	100	»
A. C.	3	»
M. et Mme Ernest Hache	50	»
F. P.	40	»
Mme veuve Bellaigue	100	»
M. et Mme Ch. Pensa	100	»
Mme veuve Cuvillier	50	»
M. Emile Boire	100	»
M. Jules Navier	100	»
Mme Morel-Lavallée	25	»
Mme Th. F.	100	»
Mme J. R.	20	»
Mme S. Doncieux	20	»
G. D.	10	»
R. D.	10	»
Ignace	10	»
Les enfants Daub	10	»
M. Goulart	100	»
M. Victor Devéria	40	»
M. et Mme de M.	10	»
Commandant W.	10	»
M. et Mme Provôt	100	»
Germaine, Marthe, Robert et Jean Lacarrière	50	»
M. G. Dz.	50	»
M. et Mme Jean Félix Guyon	50	»
M. et Mme Genreau	100	»
M. Edouard Gallois	50	»
Anonyme	100	»
M. et Mme Béraldi	200	»
M. et Mme H. M.	50	»
Mme la comt^{se} Raimond de Nicolay	200	»
G. X. B.	500	»
M. de Liron d'Airolles	100	»
Mme veuve J. B.	5	»
M. et Mme H. B.	5	»
Famille Lefebvre	100	»
Une mère reconnaissante	50	»
H.-J. Reinach	3.000	»
Général Massing et Mme Massing	1.000	»
Pierre et André V.	20	»
Mme Comte	50	»
Mme Adolphe-H. Reiltinger	50	»
Un gendre et sa belle-mère	90	»
Comte de Germiny	100	»
Comte Marcel de Germiny	200	»
Vicomtesse de Verneaux	200	»
Comtesse Olivier de Beaumont	200	»
Poupée	500	»
M. Paul Lévy	20	»
Mme D. K.	10	»
Anonyme	500	»
Mme Marcuard Hartmann	500	»
Mme Louis Menier	100	»
Henri et Louise	40	»
Baron et baronne de Lassus St-Genies	100	»
M. et Mme J. Gounod	100	»
E. B.	20	»
M. Edouard Empain	1.000	»
M. et Mme A. Salmon	25	»
Mlles Jeanne, Berthe et Denise	15	»
MM. H. E. L. Fontaine	100	»
M. Henri Fontaine	100	»
M. et Mme Alfred Norberg	100	»
M. et Mme Mathis	100	»
311-916	250	»
L. G.	100	»
Mme Albert Delon	100	»
Les Dominicains de la Société des écoles Albert-le-Grand, Laplace, Lacordaire et Saint-Dominique	500	»
MM. les élèves des mêmes écoles	700	»
Marquis de Saint-Maurice Montcalm	100	»
M. et Mme Francis Gérard	50	»
M. B.	10	»
Anonyme	20	»
Alexandre Kohn	100	»
G. J.	20	»
L. A. R.	10	»
Baron Ernest Seillière	300	»
Anonyme	100	»
Baron et baronne de Sarret	200	»

Mᵐᵉ de Bartholomey	40 »	Mᵐᵉ R	50 »
A.P.	50 »	Mᵐᵉ Carlas Kœchlin	100 »
Comtesse A. de Camondo	1.000 »	Anonyme	50 »
Mᵐᵉ R	20 »	A. S.	50 »
M. Pierre Deschamps	1.000 »	J A	20 »
Mᵐᵉ Marie Deschamps	1.000 »	Mᵐᵉ veuve Edmond Chagot	50 »
Mary et Maurice	10 »	M. et Mᵐᵉ Chary	200 »
Marie, Jacques et Yvonne	100 10	Mᵐᵉ Albert Simon	50 »
Mˡˡᵉ Henriette Morris	30 »	Comtesse de Saint-Genys	100 »
Mˡˡᵉ Berthe Morris	25 »	D. B. Updike	20 »
M. et Mᵐᵉ Gabriel Morris	100 »	Y et R	20 »
M. et Mᵐᵉ S. Barduc	500 »	A. C. B	100 »
Comte Thoinet de La Turmelière	500 »	M. E. Thomas Piétri	100 »
M. Maurice Kann	500 »	Devambez	20 »
M. et Mᵐᵉ Brann	100 »	Mᵐᵉ Guénaut	20 »
Comte et comtesse de Kergorlay	500 »	Assurances générales	3.000 »
Vicomte et vicomtesse Curial	100 »	Baron de Kertanguy	100 »
12 mai. Une cagnotte cannoise	20 »	Henri Keller	20 »
Léon, chapelier	100 »	M. et Mᵐᵉ Henri Baudran	20 »
Mᵐᵉ E. T	100 »	Madeleine et Jean	10 »
Mᵐᵉ la baronne de Pontalba	40 »	Marie-Thérèse Paillet	20 »
M. et Mᵐᵉ La Perche	1.000 »	Fanny Grand	20 »
Comte et comtesse de Grammont	400 »	Mᵐᵉ de Saint-Paul	5 »
M. Arthur Robert	100 »	Émile et Madeleine	10 »
Mᵐᵉ Letellier	50 »	De Plailly	20 »
S. et A. Badel	500 »	Nelly L	5 »
H. Ducout	150 »	609	5 »
M. Ch. L	100 »	Un marin	20 »
P. H	40 »	E. M	20 »
M. et Mᵐᵉ Bernard Streur	40 »	Baron B	10 »
M. Maurice Streur	5 »	Jules Caraguel	5 »
M. S	20 »	M. P. S	10 »
Comte et comtesse Starzynski	100 »	Mᵐᵉ C	25 »
Dame et demoiselle argentines	50 »	Une lectrice du *Figaro*	5 »
Cécile et Laure B	100 »	J. D	10 »
Mᵐᵉ veuve F. C	50 »	A. Lemasson	25 »
Proust et fils	50 »	Mizzi Rolle	20 »
Mᵐᵉ J. P	50 »	Docteur R. Jamin	20 »
Anonyme	20 »	Mᵐᵉ R. Jamin	20 »
M. D. Dierickx	200 »	A. L	10 »
Mᵐᵉ Georges Alary	20 »	Un officier	5 »
Mᵐᵉ Rose Demay	20 »	GRK	100 »
Colonie russe	8.000 »	Marquis de Montaud	200 »
M. et Mᵐᵉ Henry Simon	100 »	Marquis de Casa Riéra	2.000 »
Mᵐᵉ John Diethelm	40 »	Hamburger frères	200 »
M. et Mᵐᵉ Lagrange	40 »	Marquis de Torre Alfina	100 »
Mᵐᵉ Delsol	100 »	Pierre Mahé	50 »
Deux sœurs, E. M	100 »	Comte et comtesse de Grandeffe	100 »
M. F. Colombel	200 »	M. et Mᵐᵉ Ph. L	50 »
Mᵐᵉ Derouet	100 »	Anonyme	100 »
Mᵐᵉˢ Duplessy et Hinque	200 »	Pierre B	50 »
Marie et Francis Rod	20 »	Comtesse de Preissac	100 »
Mᵐᵉ Ch. Desouches	20 »	E. de Ayala	200 »
Marie-Anne	5 »	Don anonyme	100 »
Mᵐᵉ H. S	20 »	Mᵐᵉ de Sainte-Anne	100 »
Émile-Albaret	20 »	Mᵐᵉ D. Sellar	125 »
Bernard Lefebvre	5 »	Misericordia	50 »
V. Ch. L	100 »	Mᵐᵉ A. Ouvré	200 »
M. et Mᵐᵉ L. de Caladon	100 »	M et Mᵐᵉ E. Garnier	100 »
Anonyme	20 »	Marthe et André	50 »
J. R	20 »	Mᵐᵉ Decaix	20 »
M. et Mᵐᵉ Jules Toinet	40 »	A. D	10 »
M. Ed. V	20 »	Baron et baronne de Villebois	20 »
M. et Mᵐᵉ S. B	1.000 »	E. Philipon	40 »
M. et Mᵐᵉ A. G. B	500 »	Mᵐᵉ veuve A. B	5 »
MM. Mannoury, Wolff et Cⁱᵉ	200 »	Mᵐᵉ Amélie Berard	5 »
Mᵐᵉ Duffer	40 »	Mᵐᵉ P. Signoret	10 »
Mˡˡᵉ Rabatté	10 »	A. Jacquin	100 »
Mᵐᵉ de Cougny	200 »	J. Chabert	100 »
H. C	20 »	M. et Mᵐᵉ G. L. et leurs enfants	50 »
Comte de Messey	100 »	Poole, Auld Reekie	100 »
E. C	20 »	Vicomtesse Reille	100 »
V. S	10 »	La Société d'Escaut et Meuse	5 »
C. H. Fortin	100 »	Comte et comtesse A. de Sonis	100 »
Anonyme	20 »	M. et Mᵐᵉ G. de Montgomery	100 »

Suzanne et Odette	10 »	
H. B.	10 »	
H. de Coulon	20 »	
Anonyme	10 »	
Un français à l'étranger	50 »	
Mlle Marie Suttin	20 »	
Mlle de Bonaffos	20 »	
J. L.	20 »	
O. C.	5 »	
S. A. P.	20 »	
G. F.	15 »	
A. B.	10 »	
Mme Ed. Andry	20 »	
M. et Mme G.	20 »	
Anonyme B.	20 »	
Y. W.	150 »	
Mme Marchand	20 »	
L. J. F.	10 »	
Docteur A. Hugenschmidt	100 »	
Suzanne et Edmond	200 »	
M. et R. de Beauregard	10 »	
M. et Mme Rigaud	1.000 »	
L'Union Jeanne d'Arc	125 80	
Jules Martin	3 »	
Charles Guereau	5 »	
Petit Marc	5 »	
Mme L. M. L.	40 »	
A. B.	2 »	
Léonce Lesueur	20 »	
Mme Verdeaux	20 »	
Ramond de La Croisette	40 »	
Camille Labouret	300 »	
A. J.	50 »	
Felipe R. Pineirs	100 »	
Ch. Roulina	100 »	
Mme F. Moreaux	40 »	
Claude Léon	50 »	
Mme Eugène Beau	50 »	
Mme M. Tavera	20 »	
M. et Mme Ed. Borel	400 »	
Mme O'Connor	200 »	
Brigitte et Elisabeth	10 »	
Comte Arthur de Cassini	100 »	
Mme veuve F. Marie	50 »	
M. et Mme William-Marie	50 »	
Paul Desvignes	20 »	
Etienne Hecht	200 »	
Mme Henri Avenel	20 »	
E. Simonet	50 »	
Mme veuve Dulac	20 »	
Mme veuve Oursel	100 »	
M. et Mme Eugène Vacquerel	300 »	
Comte et comtesse X. de Gontaut	100 »	
Mme F. Renard	200 »	
Gustave Fleury	100 »	
M. et Mme Armand Vaillant	20 »	
Mme Suzanne Gerson	25 »	
M. et Mme G. Gerson	25 »	
G. Aublet, Saintomer et Cie	50 »	
Comtesse Ch. Zamoyska	500 »	
M. et Mme E. Chatoney	40 »	
Marcelle et Jean	10 »	
Mlle Berthe Miot	50 »	
Mme P. du Chastenet	50 »	
Mme Le Jouteux et son fils	20 »	
M. Charles Revéron	20 »	
J. M. P.	60 »	
A. R. F. G.	20 »	
Anonyme	20 »	
P. et M. S	20 »	
Cte et comtesse Eric de Dampierre	100 »	
Joseph Oller	100 »	
Gabriel Leforestier	40 »	
Maison Leforestier	15 50	
P. et M. S	20 »	

Mme Georges A.	100 »	
Charles et Jules	20 »	
J. J. L.	500 »	
Comtesse de C.	100 »	
Mlle Luce Herpin	50 »	
Ch. Walther	5 »	
Henri Lafille	5 »	
Mme J. Garner	20 »	
Voulaire	10 »	
Anonyme P.	160 »	
Mlle Hélène Bossuroy	40 »	
Mme Bossuroy	20 »	
Comtesse Vandal	100 »	
Princesse Lubomirska	200 »	
M. H. B.	50 »	
C. B.	40 »	
Félix Hubin	200 »	
Général marquis d'Abzac	100 »	
Suzanne R.	20 »	
Mme J. Grison	20 »	
Henry Salle	50 »	
M. et Mme A. Lambert	40 »	
Anonyme	25 »	
Linzeler frères	100 »	
Mme Alfred Decugis	20 »	
S. H. M. A.	20 »	
A. B.	20 »	
Chapuis	20 »	
Crédit industriel et commercial	3.000 »	
Mme Auguste Balsan	1.000 »	
M. et Mme Charles Balsan	1.000 »	
M. et Mme Roger de La Selle	100 »	
Vte et vtesse de Villeneuve-Bargemont	100 »	
Baron et baronne de Meaux	100 »	
MM. Richardson et de Long	20 »	
E. H.	10 »	
P., A., M. et M. P.	20 »	
Elisée Goret	100 »	
Enders, Jules	10 »	
Mlle Suzanne Coizeau	50 »	
Albert Haas	100 »	
Etienne Dubois de l'Etang	10 »	
Maurice et Marie	50 »	
Mme E. R. Henriquès	1.000 »	
Comte et comtesse de Virieu	40 »	
Anonyme	1.000 »	
Cte et comtesse du Bourg de Bozas	100 »	
Henri A. Cartier	300 »	
Union des femmes de France	100 »	
Anonyme	200 »	
Gabriel Denaynin	100 »	
Mme Mouthiers Dehaynin	50 »	
M. et Mme Jacques Mouthiers	100 »	
Mme de M.	20 »	
Paul Panzani	100 »	
Eugène Renevey	200 »	
N. Johnston	100 »	
M. et Mme Mérédith Howland	200 »	
Mme G. Nast	10 »	
Lorillon	5 »	
Mlle Andrée Marchand	100 »	
Scillier	50 »	
Baron et baronne d'Ivry	25 »	
Jacques et Pierre	200 »	
Mme Pouget de Saint-André	100 »	
H. Pouget de Saint-André	10 »	
J., G., G., A.	1.000 »	
R. H.	20 »	
S. A.	100 »	
Etienne de Monbrison	10 »	
J. L. M. C.	500 »	
Comtesse Vigier	10 »	
L. et B. G.	500 »	
M. et Mme Victor Hennecort	20 »	
H. Remond		

Mᵐᵉ Alfred Tallon	50 »
Le commandant Servant	20 »
Comtesse de Rancy	200 »
Marquise de Chambonas	100 »
M. et Mᵐᵉ Amédée Franck	50 »
Mᵐᵉ veuve J. Dennery	20 »
M. de J.	10 »
Ch. Renoult	50 »
Fanon	100 »
Mᵐᵉ Ernest Royer	100 »
Pierre de Maximow	100 »
M. D. de Saint-Sauveur	100 »
Maison Ed. Pinaud	500 »
Anonyme	10 »
Anonyme	10 »
L. D.	25 »
Henri R.	250 »
Mᵐᵉ Emile Bénard	20 »
Mˡˡᵉ L. Guillemot	50 »
Brœlemann	500 »
M. et Mᵐᵉ Tirman	100 »
M. et Mᵐᵉ Léo Borne	20 »
Mᵐᵉ Alfred André Passy	50 »
L. D.	50 »
Léon Tétart	20 »
A. M. H.	5 »
J. Charles Roux	100 »
Don de S. F. et Cⁱᵉ	100 »
Comte W. de Montesquiou	300 »
Albert Cruchet	100 »
Mᵐᵉ F. B.	20 »
Vicomtesse de Gontaut-Biron	50 »
M. et Mᵐᵉ Léon Flahaut	100 »
Mᵐᵉ Andrée Remy	10 »
Seligmann	200 »
Eugène Hazart	50 »
Colette Quidant	20 »
M. et Mᵐᵉ Paul Gompertz	50 »
Mᵐᵉ Paul Piot	50 »
M. et Mᵐᵉ A. Odero	100 »
Comptoir industriel Linière	50 »
Petit Pierre A.	20 »
Suzi et Robi	40 »
En mémoire de Clairette	20 »
M. et Mᵐᵉ Ludovic de Sinçay	300 »
Mˡˡᵉ Sybil Sanderson	200 »
Un Sénégien	5 »
Calmann-Lévy	500 »
M. et Mᵐᵉ Abel Fauconier	50 »
Lucien Fauconnier	10 »
Duval	200 »
M. et Mᵐᵉ Henri Beau	20 »
Louis Ochs	200 »
M. C. D.	150 »
Mˡˡᵉ Rose D.	20 »
A. Tardieu	100 »
Mᵐᵉ C. Dubois	100 »
Mᵐᵉ Aka	20 »
Auguste Picard	20 »
Gilbert Devillers	20 »
Jean et Alice	50 »
Théodore Delius	100 »
Duc de Montmorency	50 »
Docteur et Mᵐᵉ Recullez	20 »
E. Couturier	10 »
Mˡˡᵉ et MM. de Saint-Gratien	20 »
Mᵐᵉ Languillet	20 »
M. et Mᵐᵉ Edmond d'Allemagne	100 »
M. et Mᵐᵉ Georges Ouizille	200 »
A. G.	60 »
Mᵐᵉ Jules David	20 »
Mᵐᵉ Emile Schlesinger	20 »
M. et Mᵐᵉ Petit-Yvelin	300 »
M. et Mᵐᵉ Eugène Pereire	1.000 »
M. et Mᵐᵉ Molinos	100 »
M. et Mᵐᵉ Charles Brulé	200 »
H. F. L. P.	50 »
Lucas frères	50 »
La baronne de Gargan	1.000 »
Mᵐᵉ Alfred Mutel	20 »
Mᵐᵉ Louis Mannheim	50 »
Mᵐᵉ L. D.	20 »
Mᵐᵉ A. M.	40 »
Vicomtesse Henri de Dax	10 »
Mᵐᵉ Emile Grébert	20 »
M. et Mᵐᵉ Jules Granger	200 »
A. H.	150 »
A. P.	50 »
A. B.	6 »
Mˡˡᵉ Marthe	10 »
Anonyme	20 »
Vᵗᵉ et vicomtesse de Chezelles	100 »
M. et Mᵐᵉ Lafaulotte	100 »
M. L.	20 »
Mᵐᵉ Achille Ratisbonne	200 »
M. B.	100 »
Mᵐᵉ Julien Belleville	100 »
Mᵐᵉ Delaunay-Belleville	100 »
Baron et baronne Pellenc	300 »
Willy Blumenthal	1.250 »
M. et Mᵐᵉ Paul Buquet	100 »
Félix Renn	20 »
G. Mahot de La Quérantonnais	200 »
M. et Mᵐᵉ E. R. Coquelin	20 »
Mᵐᵉ C. M.	30 »
Mᵐᵉ Baring	100 »
Mˡˡᵉ Pierrette C. B.	10 »
Le contre-amiral et Mᵐᵉ Touchard	100 »
Marquis et marquise de Boisé	100 »
André et Roger Boncompagne	50 »
Anonyme	20 »
L. W. V. Friedlander	225 »
Mᵐᵉ Jullien	5 »
M. et Mᵐᵉ Carrière	20 »
Mᵐᵉ Lefebvre Tarbé	100 »
A. et Cⁱᵉ	100 »
M. et Mᵐᵉ M. A.	50 »
M. et Mᵐᵉ V. W.	25 »
Marquis de La Jonquière	100 »
A. A.	100 »
Ed. Cellier	5 »
Mᵐᵉ veuve G. B.	50 »
Comte et comtesse de Gironde	100 »
Mᵐᵉ Charneau	100 »
E. M.	20 »
F. M. T. W.	20 »
Mᵐᵉ Auguste Grétillat	20 »
Jeanne, Marie et leur famille	100 »
A. de Maupeou	200 »
Onfroy de Bréville	100 »
Stéphen Liégeard	200 »
Mˡˡᵉ Hélène Boissaux	100 »
Mˡˡᵉ Marie-Louise Boissaux	100 »
Marthe Brandès	50 »
Jacqueline May	20 »
Mᵐᵉ Sabatier d'Espeyran	1.000 »
M. et Mᵐᵉ G. Sabatier d'Espeyran	1.000 »
M. et Mᵐᵉ J. Archdéacon	200 »
Ernestine Archdéacon	100 »
Anonyme	25 »
Baron E. de Knyff	150 »
Marquise de V.	100 »
Henry Mutel	50 »
A. A.	200 »
E. de F.	40 »
Hervé et Elisabeth de Talhouët	200 »
M. et Mᵐᵉ R. Allou	50 »
Cᵗᵉ et cᵗᵉˢˢᵉ de Clermont-Tonnerre	100 »
E. L. D.	20 »
Mᵐᵉ Sulzbach	200 »

M. P. M. L.	100 »	E. B.	20 »
Y. G. M. Milon	15 »	MM. Gust. et Em. J.	100 »
M. et Mme L. V.	50 »	Simone Jalla	50 »
M. J. et M. V.	50 »	H. C.	200 »
S. Leser	100 »	Claudine et Pierre	100 »
Le Crédit lyonnais	10.000 »	M. et Mme André Toutain	100 »
Duc et duchesse de Dino	1.000 »	Léonce Tréfouse	50 »
Comte M. des Monstiers-Mérinville	100 »	E. B. C.	10 »
M. Christophle	1.000 »	M. C.	5 »
M. Léon Gosselin	1.000 »	E. G., L. G.	40 »
Comptoir national d'escompte	5.000 »	M. L. C.	5 »
M. et Mme J. Morpurgo	200 »	Mme Simon Lazard	500 »
Baron et baronne de Montigny	200 »	M. Simon Lazard	500 »
M. Charles de Rouvre	1.000 »	A. E., A. S.	12 »
Princesse Al. Ghika	200 »	Louis Payen	300 »
Mme Alph. de Perrodil	20 »	Iselin	50 »
René, Jacques, Paul, Maurice	50 »	Mme Georges Guenne	50 »
Barillier	10 »	Charles Levesque	500 »
Une femme de chambre	3 »	Jules Auffray	50 »
H. B.	100 »	Mme Laurence Bernet	20 »
Baron et baronne de Ravignan	100 »	Mlle Rosa Mouret	2 »
Commune de Joussé	14 »	Mme veuve Mouret	2 »
Marguerite	5 »	M. D.	100 »
M. G. de Renusson	50 »	Mme B. D. de N.	50 »
Obole d'une veuve	10 »	M. V.	10 »
La Société générale	5.000 »	Mme D.	5 »
Baronne de Montmagne	150 »	Mme Ernest Merlin	20 »
Mlle L. Martelli Notman	100 »	M. T.	20 »
Mme Pierre Camescasse	100 »	Banque internationale de Paris	3.000 »
Vicomtesse Berthier	50 »	La Foncière	1.000 »
Marquise de Lur-Saluces	500 »	A. S. G.	300 »
Jac, P. R. Galesloot	20 »	Arlette Benda	22 »
Un anonyme	100 »	Veuve D. et ses petits-fils	50 »
Un peintre	20 »	Mme la comtesse de Galve	3.000 »
Aug. Dormeuil et Cie	200 »	Mme veuve Lamy	100 »
Sophie et Gilda	20 »	Mme Ed. Richard	20 »
Mlle Kœnig	20 »	Mme Mathilde Lamarque	50 »
Comte de Las Cases	420 »	E. Benois	40 »
Théodore Berger	300 »	M. et Mme Emile Oulif	100 »
Et., A. et Yv. Delahaye	100 »	Emile Colin et Cie	50 »
J. Vézin	5 »	Ch{n} de fer de Miramas à Port-de-Bouc	100 »
Duc et D{esse} d'Audiffret-Pasquier	200 »	M. Egée	20 »
Marquis et marquise d'Imécourt	100 »	M., Ant., Ray. Christian	50 »
Vicomte de Saint-Léon	200 »	Mme Barré	200 »
Mercier frères	120 »	M. et Mme Cambefort	100 »
G. G. J.	5 »	Mme A. Legrand	50 »
Edouard Deville	100 »	Mme Mary Lafon	5 »
Ernest Fouillard	20 »	Jacques Pasquier	100 »
Mme veuve Varin	100 »	Anonyme	200 »
Mlle Emma Tisserand	100 »	V. Brozik	100 »
Mme Jules Maugin	20 »	Mme E.	10 »
Achille Néton	20 »	Léon L.	40 »
Jean et Henriette Rabutaux	50 »	Mme de Voize	400 »
A. Luc et Cie	100 »	Mme Albert de Voize	100 »
M. et Mme Ad. Labouret	100 »	Mme Loisel	30 »
Anonyme	200 »	M. et Mme Ray. Larsonnier	200 »
A. Thierrée et Cie	100 »	M. et Mme P. Naville	500 »
Mlle Ferreira Cardozo	500 »	Mme et Mlle Berger	20 »
P. Hine	100 »	Mme L. Rouxel et ses enfants	45 »
Un abonné	10 »	Anonyme	50 »
Alfred Crépy	300 »	Docteur F. W	100 »
E. M. N.	40 »	« Soleil-Incendie »	1.000 »
Anonyme	50 »	L'Aigle-Incendie	1.000 »
Victor Moleux	20 »	Mme de la Renaudière	50 »
Anonyme	200 »	M. Jaclot	100 »
Comte et comtesse J. de Toustain	200 »	P. M. M.	5 »
Mme Eugène Trubert	200 »	Mlle Annette	100 »
Alfred Ritleng	40 »	Mme Julie Favre	5 »
Denys et Anne de C.	20 »	A. M.	5 »
R. M.	35 »	Mme Bourdil-Pelletreau	100 »
A. R. F. G.	20 »	Mme de Ligne	20 »
Mlle J. W.	20 »	Comte du Taillis	100 »
Mme E. Salmon	5 »	M. et Mme Ed. R.	20 »
Mme veuve Badel	50 »	M. et Mme Standish	200 »
Mme S.	25 »	Mme veuve Ed. Lallement	20 »

Famille A. L. Sèvres	30 »	M. E. Zaepffel	10 »
L. C	100 »	Famille Lefort	20 »
Un Hollandais	30 »	Baron de Montesquieu	100 »
Mme Henry Gradis	100 »	M. et Mlle Massenet	100 »
M. Louis Ackerman	100 »	M. J. Pierpont Morgan	20.000 »
Un domestique	2 »	A. Chaperon	100 »
Cte et Ctesse de Chabannes-La-Palice	200 »	M. et Mme Maudre	100 »
M. et Mme Worms de Romilly	100 »	L. M	10 »
Comte de Lyonne	100 »	Le petit Robert F	20 »
Mme J. B	20 »	Seminario frères et Cie	500 »
Mlles Gaskell	25 »	M. et Mme A. L	20 »
Compagnie des Avoués	1.000 »	H. M	200 »
M. et Mme Al. de Bréville	100 »	M. R. C	40 »
Y. D	20 »	Comte et comtesse de Saint-Clair	100 »
Mme A. Brochin	40 »	M. et Mme Gabriel Malmenay de	100 »
A. S. S	100 »	L. B. C	20 »
Mme P	20 »	M. et Mme David Winter	200 »
Madeleine, Paul, Cécile	10 »	Mme veuve C. Fousselin	10 »
M. Emile Poulenc	100 »	M. Muleur	50 »
Quatre enfants	20 »	Mlle Reid	100 »
Ch., Ray. Ch., Schlumberger	300 »	Quête C. R	25 »
Cécile	100 »	M. et Mme Alexis Soudee	100 »
Mme Harouel Garcia	100 »	A. B	500 »
A. H	100 »	Jules Poidevin	50 »
M. et Mme E	20 »	M. et Mme Lucas-Dupin	100 »
M. et Mme F. Gaultry	20 »	M. et Mme E. G	20 »
M. André Gaultry	5 »	A. C	50 »
Miss Mary	40 »	Mme D. de M	50 »
P. D	20 »	Mme de Lapalme	100 »
Mlle Z. Méchain	50 »	Mlle Einon	100 »
W. A. R	5 »	Mme J. Blampoix	50 »
P. C	20 »	M. P. L. de Saint-Paul	100 »
M. C	200 »	M. Edouard Mantois	100 »
Mme Bauche	50 »	J. T. H. M	50 »
Mme L. Double	50 »	Une veuve et son fils	20 »
Mme de Saint-Senoch	500 »	S. N. Obidine	100 »
M. et Mme Ch. F	50 »	N. Ménard	20 »
C. M	5 »	Mme veuve Th. C	55 »
M. Moris Kan	15 »	Baronne Sal. de Rothschild	1.000 »
Ch. et G. Siegfried fils	25 »	Renée et Henry	20 »
Lily et Marthe	10 »	Mlle M. P	50 »
Anonyme	50 »	M. et Mme F. Delacour	200 »
M. et Mme Meaudre	100 »	Mme J. B. Ebrard	100 »
M. et Mme G. Voulquin	20 »	Léon Chancé	100 »
Mme A. Perrody	20 »	Alphonse P	20 »
Léon Loiseau	10 »	M. et Mme Louis Hauser	50 »
Mme C. G	20 »	M. A. Challet	10 »
Max et Simone Duval	20 »	Mme A. Challet	10 »
M. et Mme Albert Richard	20 »	Charles Lecomte	200 »
Mme Guntzberger	20 »	Mme Paul Villebœuf	50 »
Mme Sibert	100 »	A. R	50 »
M. L. et Yol. de Baye	100 »	J. D	100 »
Mme A. R	10 »	Bigat-Brard	5 »
Pour nous deux	25 »	M. et Mme C. Bellaigue	50 »
Une abandonnée	20 »	Les Institutrices allemandes	100 »
Henry, le jour de ses quatre ans	20 »	Mme A. de Courcy	40 »
Baron et baronne de Cabrol	100 »	M. et Mme Armand Eyette	100 »
Mme Georges F	30 »	M. et Mme Fernand ∠ol	300 »
Frédéric Goldschmidt	100 »	Mme E. Delavallée	20 »
Famille F. Stoffel	50 »	R. M	100 »
Daisy W	10 »	M. et Mme Nerat	100 »
Baronne Creuzé de Lesser	300 »	Franck-Auboyneau	100 »
M. et Mme G. M	50 »	M. et Mme M. L	500 »
M. et Mme Bernstamm	20 »	Henri Courcier, notaire	100 »
Jean Meyniard	5 »	Comtesse A. de Paillot	150 »
Le petit Louis	50 »	Mme Ney	20 »
M. E. M. et ses enfants	200 »	M. et Mme Noury	100 »
Eugène Goldheim	100 »	Mme Roger Lehideux	100 »
E. H	50 »	Docteur et Mme Tuffier	50 »
Adolphe Bourgeois	20 »	Mlles Dacosta et leur frère	40 »
Marquis de Reverseaux	200 »	Mme Waefelaer	50 »
Poisson et son grand-père	150 »	Mme Tippel Malherbe	50 »
Eugène Martin	100 »	Mme Lauzanne de Campou	45 »
M. et Mme Auguste Penas	100 »	Mme Schoubart	50 »
M. Chaskin	20 »	Anonyme	100 »

La petite Elisabeth	40 »	M. et Mme G. de Moussac	20 »
Comte V. G. T	200 »	Paul Nicolle	5 »
M. R. A	100 »	Mme veuve Nicolle	5 »
M. et Mme Bavvet	200 »	M. et Mme Maïsse	20 »
Maurice Berthon	100 »	Un anonyme	30 »
C. D.	50 »	Georges et Marguerite	10 »
Anonymes	200 »	A. Rodriguez et G. Bergé	50 »
Rousseau Valentin	5 »	Mme Le Lubez	100 »
Besse douairière de La Roche-Guyon.	50 »	J. B. M	10 »
Duc et Duchesse de La Roche-Guyon.	200 »	A. M. M	10 »
Mme A. M. Kowalski	20 »	Mme P. B	20 »
La Fraternelle Parisienne	500 »	Mlle Emilie Sain	5 »
M. et Mme R. de La Sablière	50 »	193	30 »
M. C. F	50 »	Fernand Roche	20 »
Mme H. D	100 »	Henri Béziel	20 »
Grands Thermes de Dax	50 »	Mme René Duval	10 »
M. et Mme Nartin Hueber	20 »	Comte Costa de Beauregard	100 »
A. Esther L	20 »	M. et Mme Tropcy-Bailly	50 »
M. et Mme Paul Deviolaine	100 »	Duchesse de Luynes douairière	1.000 »
E. Vallot	500 »	Un Toulousain	100 »
P	10 »	Mme G. de La R	15 »
M. G. S. M. E	100 »	Cte et Ctesse de La Baume-Pluvinel.	300 »
Marquis de Sers	100 »	Mme Debette	20 »
Vicomte et vicomtesse de Marsay.	100 »	Germaine et Suzanne	5 »
Eugène Seligman	10 »	Mme A. Guillard	10 »
Léon Majoux	100 »	Yvonne D	5 »
M. et Mme Edgard Bonnet	50 »	M. L. J. et André	6 »
Mme Ch. Le Cesne	50 »	Mme E. D	10 »
Comte et Comtesse P. de Kergorlay.	300 »	Jules Fallevoz	5 »
Comtesse A. de Pomereu	100 »	Raymond Le Vaillant	2 »
A. et Ant. Savouré	20 »	Pierre, Elisabeth, François	15 »
Troygé	30 »	F. Charles de Carbonnière	20 »
M. de Maulde	100 »	Gen. et Germ. Sarrade	20 »
E. B	10 »	F. P	20 »
M. C	100 »	P. B	20 »
Mme C	100 »	Un peintre de la Butte	10 »
Mlle Hélène Prègre	50 »	Gabrielle	50 »
M. et Mme P Casimir-Perier	500 »	Comtesse de Baus-ancourt	50 »
M. et Mme L. Delamarre	200 »	J. Thibouville-Lamy et Cie	100 »
« La Providence »	1.500 »	Jeanne et Marguerite	100 »
Abbé Casabianc	20 »	M. et Mme André Labiche	100 »
Mme veuve H. Dreux	10 »	L. B	100 »
M. et Mme Adrien Ruelle	40 »	Baronne de La Rochette	100 »
Marcel, Jean et Pierre	20 »	Diane de V. G	50 »
Une étrangère	5 »	Deux abonnés du Figaro	50 »
A. Perigaud	3 »	Comtesse de La Boutetiere	100 »
L. D	10 »	E	50 »
Offrande anonyme	40 »	Mme A. Lavallée	150 »
G. A. H. A. Yv. Lompré	20 »	Famille A. C	50 »
Petit Maurice B. B	5 »	R. P. S	100 »
Marthe et Pauline Haussaire	5 »	Albert Cocteau	100 »
Mme L. M. M	5 »	Mlle Odette Trousselle	50 »
Comtesse R. de Coëtlogon	20 »	Anonyme	100 »
Mme Adrien Borot	100 »	M. T. R. C	100 »
M. et Mme Léon Comar	10 »	Mme Malleval de Pontaillac	50 »
Miss Seymour	2 25	Carol	500 »
X	40 »	Mme M. du Houssoy et fils	100 »
Mlles Delannoy	20 »	Georges Ferrand	30 »
Gautheron	20 »	M. de N	10 »
Mme B. C	10 »	E. G	5 »
M. et Mme G. Crétu	20 »	Anonyme espagnol	10 »
M. M. A. E. Buffet	10 »	M. et Mme Ed. Choppin	40 »
M. et Mme H. Amiot	50 »	Paul et Santa Arrighi	5 »
Em. Mar. And. Lefèvre	3 »	Anonyme	20 »
M. et Mme A. Tricot	100 »	Obole du pauvre	15 »
M. veuve E. Hays	5 »	Mme C. Meyer-May	50 »
Un jeune ménage	5 »	Baron Oberkampf	100 »
Une jeune fille	20 »	Commandant et Mme de Morancy	50 »
Commandant Appert	20 »	R. R	10 »
E. Dezobry	20 »	Pierre, Hélène, Yvonne	60 »
L. A. Y	20 »	Mme M	40 »
Jacques, Maman, Papa	30 »	G D	20 »
M. et Mme Jules Mary	70 »	André Camille	20 »
Un vieil abonné	20 »	« Misèricordia »	100 »
Od. Suz. et J. de Moussac	30 »	Un abonné du café de Paris	2 »

A. D.	5 »		« La Tour »	100 »
G., J., Germ. et Marg.	20 »		Anonyme	100 »
Anonyme	20 »		Une abonnée de Londres	500 »
M. et Mme T. V. B.	100 »		G. L.	100 »
Mme J. D.	50 »		Baronne de Lavilléon	100 »
E. B.	100 »		Le docteur et Mme Galezowski	100 »
Camille et Odile	20 »		G. L. G.	100 »
Mme Auban-Moët	1.000 »		En souvenir de Douvres	200 »
André Delbos	1.000 »		Mme G. Gallimard	100 »
A. Loichemolle	30 »		G. S.	100 »
Mme Janin	20 »		Mlle Marie-Louise Hubert	100 »
M. Lançon	20 »		M. Denis Hubert	50 »
MM. les frères Lorch	123 44		M. G. B.	5 »
Famille Dieterlen	100 »		S. et S.	10 »
Mme E. Sers	20 »		Mme et Mlle Jamont	200 »
Comtesse Olga de Lagrené	60 »		Edmond Guillemot	20 »
J. L. Gaborrot	40 »		Eugène Guillemot	20 »
De petit Pierre	20 »		Veuve Pommery fils et Cie	1.000 »
Le docteur Leudet,	20 »		Comtesse de Clermont-Tonnerre	500 »
A. M.	50 »		Compagnie des notaires de Paris	1.000 »
Comtesse de Wolkenstein	300 »		Mme Bauche	20 »
E. P.	100 »		Mme M.	50 »
Mme Henri Ponty	50 »		M. Raynal	200 »
M. et Mme F. Goudard	100 »		M. et Mme J. P.	10 »
L. R.	10 »		Baron Fritz de Stumm	1.000 »
Mme veuve Fauconnier	20 »		Marie Perin	10 »
M. et Mme A. L.	100 »		Comte et comtesse de Ségur	200 »
Mary et Georges	5 »		G. P.	20 »
Emile Surum	100 »		H. B.	100 »
Many et Guy	100 »		Mme la générale C. P.	20 »
Madeleine et Xavier Soyer	20 »		Les enfants Duranton	100 »
Mme Andral	500 »		G. R.	200 »
Mme Rodrigues Janic	200 »		Mme L. Théodore Pfister	100 »
Mme N. A. B.	50 »		Baron et baronne de Monticourt	200 »
Mme Emmanuel S.	30 »		Mme Prosper Durand	20 »
C. S.	20 »		Chandon de Briailles	200 »
M. et Mme Alphonse Laignel	100 »		Mme S.	20 »
M. de Vallat	20 »		Agence Cook	250 »
Famille Jéramec	200 »		S. P.	20 »
E. L.	5 »		Anonyme G. V.	100 »
Mme E. Heurteau	200 »		Mme F.	20 »
M. et Mme A. Guerquin	100 »		Mlle F.	5 »
L.	20 »		M. et Mme Gauthier-Villars père	100 »
Cse de Brou 500 fr ; M. et Mme A. Mortureux, 200 fr ; La cagnotte de 1893, 101 fr. 35	801 35		Mme F. Taciussel	50 »
			E. Le Monner	50 »
M. Henry	20 »		Haton de La Goupillière	50 »
Mlle M.-B. Fuhrmann	5 »		Marquise de Barbentone	100 »
Mme Huet	2 50		Jules Deslandres	100 »
Mme de Provigny	1.000 »		Baronne F. d'Auteroche	50 »
Lady E. Biddulph	100 »		Mme de B. Holker	1.000 »
M. Albert Nemo	50 »		P. Gautron	50 »
Henri Seligmann	100 »		En souvenir de M. de Clercq	50 »
Jules Barbet-Massin	1.000 »		H. S.	20 »
M. et Mme Paul Dorémieux	20 »		En souvenir de Mme de Clermont	1.000 »
M. E. Chouanard	100 »		Marquis de L.	20 »
Mme Argand	100 »		M. et Mme Cottin-Angar	100 »
M. et Mme Ed. Landrin	50 »		Hartmann et fils	2.000 »
Vœu d'un défunt	200 »		L. P. B.	5 »
Baronne d'Astier de La Vigerie	300 »		Spanjaard, Levié et Cie	100 »
M. H. Thomas, au nom de la princesse de Ligne	1.000 »		Mme A. D.	20 »
Anonyme	100 »		M. et Mme M. Plicque	100 »
J. M.	1 »		Deux femmes de chambre	5 »
P. de F.	20 »		Comte et comtesse de Serravalle	100 »
A. B.	20 »		M. et Mme A. Adam	40 »
L. et M. La Fuente	300 »		M. et Mme Marius Bô	100 »
M. et Mme de La Rivière	100 »		MM. El. et Eu. d'Oysonville	100 »
M. et Mme H. Prévost	20 »		Marquis de Killy d'Oysonville	100 »
M. et Mme R.	40 »		Mme W.	50 »
Elias L. Maduro et Cie	100 »		Mme Marie Souchois	20 »
M. et Mme Saint-Raymond	50 »		Emmanuel Virenque	50 »
En souvenir de Georges	100 »		Mme Hennequin	100 »
Comtesse Latour Du Moulin	100 »		Fernand et Antoinette	30 »
M. et Mme Robert Gardinier	100 »		Marquise de Quinsonas	100 »
			Mlle G. de Lurcy	50 »
			Mme de Lurcy	100 »

Mᵐᵉ E. de Vandeul	100	»	M. F. O. B	20	»
Mᵐᵉ de Bétoland	300	»	Mᵐᵉ Fanny Koch	20	»
Mᵐᵉ Georges Meignan	100	»	Eug., Suz. Anglade	10	»
M. et Mᵐᵉ P. M	100	»	Une grand'mère	3	»
Gustave Meurgey	100	»	Tellier	30	»
Un anonyme	20	»	Baronne de La Rochette	100	»
T. R.	15	»	F. A	2	»
Mᵐᵉ A. G.	20	»	De la part de Cita	4	»
Mᵐᵉ Ch. V.	50	»	Henri Rigollet	»	55
Fleurs, à L	20	»	M	10	»
Anonyme	10	»	X.	20	»
Mᵐᵉ veuve E. Lebaigue	50	»	Elisabeth et Claire	20	»
M. et Mᵐᵉ André Boivin	1.000	»	Un monsieur	»	30
René, André, Pâquerette	15	»	Mˡˡᵉ Marg. Jeanrenaud	10	»
Anonyme	10	»	René Magimel	100	»
Andrée et Simone Dufos	10	»	M. et Mᵐᵉ A. B. L	20	»
Marie-Louise L'Epine	10	»	Rougelot	50	»
Commandant A. Giovanna	70	»	Pingault	50	»
Mᵐᵉ Hasslauer	1.000	»	Emile Halphen	500	»
Vicomte de Champeaux-Verneuil	100	»	M. et Mᵐᵉ E. A	40	»
Général de Charette	100	»	Liline et ses enfants	30	»
Marie-Antoinette	50	»	Mˡˡᵉ Maria Carré	20	»
V. G.	40	»	Mˡˡᵉ de La Myre-Mory	20	»
Anonyme	1.000	»	Jorge A. Frias	20	»
Anonyme de Bruxelles	500	»	Mᵐᵉ veuve P. Chaperon	100	»
Mᵐᵉ Eva Schmidt	40	»	A. B	10	»
E. Cornély et fils	200	»	Hortense D	5	»
Mᵐᵉ Keromnès	20	»	M. et Mᵐᵉ Em. Loubet	200	»
G., L. et L. Le Poittevin	50	»	Mᵐᵉ F. Wells	100	»
Docteur Cabanès	10	»	Mᵐᵉ veuve E. M	60	»
X. X. X	2	»	Société du Bec Auer	100	»
Une anonyme	20	»	Docteur K	10	»
Suz. et Mad. S	40	»	Jules Ange	5	»
Baronne de Lavilléon	20	»	La « Loi Sacrée »	200	»
Raymond et Jean	21	»	Alfred Oudin	300	»
En souvenir d'un être aimé	10	»	Tanesse	5	»
M. et S. Girodon	20	»	Maurice et Marcel	10	»
Mᵐᵉ P. Baulant	20	»	D. S	10	»
Mˡˡᵉˢ Lacorne	20	»	L. U	10	»
M. F. F	5	»	M. et Mᵐᵉ Sainte-Claire Deville	50	»
En mémoire de C. J	10	»	Petit Guy	5	»
Un petit enfant belge	5	»	Marquise de Saint-Sauveur	100	»
Cercle de la Rampe de Flandre	50	»	Un abonné L. M. K	30	»
Comtesse O. de Montesquiou	500	»	C. R	50	»
Mᵐᵉ Churchill	20	»	L. L	10	»
Anonyme	10	»	Arthur H. Roberts	50	»
Mˡˡᵉ G. B	20	»	Mˡˡᵉ Caroline Robert	25	»
Gast., H. Marg. et René	10	»	H. W	100	»
M. S	5	»	Roger et Paul A	10	»
Marius Pierre	5	»	Marie et André Duron	10	»
Tony	2	»	« Chantiers de la Gironde »	500	»
Margot	20	»	Baronne de Robécourt	150	»
Mᵐᵉ veuve Volant	5	»	M. et Mᵐᵉ H. Lecouteux	100	»
Marthe Saulnier	10	»	Mᵐᵉ Henri	20	»
Suzanne Saulnier	10	»	M. et Mᵐᵉ M. Hennequin	20	»
Anonyme	10	»	Marie-Thérèse V	5	»
Jeanne D	20	»	S. D	10	»
P. B. S. C. O	40	»	Mᵐᵉ Ducy	10	»
J. et Suz. Naze	20	»	A. T	5	»
Mᵐᵉ A. Garnier	2	»	Commercy	100	»
André Michels	20	»	Anonyme	20	»
L. A	5	»	Mᵐᵉ veuve Dufet, Mᵐᵉ Gaudet	100	»
H. M	50	»	L. B. 222	20	»
Mᵐᵉ C	10	»	Germaine et Max. B	20	»
M. et Mᵐᵉ de Quercize	50	»	Comtesse R. de Mun	100	»
M. et Mᵐᵉ Barthélemy Raynaud	20	»	M. et Mᵐᵉ M. P. R	500	»
Félix Voisin	30	»	M. et Mᵐᵉ B	350	»
P. W	10	»	Le Soleil, assurances	500	»
André et Marcel A	20	»	Alexis Seligman	100	»
A. L. F	20	»	G., Man., Georges V	40	»
Gladache	5	»	David Mennet	1.000	»
G. et J. Dutarte	10	»	Audibert	15	»
M. et Mᵐᵉ Lamotte-Chauvet	2	»	Prince de Cardé	200	»
A. et Géo. F. C	20	»	M. H. A	50	»
H. F. Wachter	20	»	Fl. Mad., Al. et Mar	100	»

E. C.	5 »	« Parisiens de Paris »	100 »
Mᵐᵉ Léon Geoffray	150 »	M. et Mᵐᵉ G. Cauche	10 »
E. L.	20 »	Denise et Robert M.	30 »
Mᵐᵉ veuve Al. Halinbourg	100 »	Mᵐᵉ S. H.	20 »
Baron Almir de Vaux	200 »	La Nationale	4.000 »
Mᵐᵉ Charles Jozon	50 »	Chambre syndicale des patrons four-	
M. et Mᵐᵉ Dosch	200 »	reurs et pelletiers	2075 »
Alfred Droz	100 »	M. et Mᵐᵉ Edmond L.	100 »
M. et Mᵐᵉ H. D.	100 »	M. et Mᵐᵉ Ernest Lehideux	300 »
Gosse Marthe	20 »	Comtesse Berthe	10 »
Mᵐᵉ A. Fray	50 »	M. et Mᵐᵉ E. L.	20 »
R. G.	15 »	M. et Mᵐᵉ Albert Fournier	30 »
Jumeau et Jallot	500 »	N. Dehem	10 »
Mᵐᵉ A. D.	100 »	Jeanne R.	5 »
Mᵐᵉ E. L.	100 »	M. et Mᵐᵉ G. Dormeuil	1.000 »
Forges et chant. d. l. Méditerranée.	1.000 »	Louis Kapferer	40 »
Mᵐᵉ et Mˡˡᵉ Pagès	50 »	Baron et baronne de Bully	100 »
Georges, Louis et Robert	1 »	Mᵐᵉ Auger	10 »
Une abonnée	50 »	Mᵐᵉ de M. et ses enfants	100 »
M. et Mᵐᵉ Paul Henry	50 »	Duchesse de Cadore	100 »
Vicomtesse A.	100 »	E. M., M. L.	5 40
Marguerite, Pierre de La Croizette.	20 »	M. et Mᵐᵉ E. L.	5 »
Comtesse de La Warr	250 »	Mᵐᵉ Eugène Levylier	50 »
J. B.	20 »	Vicomte et vicomtesse Ed. Werlé	100 »
M. et Mᵐᵉ E. H.	100 »	Petit Jacques	5 »
J. S. Y. K. E.	50 »	M. et Mᵐᵉ St. Le Bègue	100 »
Mᵐᵉ Emile Mesquelier	600 »	Ch. et Fanny Zivy	50 »
F. Malot	10 »	J. Marteau	100 »
R., Ray. Yv. Malo	10 »	G. R. D.	20 »
Marcel et Marguerite	5 »	L. Pinaud	100 »
C. J.	5 »	M. et Mᵐᵉ Ed. Steinheil	20 »
Mᵐᵉ et Mˡˡᵉ Suzanne Mayrargues	50 »	M. et Mᵐᵉ Et. Siry	250 »
Commissaires-priseurs de la Seine.	1.000 »	Marguerite Robert	10 »
Mᵐᵉ René Bigorgne	50 »	Mai 68	5 »
De Cyon	100 »	P. R. et E. O.	10 »
Roger et Philippe	20 »	J. P.	5 »
J. C.	200 »	G. M.	100 »
E. V.	50 »	Mᵐᵉ veuve Vitry	20 »
Georges Fleuriot	20 »	En souvenir d'Y. R.	50 »
Miannay	20 »	Le petit Léon	5 »
Comte et comtesse de Murard	200 »	M. et Mᵐᵉ Ed. Michel	30 »
Mᵐᵉ de Saint-Victor	40 »	M. et Mᵐᵉ Ch. Vaury	100 »
Une famille affligée	50 »	M. et Mᵐᵉ Imber	50 »
Jules Cohen	100 »	Banque Parisienne	3.000 »
Fijean	50 »	Mᵐᵉ J. Boutet	100 »
Vᵗᵉ et Vᵗᵉˢˢᵉ de Gontaut-Biron	150 »	Mᵐᵉ Monrival	1.000 »
Janesich	100 »	Mᵐᵉ Brémare	40 »
Pierre Lebaudy	1.000 »	Paul et Thérèse	25 »
Mᵐᵉ Ligneau	100 »	Anonyme	20 »
Comte et comtesse de Castellane	100 »	Famille Duval	20 »
C. Michel	20 »	M. Boitard	5 »
Elisabeth et Suzanne	5 »	Mᵐᵉ Charles Loonen	100 »
P. Y.	10 »	Comtesse Odet de Jumilhac	100 »
B. L.	100 »	Mᵐᵉˢ Gatine	150 »
G. de F.	50 »	M. et Mᵐᵉ A. Thomas	500 »
C. P.	20 »	Mᵐᵉ de Culture	150 »
M. Lefèbure	500 »	X. Y. Z.	20 »
M. et Mᵐᵉ J. B.	10 »	M. et Mᵐᵉ Berger et ses enfants	40 »
Mᵐᵉ et Mˡˡᵉ Mesnard	100 »	Mᵐᵉ veuve Michaut	10 »
Ernest et Raymond	10 »	Emile Simon	100 »
J. M. E.	5 »	Mᵐᵉ Didier	50 »
Pierre Lazo	20 »	Docteur Em. Lecaudey	50 »
Georges Gaspart	2 »	Comte et comtesse de Pomereu	500 »
Anonyme	10 »	Mᵐᵉ E. Loriot-Lecaudey	20 »
M. et Mᵐᵉ de Saunhac	40 »	Vicomte et vicomtesse Exelmans	100 »
André et bébé Marcel	20 »	M. Jacques Balsan	100 »
Anonyme	100 »	Lucien et Lucie	20 »
M. et Mᵐᵉ Brocard	100 »	Frédéric Carret	10 »
Eaux minérales de Royat	100 »	L'Union	2.000 »
Eaux minérales de Châtel-Guyon	100 »	Leo Sachs et Cⁱᵉ	120 »
M. et Mᵐᵉ Bordat	20 »	M. et Mᵐᵉ G. Nètre	100 »
R. T.	20 »	En souvenir d'Edmond P.	50 »
M. et Mᵐᵉ Cantor	100 »	Mᵐᵉ C. R.	50 »
M. et Mᵐᵉ A. R.	50 »	Renée M.	5 »
Baronne Portalis	100 »	Gaston Volnay	50 »

Nom	Montant
M. et Mme H. Dumont	20 »
Elise et Jules	20 »
Roger et André	20 »
Anonyme, F.	50 »
Baron R. Oppenheim	2.000 »
J. Normand et Bruneval	100 »
Louis Beretta	20 »
Vicomtesse Duhesme	200 »
J. D.	100 »
Mme Ernest Leguay	20 »
Mme veuve H. G.	50 »
Anonyme	20 »
Anonyme	40 »
Baron de Vautheleret	20 »
Baron I. de Saint-Amand	100 »
G. M. M. B.	20 »
Mme Harvillet	10 »
Mme R. Mourichon	310 »
Anonyme	400 »
M. et Mme E. B.	200 »
J. N.	20 »
Théodor Wollkopf	100 »
Assurances mutuelles	1.000 »
Marc, Pierre, Antoinette	30 »
Maurice Lippmann	100 »
Pierre et Suzanne D.	20 »
Petit Jean	10 »
Comtesse de Biron	100 »
Mitjans Movellan, Angulo	1.000 »
Petite Charlotte	20 »
Louis Baillion	20 »
R. B.	3 »
X. X.	200 »
M. R.	10 »
Mme A. B. de M.	10 »
P. L. du B.	10 »
Marquise de Bonneval douairière	200 »
E. E. R. H	50 »
Mlle H. Fouquier	60 »
Anonyme	100 »
M. R. C.	10 »
Mme de L.	10 »
Léon Vatin	100 »
Anonyme	10 »
G. et B.	200 »
Anonyme	20 »
Anonyme	21 »
Mme Lefuel	100 »
Mme Ad. Gaiffe	100 »
Emma et Hélène	30 »
Anonyme	20 »
Comtesse de Gueydon	100 »
A. Vandendiesche	100 »
M. Poincaré	200 »
Croix-Rouge (Agen)	200 »
Paul Rigaud	100 »
G. Vachur de Pina	50 »
Mlles Marescot	50 »
La petite Nina	2 »
M. Moreau de La Tour	20 »
Le petit Louis	2 »
Jacques Pierrey	50 »
E. A. F.	100 »
M. et Mme Jean Arthez	100 »
Mme Henri Pettit	20 »
De Villemereuil	100 »
J. Z.	50 »
Abel Collin	10 »
Mme Martin Breton	20 »
Isabelle et Jean Migout	20 »
D. S. A.	100 »
E. L.	2 »
L. H.	10 »
A. L. B.	10 »
M. B.	10 »
M. et Mme Ch. Protte	20 »
Mme A. de Montgolfier	150 »
Germaine	3 »
M. et Mme Coudurier	20 »
Anonyme	1 »
Mlle du Bois de Jancigny	10 »
Anonyme	30 »
A. Merens	5 »
C. L. B. L.	20 »
Odette	2 »
Trois petits frères	3 »
Georges Laporte	5 »
Grand'mère et petit-fils	70 »
Gabriel et Gabrielle	30 »
Un Compiégnois	5 »
Mme Vallet	25 »
Anonyme	5 »
M. E. d'Leindre	50 »
M. Em.	50 »
Vicomte et vicomtesse de Noblet	100 »
A. G. L. F. T.	50 »
Elisabeth et Jeanne	20 »
M. et Mme Félix Lefebvre	50 »
M. et Mme de Guilhemanson	50 »
Abonnée anonyme	100 »
Mme Louis Rousselet	20 »
Mme E. R. de Travazay	20 »
Anonyme	50 »
Mme A. M.	40 »
M. Sébastien B. Schlesinger	100 »
Mlle Fanny L.	20 »
M. et Mme Jules Kullmann	50 »
M. S.	10 »
Mme Germaine C.	10 »
Mme G. D.	20 »
Mme Jean Armand	100 »
Louis, Charles, Thérèse	5 »
Mme J. Morel	200 »
O. et M.	5 »
Famille C.	5 »
Mme E. Clerc	4 »
Mme et M. L. Raynaud	20 »
Jean Psichari	20 »
Baronne de Wendelstadt	50 »
Elisabeth Claire	20 »
Edith M.	10 »
M. et Mme d'Estais	25 »
Val. et petit Jean	20 »
M. F. D.	40 »
Le frère et la sœur	40 »
Louis-Antoine	20 »
G. et J. Outhenin-Chalandre	2.50 »
Henri Hofstetter	5 »
M. et Mme de Moutherot	100 »
Simone et sa tante	10 »
Veuve D	5 »
Mme C. K.	3 »
Mlle M. R.	10 »
Jean Ghica	10 »
Anonyme	10 »
Mme Paixhans	20 »
P. L.	100 »
Maurice Bucquet	100 »
Tirelire de G. S. G. D.	5 »
La Roulette	20 »
B. Schordy	5 »
M. et Mme E. G.	20 »
M. T. et R. Chevallier	25 »
Petit Jean et sa grand'mère	20 »
M. et Mme G. Isambert	30 »
Gottereau	20 »
M. et Mme Brame	20 »
Mlle Brame	20 »
Anonyme	30 »
Vicomtesse de Rancher	100 »

J. V. Obedis	100 »
Mᵐᵉ Pollan	20 »
G., M. Bardac	300 »
Noël Bodin	50 »
Dʳ et Mᵐᵉ H. Cuvillier	50 »
Francis Joseph Otis	50 »
Frank A. Otis	50 »
Mᵐᵉ Bescherel	2.000 »
En mémoire de Mᵐᵉ de Canson	10 »
Mᵐᵉ F.	40 »
Anonyme	20 »
Mᵐᵉ Léon Motheron	20 »
J. S.	20 »
Mᵐᵉ V.	20 »
Mᵐᵉ Robin	100 »
Belmontet	100 »
Mᵐᵉ veuve Alfred Dailly	100 »
Mˡˡᵉ A. B.	20 »
Mˡˡᵉ Blanchard	5 »
Mᵐᵉ Léon Bessand	100 »
A. S.	20 »
M. et Mᵐᵉ de Barral	200 »
En souvenir des victimes	50 »
M. et Mᵐᵉ Lucien Leblanc	50 »
Mˡˡᵉˢ L. G. de M. et M. P.	50 »
Albert Hubner	10 »
Mᵐᵉ Kunkelmann	100 »
C. C. T.	200 »
O. M. D.	8 »
M. et Mᵐᵉ Henri Muret	300 »
Mᵐᵉ A. D.	20 »
A. et G. Chanlaire	100 »
Mᵐᵉ H. M	25 »
Omer Decugis et fils	100 »
A l'intention de Suzanne	300 »
M et Mᵐᵉ E. B.	100 »
A. M.	2 »
Docteur de Beauvais	20 »
C. C.	20 »
Paul Leroi	100 »
Mᵐᵉ Jules Houel	100 »
Guillaume Depping	20 »
M. et Mᵐᵉ F. R. de Lestanville	200 »
A. M. H. L.	50 »
C. S. R.	5 »
Paul Béjot	500 »
Literie Darac	50 »
Docteur et Mᵐᵉ Troncin	90 »
Mᵐᵉ P. C.	50 »
Mᵐᵉ B. E.	20 »
Roger et Louise Mallac	10 »
M. A. Molteni	100 »
Mᵐᵉ Simonard-Velatta	20 »
Une jeune Ecossaise	25 »
La Villa Suzette	25 »
Pour le petit de Georges	2 »
Mᵐᵉ Falize	100 »
Princesse Caroline	25 »
J.-A. de Azevedo-Castro	200 »
C. B. Pitman	25 »
Comtesse L. de S.	20 »
Baronne Van Nisten tot Tannerden	2.000 »
Mᵐᵉ Legendre	20 »
M. T. F. L. J. M. J. C. M.	8 »
Hubert Mulotte	10 »
S. B. et P. D.	50 »
J. P.	02 »
M. et Mᵐᵉ H. de La Perche	040 »
Docteur L. D.	20 »
XXX	050 »
Prince de Monaco	1.000 »
Prince et princesse Bibesco	500 »
Pour les sauveteurs	10 »
Ami de la France	10 »
Anonyme	20 »
Une orpheline	2 »
Mˡˡᵉ Julie Dard	30 »
M. Durand	20 »
Mᵐᵉ Henry Allizé	25 »
Vicomte de B.	100 »
Violette Martin	15 »
E. Pelletier	50 »
Marcelle	20 »
Lacombe, Schwob, Nathan	25 »
Marquis et marquise Cadolle	100 »
Baron de Chiseuil	100 »
Comte et comtesse Serristori	100 »
Comtesse d'Aux	100 »
Mᵐᵉ J. R., de Nice	50 »
Mad., Germ., Mar. Mˡˡᵉ Albert	300 »
Marius Petipa	26 50
A. V.	5 »
Anonyme	10 »
M. E. Fourchy	50 »
B. D.	25 »
Mᵐᵉ B. Montuenour	10 »
M. et Mᵐᵉ P. Moureaux	5 »
Patronage de Rosny	10 »
Comtesse Ch. de Taleyrand-Périgord	200 »
Le docteur Nitot	100 »
E. D.	3 »
Anonyme	5 »
Mᵐᵉ veuve Gustave Foir	20 »
J. Signez	1 50
Mᵐᵉ E. Beauchamp	10 »
M. L. D.	20 »
V. M.	5 »
Une heureuse fiancée	40 »
Brunette	1 05
Georges, Louis et André	2 »
Mᵐᵉ Paquignon	100 »
Vicomtesse de Vaulogé	120 »
Baronne Van Nispen tot Tannerden	70 »
L. Bignon	500 »
Ugo Frilli	20 »
Une petite Simone	100 »
Mᵐᵉ Nicolas Jullian	200 »
Un anonyme	1 »
Une mère de famille et ses petites filles	30 »
Paul de Romeuf	20 »
Anne	5 »
M et Mᵐᵉ F. D.	20 »
Une mère	10 »
Anonyme	15 »
Une abonnée	5 »
Delfosse	20 »
Mᵐᵉ et Mˡˡᵉ Bréant	2 »
Lucie Hélène Suzanne	100 »
Une sœur d'Alsace	10 »
Mᵐᵉ Schon	37 50
M. et Mᵐᵉ de Forest	20 »
Mˡˡᵉ Lucie Grunwald	49 20
Mᵐᵉ Maurice Huot	200 »
Une dame charitable	2 »
Envoi de M. Henry	100 »
Michel Milhaud	100 »
Anonyme	20 »

RÉCAPITULATION GÉNÉRALE

Pour les sauveteurs	85.889 25	Pour la famille David	14.129 »
Pour la famille Jullian	41.611 50	Œuvres de la Charité	1.081.388 54

Total général.................... 1.223.018 29

Le *Figaro* a institué pour la répartition de sa magnifique souscription un Comité de patronage sous la présidence de la princesse de Wagram, et dont voici la composition :

Mme **Chistophle** ;
Mme **Cibiel** ;
Mme la baronne **Denys Coohin** ;
Mme **Paul Darblay** ;
Mme la générale **Février** ;
Mme la marquise **de Ganay** ;
Mme la duchesse **de Gramont** ;
Mme la comtesse **Greffulhe**, née **La Rochefoucauld** ;
Mme la comtesse **Greffulhe** ;
Mme la comtesse **d'Haussonville** ;
Mme la marquise **de l'Aigle** ;
Mme la comtesse **Lanjuinais** ;
Mme la duchesse **de La Rochefoucauld-Doudeauville** ;
Mme la marquise **de Moustier** ;
Mme **Péan** ;
Mme la comtesse **Edmond de Pourtalès** ;
Mme la duchesse **de Rohan** ;
Mme la baronne **James de Rothschild** ;
Mme la duchesse **d'Uzès**, née **Mortemart** ;
Mme **de Verneuil** ;
Mme la princesse **de Wagram** ;
Trésoriers : le prince **Auguste d'Arenberg** et le marquis **de Ganay** ;
Secrétaire : M. Gaston **Calmette**.

AUTRES DONS

1° Don de **937.438 fr.**

Le Comité du bazar de la Charité a reçu un don anonyme de 937,438 fr. qui, avec la somme de 45,000 francs recueillie le premier jour de la vente de cette année, représente exactement le produit de la vente de 1896.

Cette générosité admirable va permettre au Comité de verser aux œuvres qui devaient prendre part à la vente de 1897, une somme égale à celle que leur avait produite la vente de 1896.

Cet avis était accompagné de la lettre suivante du baron de Mackau :

Monsieur le Rédacteur en chef,

Le Comité du grand bazar de la Charité m'a chargé, en vous communiquant la note ci-jointe, de vous remercier de la sympathie et du dévouement ;que vous avez témoignés à son œuvre dans l'immense malheur qui vient de le frapper.

.Il vous-demande de ne pas arrêter les efforts généreux. Cette effroyable catastrophe a creusé plus d'un abime, créé plus·d'un devoir.

Si la générosité dont nous sommes l'objet permet d'assurer à la plupart des œuvres du bazar les ressources de 1897, elle laisse dépourvues quelques œuvres dernières venues au milieu des autres et qui comptaient sur les recettes de l'année pour assurer leur marche.

Toutes n'ont-elles pas fait, d'ailleurs, d'irréparables pertes dans leurs protectrices, dont l'activité généreuse leur assurait des ressources quotidiennes qui vont leur manquer?

Enfin, n'est-il pas juste que, acceptant les offres de la ville de Paris, le Comité assure l'érection au Père-Lachaise d'un·monument destiné à recevoir les restes des victimes inconnues et qu'il y inscrive à·jamais les noms de ces martyrs de toute condition et de tout âge que ·la mort a saisis à l'heure du dévouement et de la charité?

Recevez, Monsieur le Rédacteur en chef, l'assurance de mes sentiments reconnaissants et dévoués.

Baron DE MACKAU.

2° Don d'un million

Quelques jours après ce don anonyme, le comte de Castellane a consacré un don magnifique à la reconstruction du bazar de la Charité.

Il a écrit à M. le baron de.Mackau une lettre dont on ne peut que le féliciter très hautement : ·

Mme de Castellane, désireuse de couronner l'œuvre grandiose du *Figaro* et celle d'un mystérieux anonyme, a décidé de consacrer, en mémoire de sa mère, Mme Gould, une somme d'un million à l'achat d'un terrain et à une construction·destinée à durer et·à servir aussi bien aux ventes de charité en tout temps·qu'aux.concerts de bienfaisance, aux conférences, à toutes les .formes ingénieuses dont se revêt la bienfaisance mais exclusivement·à celles-là.

Paris.-Imp.PAUL DUPONT (Cl.) 107.5.97.